»Warum haben Sie keine Kinder?« Diese »Mutter aller Fragen« wird Rebecca Solnit hartnäckig von Journalisten gestellt, die sich mehr für ihren Bauch als für ihre Bücher interessieren. Warum gilt Mutterschaft noch immer als Schlüssel zur weiblichen Identität? Diese und Themen, die Frauen wichtig sind, greift Rebecca Solnit in ihren Essays auf. Nach »Wenn Männer mir die Welt erklären«, das weltweit für Furore sorgte, gibt sie gewohnt scharfsinnig und humorvoll kluge Anregungen, wendet sich gegen jegliches Schubladendenken und tritt für eine freiere Welt ein.

Rebecca Solnit, Jahrgang 1961, ist eine der bedeutendsten Essayistinnen und Aktivistinnen der USA. Sie erhielt zahlreiche Auszeichnungen und Preise.

Rebecca Solnit bei btb
Wenn Männer mir die Welt erklären (71439)

Rebecca Solnit

Die Mutter aller Fragen

Aus dem amerikanischen Englisch von Kirsten Riesselmann

Mit Illustrationen von Paz de la Calzada

btb

Die Texte erschienen 2017 unter dem Originaltitel
»The Mother of All Questions« bei Haymarket Books, Chicago.

MIX
Papier aus verantwortungsvollen Quellen
FSC® C014496

Verlagsgruppe Random House FSC® N001967

1. Auflage
Genehmigte Taschenbuchausgabe Januar 2020
by btb Verlag in der Verlagsgruppe Random House GmbH,
Neumarkter Str. 28, 81673 München

Covergestaltung: Semper Smile, München nach einem
Originalentwurf von Sarah M. Hensmann © Hoffmann und Campe
Druck und Einband: GGP Media GmbH, Pößneck
mr · Herstellung: sc
Printed in Germany
ISBN 978-3-442-71792-7

www.btb-verlag.de
www.facebook.com/btbverlag

Hoffnungsfroh machen wir weiter
in Liebe zu allen Neulingen
und ihrem herrlichen Lärm:
Atlas
Ella und May
Isaac und Marti
Berkele
Brooke, Dylan und Solomon,
Daisy und Jake;
*und ein Dankeschön an die Leser*innen*
und alle, die so richtig Alarm schlagen

Inhalt

Einführung

Der längste und zugleich jüngste Essay in diesem Buch handelt vom Schweigen. Als ich angefangen habe, ihn zu schreiben, dachte ich noch, es ginge mir um die vielen verschiedenen Arten, wie Frauen zum Schweigen gebracht werden. Allerdings wurde mir schnell klar, dass auch die Art und Weise, mit der Männer zum Schweigen gebracht werden, untrennbar zu meinem Thema gehört, ja, dass jeder und jede in einem komplexen Geflecht unterschiedlichster Ausprägungen des Schweigens lebt, zu dem auch das gegenseitige Anschweigen gehört, das wir gemeinhin als »Gender-Rollen« bezeichnen. Dies hier ist ein feministisches Buch, aber keines, das nur mit der Erfahrungswelt von Frauen zu tun hat, sondern mit der von uns allen – von Männern, Frauen, Kindern und von Menschen, die Geschlechterbinarität und -grenzen infrage stellen.

In diesem Buch geht es genauso um Männer, die glühende Feministen sind, wie es um Männer geht, die Serienvergewaltiger sind, und es ist geschrieben in dem Wissen darum, dass solche Kategorien durchlässig sind und wir sie deswegen immer nur eingeschränkt benutzen dürfen. Dieses Buch beschäftigt sich mit den rasanten gesellschaftlichen Veränderungen, die eine wieder auflebende feministische Bewegung in Nordamerika und auf der ganzen Welt bewirkt. Diese Bewegung nimmt nicht nur Einfluss auf die Gesetzeslage, sondern verändert auch unser Verständnis davon, was Zustimmung, Macht, Rechte, Gender, Stimme und Repräsentation eigentlich sind. Es ist eine herrlich transformative Bewegung, die vor allem von jungen Leuten getragen wird: an den Universitäten, in den sozialen Medien und auf der Straße, und meine Bewunderung für diese furchtlose, sich von sämtlichen Anwürfen vollkommen unbeeindruckt zeigende neue Generation von Feminist*innen und Menschenrechtsaktivist*innen ist grenzenlos. Genauso groß allerdings ist auch meine Angst vor dem sich gegen sie richtenden Backlash, einem Backlash, der per se ein Beweis dafür ist, dass der Feminismus als Teil eines breiter angelegten Befreiungsprojekts eine Bedrohung darstellt für Patriarchat und Status quo.

Dieses Buch ist eine Rundreise zu Orten des Gemetzels, zugleich eine Feier der Befreiung und der Solidarität, der Einsicht und der Empathie und eine Überprüfung der Begriffe und Werkzeuge, mit denen wir uns all diesen Dingen vielleicht nähern können.

Die Mutter aller Fragen

2015

Vor einigen Jahren habe ich einen Vortrag über Virginia Woolf gehalten. Bei der anschließenden Diskussionsrunde schienen einige Leute sich vor allem für die Frage zu interessieren, ob Woolf nicht hätte Kinder haben sollen. Auf diese Frage antwortete ich pflichtschuldig, Woolf habe zu Beginn ihrer Ehe, als sie sah, wie viel Freude ihre Schwester Vanessa Bell an ihren Kindern hatte, ganz offensichtlich übers Kinderkriegen nachgedacht. Mit der Zeit aber habe sie es zunehmend für unklug gehalten, sich fortzupflanzen, was möglicherweise mit ihrer psychischen Labilität zu tun hatte. Vielleicht aber, so meine These, habe sie auch einfach Schriftstellerin sein und ihr Leben der Kunst widmen wollen, was sie schließlich mit außergewöhnlichem Erfolg getan habe. In meinem Vortrag hatte ich Woolf zustimmend zitiert: wie sie den »Engel im Haus« tötete, diese innere Stimme, die vielen Frauen befiehlt, aufopferungsvolle Dienerin des Haushalts und des männlichen Egos zu sein. Ich war doch etwas überrascht, dass mein Plädoyer für die Überwindung konventioneller Weiblichkeit nun gerade zu dieser Diskussion geführt hatte.

Ich hätte dem Publikum damals sagen sollen, dass es so ermüdend wie müßig sei, Woolfs Status in Fortpflanzungsdingen zu ergründen, und dass uns das wegführe von den großen Fragen, die ihr Werk eigentlich an uns stellt. (Ich glaube, ich sagte stattdessen irgendwann: »Ach, scheiß doch auf diesen Quatsch!«, was im Grunde dasselbe aussagte und die Diskussion abwürgte.) Schließlich schenken viele Menschen Babys das Licht der Welt, aber nur ein Mensch schenkte uns *Zum Leuchtturm* und *Drei Guineen*, und um Letzteres ging es bei unserer Diskussion über Woolf.

Diese Art von Fragen waren mir damals längst sattsam bekannt. Zehn Jahre zuvor, bei einem Gespräch, in dem es um ein Buch gehen sollte, das ich über Politik geschrieben hatte, beharrte der mich interviewende Brite darauf, nicht über die Erzeugnisse meines Geistes, sondern über die Frucht meiner Lenden beziehungsweise den Mangel daran zu reden. Auf der Bühne drangsalierte er mich mit der Frage, warum ich denn keine Kinder hätte. Keine meiner Antworten stellte ihn zufrieden. Er schien der Ansicht zu sein, dass ich Kinder haben müsse und dass es vollkommen unverständlich sei, warum ich keine hatte, weswegen wir eher darüber sprechen müssten, warum ich denn keine hätte, als über die Bücher, die ich ja immerhin hatte.

Als ich von der Bühne ging, lief mir die Pressesprecherin meines schottischen Verlags – schlank, Mitte zwanzig, pinkfarbene Ballerinas an den Füßen und hübscher Verlobungsring am Finger – mit wutverzerrtem Gesicht entgegen. »Das würde er einen Mann niemals fragen!« fauchte sie. Sie hatte recht. (Diesen Satz, nett als Frage getarnt, benutze ich jetzt immer, wenn ich einem dieser Fragensteller den Wind aus den Segeln nehmen will: »Würden Sie einem Mann diese Frage stellen?«) Solche Fragen scheinen aus der Wahrnehmung zu resultieren, dass es nicht »die Frauen« gibt, also die 51 Prozent der Menschheit, die in ihren Wünschen so vielfältig und in ihrem Begehren so geheimnisvoll sind wie die restlichen 49 Prozent auch, sondern nur »die Frau«. Und »die Frau« soll heiraten und sich vermehren, soll Männer rein- und Babys rauslassen wie ein Förderband der gesamten Spezies. In Wirklichkeit sind solche Fragen nichts als die Feststellung, dass wir, die wir uns gern als Individuen sehen und selbstbestimmt unserer Wege gehen, im Irrtum sind. Gehirne sind hochindividualisierte Phänomene, die unterschiedlichste Dinge hervorbringen: Gebärmüttern entspringt nur eine Art der Schöpfung.

Wie es der Zufall will, gibt es viele Gründe, warum ich keine Kinder habe: Ich bin gut in Sachen Verhütung; obwohl ich Kinder liebe und das Tantesein genieße, schätze ich auch das Alleinsein sehr; ich bin bei unglücklichen, wenig freundlichen Menschen aufgewachsen und wollte weder deren Art des Elternseins wiederholen noch jemanden in die Welt setzen, der mir ähnliche Gefühle entgegenbringt wie ich meinen Erzeugern; die Erde kann nicht noch mehr Erste-Welt-Menschen aushalten, und die Zukunft ist sehr unsicher; außerdem wollte ich schon immer wirklich gerne Bücher schreiben, was so, wie ich es bislang getan habe, ein einigermaßen zeitaufwendiger und nervenaufreibender Beruf ist. Meine Kinderlosigkeit ist nicht dogmatisch bedingt. Unter anderen Umständen hätte ich vielleicht welche bekommen, und es wäre mir gut damit gegangen – so gut, wie es mir mit meiner jetzigen Situation auch geht.

Manche Menschen wollen Kinder, können aber aus unterschiedlichen privaten Gründen – medizinischen, emotionalen, finanziellen oder beruflichen – keine bekommen. Andere wiederum wollen keine Kinder. Das geht niemanden etwas an. Nur, weil sich die Frage prinzipiell beantworten lässt, bedeutet das nicht, dass man dazu verpflichtet ist, sie zu beantworten beziehungsweise sie sich überhaupt stellen zu lassen. Die Frage meines britischen Gesprächspartners war ungehörig, weil sie impliziert, dass Frauen Kinder haben sollten und dass die reproduktiven Aktivitäten einer Frau selbstverständlich von öffentlichem Interesse sind. Grundsätzlich lag dieser Frage die Annahme zugrunde, dass es für eine Frau nur eine richtige Art zu leben gibt.

Aber wahrscheinlich ist sogar das noch zu optimistisch: Wenn man sich anschaut, wie kontinuierlich auch Mütter noch als unzulänglich dargestellt werden, ist es fraglich, ob es für Frauen überhaupt eine »richtige Art« gibt. Eine Mutter wird durchaus mal wie eine Verbrecherin behandelt, weil sie ihr Kind für fünf Minuten allein gelassen hat, obwohl der Kindsvater das schon seit mehreren Jahren tut. Einige Mütter haben mir erzählt, dass sie nach der Geburt ihrer Kinder wie einfältige, nicht Verstandesbegabte behandelt wurden, die mit Nichtachtung gestraft gehörten. Viele Frauen in meinem Bekanntenkreis haben zu hören bekommen, dass man sie im Beruf nicht für voll nehmen könne, weil sie ja doch irgendwann schwanger würden und gingen. Vielen beruflich erfolgreichen Müttern dagegen wird unterstellt, dass sie irgendwen vernachlässigen. Es gibt also schlicht keine gute Antwort auf die Frage, wie man als Frau zu sein hat. Vielleicht liegt die Kunst eher in der Art, wie wir die Frage zurückweisen.

•

Bislang haben wir über offene Fragen gesprochen. Dabei gibt es auch geschlossene Fragen, Fragen, auf die es, wenn es nach dem Fragenden ginge, nur eine einzige korrekte Antwort gibt. Es sind Fragen, die einen zurück in die Herde stoßen oder einen in die Hinterläufe zwicken, wenn man sich zu weit von der Herde wegbewegt, Fragen, die ihre Antworten schon in sich tragen und die ausschließlich auf Durchsetzung und Bestrafung abzielen. Eines meiner Lebensziele ist es, wahrhaft rabbinisch zu werden: jede geschlossene Frage mit einer offenen zu beantworten, die innere Autorität zu besitzen, um immer dann, wenn sich Eindringlinge nähern, eine gute Torwächterin zu sein und zumindest daran zu denken, »Warum fragen Sie mich das?« zurückzufragen. Das nämlich, so habe ich festgestellt, ist immer eine gute Antwort auf eine unfreundliche Frage, und geschlossene Fragen sind meistens unfreundlich. In dem Gespräch, das in ein Verhör über das Kinderkriegen ausartete, wurde ich jedoch überrumpelt (und hatte zudem einen schlimmen Jetlag), weswegen mir nur das Erstaunen darüber blieb, warum solch üble Fragen so berechenbar gestellt werden.

Ein Teil des Problems ist vielleicht, dass wir gelernt haben, von uns selbst das Falsche zu verlangen. Unser kulturelles Umfeld ist durchdrungen von einer Art Poppsychologie, die sich obsessiv um die Frage dreht: Bist du glücklich? Diese Frage stellen wir so reflexhaft, dass der Wunsch, ein Apotheker mit Zeitmaschine könnte einen lebenslangen Vorrat an Antidepressiva nach Bloomsbury liefern, damit eine unvergleichliche feministische Prosakünstlerin sich wieder im Leben zurechtfindet und viele Würfe Woolf-Babys hervorbringt, nur natürlich erscheint.

Fragen zum Thema Glücklichsein setzen üblicherweise voraus, dass wir wissen, wie ein glückliches Leben aussieht. Oft wird Glück als Ergebnis guter Organisation beschrieben: Wer sein Leben richtig aufstellt – Eheschließung, Nachwuchs, Eigentum, erotische Erfahrungen –, wird glücklich. Dabei würde eine Millisekunde Nachdenken reichen, um einzusehen, dass zahllose Menschen all das haben und trotzdem unglücklich sind.

Ständig bekommen wir Formeln in Einheitsgröße an die Hand, Formeln, die ganz oft ganz schmerzhaft nicht aufgehen. Trotzdem werden sie uns eingetrichtert. Wieder und immer wieder. Sie werden zu Gefängnissen und Strafen. Das Gefängnis der Vorstellungen lässt viele in die Falle eines Lebens tappen, das ordnungsgemäß von den richtigen Rezepten begleitet wird, aber trotzdem zutiefst unglücklich ist.

Möglicherweise ist das Problem ein literarisches: Wir sollen mit einem einzigen Handlungsstrang auskommen, der zu einem guten Leben führt, obwohl gar nicht wenige von denen, die eben diesem Handlungsstrang folgen, trotzdem ein schlechtes Leben haben. Wir tun so, als gäbe es genau einen guten Plot mit genau einem Happy End, während das Leben um uns herum doch in so vielfältigen Formen erblüht und wieder vergeht.

Sogar diejenigen, deren Leben nach der perfekten Version des bekannten Handlungsstrangs verläuft, werden nicht unbedingt glücklich. Was gar nicht notwendigerweise ein Drama ist. Ich kenne eine Frau, die siebzig Jahre lang glücklich verheiratet war. Sie hat ein langes, sinnerfülltes Leben nach ihren eigenen Maßstäben gelebt und wird von ihren Nachkommen geliebt und respektiert. Aber als glücklich würde ich sie trotzdem nicht bezeichnen. Ihr Mitgefühl für die Schwachen und ihre Sorge um die Zukunft haben ihr eine mutlose Weltsicht beschert.

Wer beschreiben will, was diese Frau anstelle von Glück im Leben gehabt hat, braucht eine präzisere Sprache. Möglicherweise gelten für jeden Menschen einfach sehr unterschiedliche Kriterien für ein gutes Leben: zu lieben und geliebt zu werden oder Befriedigung zu erfahren, geehrt zu werden, Sinn, Tiefe, Engagement oder Hoffnung zu erleben.

Als Schriftstellerin habe ich immer nach Wegen gesucht, um dem schwer Fassbaren und Übersehenen Gewicht zu geben, feine Nuancen und Schattierungen von Bedeutsamkeit zu beschreiben, das Leben in der Öffentlichkeit wie in der Einsamkeit gleichermaßen zu feiern und – so hat es John Berger formuliert – »eine andere Art zu erzählen« zu entdecken. Weswegen es auch so niederschmetternd ist, wenn man die immer gleichen alten Erzählweisen vorgesetzt bekommt.

Die »Verteidigung der Ehe«, die in Wirklichkeit nichts anderes ist als die Verteidigung des alten hierarchischen Konstrukts, das die Ehe war, bevor Feminist*innen anfingen, sie zu reformieren, reklamieren betrüblicherweise nicht nur die Konservativen für sich. Der inbrünstige Glaube, der heterosexuelle Zwei-Eltern-Haushalt sei für Kinder etwas geradezu magisch Tolles, sitzt tief, und zwar in viel zu vielen Teilen dieser Gesellschaft. Das führt dazu, dass viele in unglücklichen Ehen verbleiben, was sich auf alle Beteiligten zerstörerisch auswirkt. Ich kenne Menschen, die lange gezögert haben, eine schreckliche Ehe zu beenden, weil eine Situation, die für einen oder sogar beide Elternteile unerträglich ist, sich angeblich auf Kinder segensreich auswirke. Sogar Frauen mit gewalttätigen Männern werden oft dazu genötigt, in einer Konstellation zu verharren, die schon für sich genommen so wundervoll zu sein hat, dass die Details nicht weiter ins Gewicht fallen. Form sticht Inhalt. Und trotzdem habe ich immer wieder erlebt, wie viel Freude eine Scheidung bereiten und welch vielfältige Formen eine glückliche Familie annehmen kann, angefangen bei alleinerziehendem Elternteil plus Kind bis hin zu unendlich unterschiedlichen Konstellationen von Patchwork-Familien.

Nachdem ich ein Buch über mich und meine Mutter geschrieben hatte, die einen brutalen, seinem Beruf ergebenen Mann geheiratet, vier Kinder bekommen und oft vor Zorn und Unglück geradezu gekocht hat, wurde ich von einer Interviewerin in einen Hinterhalt gelockt: Sie fragte mich, ob mein gewalttätiger Vater der Grund sei, warum es mir nicht gelungen sei, selbst einen Lebenspartner zu finden. Ihre Frage war voller erstaunlicher Annahmen darüber, was ich mit meinem Leben wohl vorgehabt hatte, und unterstrich das Recht, sich in dieses Leben einzumischen. Mein Buch *Aus der nahen Ferne* handelte, so dachte ich, indirekt von meinem langen Weg in ein wirklich schönes Leben. Gleichzeitig war es der Versuch, mir über die Wut meiner Mutter und deren Ursprung klarzuwerden, den ich unter anderem in ihrem Gefangensein in konventionellen weiblichen Rollen- und Erwartungsmustern verortete.

Ich habe getan, was ich mit meinem Leben tun wollte, und das, was ich tun wollte, entsprach nicht dem, was meine Mutter oder die Interviewerin sich vorgestellt hatte. Ich wollte Bücher schreiben, von großzügigen, intelligenten Menschen umgeben sein und tolle Abenteuer erleben. Männer – Romanzen, Affären und Langzeitbeziehungen – gehörten zu diesen Abenteuern genauso dazu wie ferne Wüsten, arktische Meere, Berggipfel, Aufstände und Katastrophen sowie die Erforschung von Ideen, Archiven, Schriften und anderen Biographien.

Die Rezepte für ein erfülltes Leben, die uns unsere Gesellschaft anbietet, verursachen offenbar eine ganze Menge Unglück, sowohl auf Seiten derer, die nicht in der Lage oder willens sind, diese Rezepte zu befolgen, und deswegen stigmatisiert werden, als auch auf Seiten derer, die brav nach Rezept leben, aber das Glück trotzdem nicht finden. Selbstverständlich gibt es Menschen mit einem Leben in Standardausführung, die sehr glücklich damit sind. Ich kenne einige davon, genauso wie ich eben auch sehr glückliche kinderlose und zölibatär lebende Mönche, Priester und Äbtissinnen, schwule Geschiedene und alles dazwischen kenne. Letzten Sommer wurde meine Freundin Emma von ihrem Vater zum Traualtar geführt, gefolgt von seinem Mann am Arm von Emmas Mutter. Alle vier, plus Emmas neuem Ehemann, stehen einander nahe, sie sind eine außergewöhnlich liebevolle Familie, die sich politisch für Gerechtigkeit einsetzt. Diesen Sommer war ich auf zwei Hochzeiten, bei beiden gab es keine Bräute, sondern jeweils zwei Bräutigame. Bei der ersten weinte der eine Bräutigam, weil ihm die meiste Zeit seines Lebens das Recht zu heiraten verwehrt worden war und er nicht geglaubt hatte, dass er seine eigene Hochzeit noch erleben würde.

Und trotzdem schwirren dieselben alten Fragen

noch immer durch den Raum – auch wenn sie oft gar nicht wie Fragen daherkommen, sondern eher wie ein recht durchsetzungsstarkes Zwangssystem. In der traditionellen Weltanschauung ist Glück etwas essenziell Privates und Selbstbezogenes: Verstandesbegabte Menschen folgen ihrem Eigeninteresse, und wenn sie das mit Erfolg tun, sollten sie glücklich sein. Schon die Definition dessen, was es bedeutet, ein Mensch zu sein, ist eng, und Altruismus, Idealismus und öffentliches Leben (ausgenommen Ruhm, Status oder materieller Erfolg) haben nur wenig Platz auf der Agenda. Die Vorstellung, dass ein Leben primär nach Sinnhaftigkeit streben sollte, tritt nur selten auf den Plan. Die standardisierten Tätigkeiten werden nicht nur als per se sinnhaft erachtet, nein, man begreift sie als die einzigen sinnvollen Optionen.

Einer der Gründe, warum die Mutterschaft hartnäckig als Schlüssel zur weiblichen Identität gilt, ist der Glaube, dass sich nur über Kinder die eigene Liebesfähigkeit befriedigen lässt. Aber neben dem eigenen Nachwuchs kann man doch noch so vieles andere lieben, es gibt so viele Dinge, die Liebe benötigen, und so viel Arbeit, die in dieser Welt mit Liebe getan werden muss.

Etliche derer, die die Motive kinderloser Menschen infrage stellen – es heißt, sie seien egoistisch, weil sie die mit Elternschaft einhergehenden Opfer nicht bringen wollen –, nehmen andererseits nicht zur Kenntnis, dass Menschen, die ihre Kinder intensiv lieben, vielleicht weniger Liebe für den Rest der Welt übrighaben. Die Autorin und Hochschullehrerin Christina Lupton hat kürzlich über all die Dinge geschrieben, auf die sie verzichten musste, als die aufreibenden Aufgaben einer Mutter sie fest im Griff hatten, darunter:

> »alle Arten, sich um die Welt zu kümmern, die nicht so leicht Bestätigung erfahren wie das Elternsein, aber fundamental notwendig sind, wenn Kinder gedeihen sollen. Damit meine ich das Schreiben und das Erfinden, die Politik und den Aktivismus, das Lesen und das Sprechen in der Öffentlichkeit, das Protestieren, Lehren und Filmemachen … Fast alle Dinge, die ich am meisten wertschätze und von denen ich mir am ehesten Verbesserungen für die Conditio humana verspreche, sind brutal inkompatibel mit der tatsächlichen sowie der imaginierten Arbeit, die Kinderbetreuung bedeutet.«

Als Edward Snowden vor einigen Jahren plötzlich die Bildfläche betrat, war ich fasziniert davon, wie viele Menschen unfähig waren, zu begreifen, warum sich da ein junger Mann nicht an das Glücksrezept hielt und ein gutes Gehalt, einen sicheren Job und ein Haus auf Hawaii drangab, um der meistgesuchte Flüchtige der

Welt zu werden. Sie alle schienen davon auszugehen, dass Snowden ein eigennütziges Motiv haben müsse, wahrscheinlich nach Geld oder Aufmerksamkeit gierte – schließlich handeln doch alle Menschen egoistisch.

Während der ersten Kommentarwelle schrieb Jeffrey Toobin, Rechtsexperte des *New Yorker*, dass Snowden »ein grandioser Narzisst« sei, »der es verdient, im Gefängnis zu sitzen«. Ein weiterer strenger Kritiker verkündete: »Ich glaube, wir haben es bei Edward Snowden mit nichts als einem narzisstischen jungen Mann zu tun, der wild entschlossen ist, schlauer zu sein als der Rest der Welt.« Andere wiederum vertraten die Ansicht, Snowden enthülle Regierungsgeheimnisse der USA, weil er von einem feindlich gesinnten Land dafür bezahlt worden sei.

Snowden kam einem vor wie ein Mensch aus einem anderen Jahrhundert. In seiner ersten Kontaktaufnahme mit dem Journalisten Glenn Greenwald nannte er sich »Cincinnatus« – nach dem römischen Staatsmann, der für das Wohl seiner Gesellschaft eintrat, ohne sich davon einen Vorteil zu versprechen. Schon dieser Name war ein Hinweis darauf, dass Snowden seine Ideale und Handlungsmodelle weitab von den Standardformeln für Lebensglück ausgebildet hat. Andere Zeiten und Kulturen haben schon häufiger gänzlich andere Fragen formuliert als jene, die wir heute stellen: Was ist das Sinnvollste, was du mit deinem Leben anstellen kannst? Wie groß ist dein Beitrag zur Welt oder zur Gemeinschaft? Lebst du gemäß deinen Prinzipien? Was ist dein Vermächtnis? Wofür steht dein Leben? Vielleicht ist unsere Obsession mit dem Glück eine Art, uns all diese Fragen nicht stellen zu müssen, eine Möglichkeit zu ignorieren, wie großräumig unser Leben, wie wirkmächtig unsere Arbeit und wie weitreichend unsere Liebe sein kann.

Im Kern der Glücksfrage steht ein Paradoxon. Todd Kashdan, Psychologieprofessor an der George Mason University, hat vor einigen Jahren von Studien berichtet, die ergeben haben, dass Menschen, die es für wichtig halten, glücklich zu sein, häufiger Depressionen entwickeln als andere: »Das Leben rund um den Versuch zu organisieren, glücklich zu sein, und Glück zum Hauptlebensziel zu machen, verhindert es, tatsächlich glücklich zu werden.«

In England hatte ich dann doch noch meinen rabbinischen Augenblick. Als ich den Jetlag überwunden hatte, wurde ich noch mal auf einer Bühne interviewt, diesmal von einer Frau mit affektiert flötendem Akzent. »Sie sind also«, tirilierte sie, »von der Menschheit verletzt worden und daraufhin schutzsuchend aufs Land geflohen.« Was sie damit sagen wollte: Ich war ein ausnehmend klägliches Exemplar, das hier zur Schau gestellt wurde, eine Ausreißerin aus der

Herde. Ich wandte mich ans Publikum: »Ist jemand von Ihnen schon mal von der gesamten Menschheit verletzt worden?« Man lachte mit mir. In diesem Augenblick wussten wir, dass wir alle unseren Hau hatten, alle gemeinsam in dieser Sache drinsteckten und dass es unser aller Aufgabe ist, das eigene Leiden zu thematisieren und gleichzeitig zu lernen, es anderen nicht zuzufügen. Genauso ist es mit der Liebe, die so vielfältige Erscheinungsformen hat und sich auf so viele Dinge richten kann. Viele Fragen im Leben sind es wert, gestellt zu werden. Aber vielleicht können wir uns, schlau wie wir sind, klarmachen, dass nicht jede Frage auch eine Antwort braucht.

1

Das Schweigen wird gebrochen

Eine kurze Geschichte des Schweigens

»Was ich am meisten bereute, war mein Schweigen. Und es gibt so viele Schweigen zu brechen.«

Audre Lorde

I. DER OZEAN RUND UM DEN ARCHIPEL

Schweigen ist Gold – so hieß es doch immer, als ich noch klein war. Später änderte sich alles. »Schweigen ist gleich Tod!« riefen die queeren Aktivist*innen auf den Straßen, als sie gegen Ignoranz und Unterdrückung rund um das Thema Aids kämpften. Das Schweigen ist der Ozean des Ungesagten, des Unsagbaren, Unterdrückten, Ausgelöschten und Ungehörten. Er umspült die versprengten Inseln, gebildet von jenen, denen es erlaubt ist, zu sprechen, von dem, was gesagt werden kann, und von jenen, die zuhören. Das Schweigen tritt aus vielen Gründen und in vielen verschiedenen Arten auf; jede*r hat sein oder ihr ganz persönliches Meer aus unausgesprochenen Wörtern.

Das Englische ist voll von Wörtern, deren Bedeutungen sich überlagern, aber in diesem Essay soll *silence,* das »Schweigen«, als etwas betrachtet werden, das Menschen auferlegt wird, wohingegen *quiet*, die »Stille«, etwas ist, das aktiv gesucht wird. Zwar ist die Ruhe eines stillen Ortes, die Beruhigung der Gedanken im stillen Rückzug von den Worten und der Betriebsamkeit akustisch das Gleiche wie das Schweigen der Einschüchterung oder der Repression. Psychisch und politisch sind das aber zwei vollkommen unterschiedliche Dinge. Was ungesagt bleibt, weil jemand Stille und Introspektion sucht, unterscheidet sich von dem, das nicht gesagt wird, weil es massive Drohungen oder viel zu hohe Hürden gibt. Es ist wie der Unterschied von Schwimmen und Ertrinken. Stille verhält sich zum Lärm wie Schweigen zur Kommunikation. Die Stille der Zuhörer*in macht dem Sprechen anderer Platz, und die Stille der Leser*in nimmt das auf einer Seite Geschriebene auf wie weißes Papier die Tinte.

»Wir sind wie Vulkane«, bemerkte Ursula K. Le Guin einmal. »Wenn wir Frauen unsere Erfahrungen als unsere Wahrheit verkaufen, als eine menschliche Wahrheit, ändern sich sämtliche Landkarten. Neue Berge entstehen.« Die neuen Stimmen brechen wie unterseeische Vulkane im offenen Meer aus, und neue Inseln entstehen – was eine gleichermaßen heftige wie erschütternde Angelegenheit ist. Die Welt verändert sich. Schweigen führt dazu, dass Menschen ohne Zuflucht leiden, dass Heuchelei und Lügen wachsen und gedeihen und Verbrechen ungestraft bleiben. Wenn unsere Stimme ein zentraler Aspekt unseres Menschseins ist, bedeutet das Stimmlos-gemacht-Werden die Entmenschlichung beziehungsweise die Exklusion von der eigenen Menschlichkeit. Und die Geschichte des Schweigens ist für die Geschichte der Frauen eine ganz zentrale.

Worte bringen uns zusammen, das Schweigen dagegen trennt uns und beraubt uns der Unterstützung, Solidarität oder auch schlicht der Gemeinschaft, die das Sprechen stiftet oder erzeugt. Manche Baumarten entwickeln ein unterirdisches Wurzelsystem, das die einzelnen Stämme miteinander verbindet und die Bäume zu einem so stabilen Ganzen verwebt, dass sie nicht mehr so schnell vom Wind umgeweht werden können. Geschichten und Unterhaltungen sind wie diese Wurzeln. Über ein ganzes Jahrhundert hinweg war die menschliche Reaktion auf Stress und Gefahr definiert als »Kampf oder Flucht«. In einer im Jahr 2000 durchgeführten Studie stellten mehrere Psycholog*innen an der University of California, Los Angeles, fest, dass die diesbezügliche Forschung größtenteils auf Testreihen an männlichen Ratten und Männern basierte. Die Untersuchung von Frauen brachte sie auf eine dritte, ebenfalls oft angewandte Möglichkeit, sich angesichts von Stress und Gefahr zu verhalten: sich solidarisch zusammenzuschließen, sich zu unterstützen, sich gegenseitig zu beraten. Die Studie stellte fest, dass »weibliche Verhaltensmuster stärker von Mustern des *tend and befriend*, des ›Kümmerns und Anfreundens‹, geprägt werden. Das Kümmern impliziert auch fürsorgliche Aktivitäten, darauf ausgelegt, sich selbst und die Nachkommen zu schützen – Nachkommen, die die Sicherheitslage verbessern und Notsituationen reduzieren. Beim Anfreunden geht es um das Aufbauen und Aufrechterhalten sozialer Netzwerke, die diesem Prozess förderlich sind«. Viel davon wird durch Sprechen bewerkstelligt, dadurch, dass man von seinen jeweiligen Zwangslagen erzählt, dass einem zugehört wird, dass man Mitgefühl und Verständnis heraushört aus der Reaktion der Menschen, um die man sich kümmert und mit denen man sich anfreundet. So etwas tun nicht nur Frauen. Vielleicht tun Frauen es routinierter. Auch ich komme genau auf diese Art mit den Dingen klar beziehungsweise lasse mir von meiner Community – jetzt, da ich eine habe – beim Klarkommen helfen.

Wer nicht in der Lage ist, die eigene Geschichte zu erzählen, führt ein trostloses Dasein. Manchmal ist das buchstäblich so, als wäre man lebendig begraben: wenn dir niemand zuhört, obwohl du sagst, dass dein Exmann versucht, dich umzubringen, wenn dir niemand glaubt, obwohl du sagst, du habest Schmerzen, wenn niemand deine Hilferufe hört oder du dich nicht mal traust, um Hilfe zu rufen, weil dir eingetrichtert worden ist, andere Menschen nicht mit deinen Hilferufen zu behelligen. Wenn man es für unangemessen hält, wenn du im Meeting den Mund aufmachst, wenn du nicht zugelassen wirst zu einer mit Macht ausgestatteten Institution, wenn du Kritik ausgesetzt bist, die unsachlich ist und deren Subtext besagt, dass Frauen weder anwesend sein noch überhaupt gehört werden sollten. Geschichten retten dir das Leben. Sie sind dein Leben. Wir sind unsere Geschichten. Geschichten, die beides sein können: Gefängnis und Stemmeisen, um das Gefängnistor aufzubrechen. Wir denken uns Geschichten aus, um uns selbst zu retten oder um uns und anderen eine Falle zu stellen, Geschichten, die unsere Stimmung aufhellen oder uns gegen die steinerne Mauer unserer Grenzen und Ängste schleudern. Befreiung ist in Teilen immer auch ein Erzählprozess: ein Prozess, der Geschichten aufknackt, Schweigen bricht, neue Geschichten erfindet. Ein freier Mensch erzählt die eigene Geschichte. Ein Mensch, der wertgeschätzt wird, lebt in einer Gesellschaft, in der ihre oder seine Geschichte einen Platz hat.

Gewalt gegen Frauen passiert oft als Gewalt gegen unsere Stimmen und unsere Geschichten. Sie ist die Zurückweisung unserer Stimmen – und dessen, was eine Stimme überhaupt bedeutet: das Recht auf Selbstbestimmung, auf Teilhabe, auf Zustimmung oder eine abweichende Meinung, das Recht darauf, zu leben und mitzumachen, zu interpretieren und zu erzählen. Ein Ehemann schlägt seine Frau, um sie zum Schweigen zu bringen; jemand, der sein Date oder seine Bekannte vergewaltigt, weigert sich, dem Nein seiner Opfer die Bedeutung zu lassen, die es hat: dass nämlich der Körper einer Frau unter die Gebietshoheit allein dieser Frau fällt. Die *rape culture* behauptet, die Aussage einer Frau sei wertlos und unglaubwürdig. Auch Abtreibungsgegner*innen wollen die Frauen in ihrer Selbstbestimmtheit mundtot machen. Und ein Mörder lässt Menschen für immer verstummen. All diese Fälle zeugen davon, dass ein Opfer keine Rechte und keinen Wert hat und nicht als gleichwertig gilt. Solche Stummstellungen finden auch in geringfügigerem Umfang statt: Menschen, die im Netz so lange drangsaliert und belästigt werden, bis sie schweigen, die ausgeschlossen werden von der Unterhaltung, die kleingemacht, gedemütigt und abgewiesen werden. Eine Stimme zu haben ist das Wichtigste. Zwar geht es bei den Menschenrechten nicht ausschließlich darum, aber es steht in ihrem Zentrum, weswegen man die Geschichte der (nicht existenten) Frauenrechte als eine Geschichte des Schweigens und des Brechens dieses Schweigens interpretieren kann.

Sprache, Worte und Stimme ändern die Dinge manchmal von Grund auf – immer dann, wenn sie zu Inklusion und Anerkennung führen, Entmenschlichung rückgängig machen und Rehumanisierung ins Werk setzen. Manchmal sind Sprache, Worte und Stimme nur die Voraussetzungen dafür, Regeln, Gesetze und Regime so zu verändern, dass sie Gerechtigkeit und Freiheit hervorbringen. Manchmal sind allein das Sprechenkönnen, Gehörtwerden und Glaubengeschenkt-Bekommen ausschlaggebend dafür, Teil einer Familie, einer Community, einer Gesellschaft zu werden. Manchmal lässt unsere Stimme Gemeinschaftliches auch entzweibrechen; manchmal wird das Gemeinschaftliche zum Gefängnis. Und wenn dann Worte die Unaussprechlichkeit durchbrechen, wird das, was vorher von einer Gesellschaft toleriert wurde, manchmal untragbar. Nicht davon Betroffene können die Auswirkungen von Diskriminierung, polizeilicher Brutalität oder häuslicher Gewalt oft nicht sehen oder fühlen: Geschichten jedoch machen das Problem greifbar und unausweichlich.

Mit »Stimme« meine ich nicht nur die tatsächliche Stimme – also den Klang, den Stimmbänder in den Ohren anderer erzeugen –, sondern die Möglichkeit, seine Meinung zu sagen, zu partizipieren, sich selbst wahrzunehmen und als freier Mensch mit eigenen Rechten wahrgenommen zu werden. Was auch das Recht einschließt, nichts zu sagen – beispielsweise das Recht, nicht um eines Geständnisses willen gefoltert zu werden wie manche politische Gefangene. Oder das Recht, Fremden, die sich einem annähern, nicht per se zu Diensten zu sein, wie das einige Männer von jungen Frauen erwarten, wenn sie Aufmerksamkeit und Schmeichelei fordern und, wenn diese ausbleiben, zu Strafmaßnahmen greifen. Die auf das Konzept »Handlungsmacht« ausgeweitete Stimme schließt weite Bereiche von Macht und Machtlosigkeit in sich ein.[1]

Wer wurde nicht gehört? Der Ozean ist weit, und die Oberfläche eines Meeres lässt sich nicht kartieren. Wir wissen, wer in den vergangenen Jahrhunderten bei den offiziellen Themen meistens gehört wurde: derjenige, der gerade das Amt innehatte, der studiert hatte, der Armeen befehligte, der Richter oder Schöffe war, Bücher schrieb und ganze Reiche unter sich hatte. Wir wissen auch, dass sich diese Situation dank der zahllosen Revolutionen des 20. Jahrhunderts latent geändert hat – dank dem Aufbegehren gegen Kolonialismus, Rassismus, Frauenfeindlichkeit und gegen das

---

1 Einmal habe ich mich mit dem Kulturhistoriker Joel Dinerstein unterhalten, als er noch an seinem Projekt über *American Cool* arbeitete, und ihn gefragt, warum so wenige Frauen auf der Liste der »100 coolsten Amerikaner« stünden. Dann begriff ich, dass die Weigerung, sich verbindlich zu zeigen oder überhaupt irgendwie zu reagieren – was den Kern maskuliner Coolness ausmacht –, bei einer Frau viel eher als Katatonie oder inakzeptable Arroganz gewertet wurde. Was ihn cool macht, macht sie kühl.

massenhaft von der Homophobie zwangsverordnete Stillschweigen und vieles mehr. Wir wissen, dass die Klassenunterschiede im Laufe des 20. Jahrhunderts in den Vereinigten Staaten in gewissem Maße eingeebnet wurden und dann gen Ende durch Einkommensungleichheiten, das Wegbrechen sozialer Mobilität und das Erstarken einer neuen, extremen Elite wieder an Bedeutung gewonnen haben. Auch Armut bringt zum Schweigen.

Wer gehört wurde, wissen wir. Denn all jene sind gut kartierte Inseln. Der Rest ist das unkartierbare Meer der ungehörten und undokumentierten Menschheit. Im Laufe der Jahrhunderte sind viele gehört und geliebt worden, und auch wenn ihre Worte sich in dem Moment, in dem sie ausgesprochen wurden, in Luft auflösten, fanden sie trotzdem Halt in den Köpfen und leisteten ihren Beitrag zur Kultur, so als hätten sie sich zu nährstoffreicher Erde kompostiert. Aus solchen Worten kann Neues erwachsen. Andere aber wurden zum Schweigen gebracht, ausgeschlossen und missachtet. Die Erde besteht zu sieben Zehnteln aus Wasser. Das Verhältnis von Schweigen zu vernehmlicher Stimme ist deutlich unausgewogener. Wenn die Bibliotheken alle Geschichten enthalten, die jemals erzählt worden sind, dann gibt es auch Geisterbibliotheken mit all den Geschichten, die nie erzählt worden sind. Und die Geister sind den echten Büchern zahlenmäßig um ein Vielfaches überlegen. Sogar jene, die vernehmbar gewesen sind, haben dieses Privileg oft nur durch strategisches Schweigen an anderer Stelle erwirkt oder durch die Unfähigkeit, gewisse Stimmen zu hören – inklusive der eigenen.

Im Kampf um die Freiheit ging es immer auch darum, Bedingungen zu schaffen, die denen, die vormals zum Schweigen gebracht wurden, zu Sprache und Gehörtwerden verhelfen.

Eine Engländerin hat mir neulich erzählt, in Großbritannien gebe es eine wachsende Gefängnispopulation von alten Männern, weil zahllose Opfer, denen vorher niemand zuhören wollte, endlich von ihrem sexuellen Missbrauch erzählen. Der berüchtigtste Fall in Großbritannien ist der des BBC-Showmoderators Jimmy Savile, der zum Ritter geschlagen, mit Lob überschüttet und zum Prominenten gemacht wurde – und dann starb, bevor mehr als 450 Menschen, mehrheitlich junge Frauen, aber auch Jungen und erwachsene Frauen, ihre Klage wegen sexueller Nötigung gegen ihn einreichten. 450 Menschen, die vorher nicht angehört wurden – vielleicht, weil sie glaubten, kein Recht zu haben, sich zu äußern, Protest einzulegen oder überhaupt für voll genommen zu werden. Oder weil sie einfach wussten, dass sie dieses Recht tatsächlich nicht hatten, dass sie schlicht die Stimmlosen waren.

John Lydon, bei den Sex Pistols bekannt als Johnny Rotten, sagte 1978 in einem BBC-Interview über Savile: »Ich wette, der hängt in all diesen schäbigen Geschichten drin, die man so hört, über die man aber nicht sprechen darf. Mir sind da so ein paar Gerüchte zu Ohren gekommen. Und ich wette, dass nichts davon je ans Tageslicht kommen wird.« Lydons Worte wurden erst 2013 öffentlich gemacht, als die BBC endlich das ungekürzte Interview freigab. In dieser Zeit kamen auch andere Geschichten heraus, Geschichten über Pädophilenringe, in die auch prominente britische Politiker verwickelt waren. Viele der betreffenden Verbrechen waren vor langer Zeit geschehen. Manche davon führten nachgewiesenermaßen zum Tod einiger Opfer, noch im Kindesalter. Skandale um Personen des öffentlichen Lebens sind nationale oder sogar internationale Versionen jener Dramen, die auch auf niedriger lokaler Ebene ablaufen, wenn es darum geht, wessen Geschichte die Oberhand gewinnt. Oft ist das abhängig davon, in welche Richtung sich der Wind der öffentlichen Meinung dreht – schließlich lösen Skandale eine Menge Gespräche und Auseinandersetzungen aus. Manchmal legen solche Fälle den Grundstein dafür, dass auch andere nach vorne treten und von ihrem Leid und anderen Tätern erzählen. In jüngster Zeit hat sich daraus ein Prozess entwickelt, bei dem in den sozialen Medien kollektive Tribunale eingerichtet und massenhaft Zeugenaussagen getätigt werden sowie Betroffene sich gegenseitig unterstützen, was man durchaus als eine Variante des oben skizzierten »Kümmerns und Anfreundens« interpretieren kann.

Das Schweigen macht es Tätern möglich, unbehelligt durch ganze Jahrzehnte zu marodieren. Es ist, als hätten die Stimmen dieser prominent in der Öffentlichkeit stehenden Männer die Stimmen anderer bis zur Nichtigkeit verschluckt. Ein Akt des narrativen Kannibalismus. Diese Männer beraubten andere der Stimme, mit der sie sich hätten weigern können, und ließen sie mit ihren zermürbenden Geschichten zurück, die unglaublich waren. »Unglaublich« heißt in diesem Fall: Die die Macht hatten, wollten nichts davon wissen, hören oder glauben, sie wollten nicht, dass diese Menschen eine Stimme haben. Menschen sind gestorben, weil sie kein Gehör fanden. Dann aber hat sich etwas verändert.

Dieselbe Geschichte könnte auch über unzählige Akteure in Nordamerika erzählt werden. Die jüngsten Beispiele sind Roger Ailes, der CEO des Fernsehsenders Fox News, dem von mehreren Frauen sexuelle Belästigung am Arbeitsplatz, Nachstellung, sexuelle Ausbeutung, Erpressung und psychologischer Missbrauch über den Zeitraum eines halben Jahrhunderts vorgeworfen wurde; Bill Cosby und seine seriellen, mit Unterstützung von Drogen begangenen Vergewaltigungen über die gleiche Zeitspanne; und Jian

Ghomeshi in Kanada, der von mehreren Frauen brutaler sexueller Übergriffe bezichtigt wird. Sie alle waren Männer mit Macht, die wussten, dass ihre Stimme und ihre Glaubwürdigkeit die derer übertönen würden, gegen die sie tätlich geworden waren. Was so lange gutging, bis etwas brach: bis das Schweigen gebrochen wurde, ein ganzer Ozean an Geschichten heranrauschte und ihre Immunität hinfortspülte. Aber sogar als die Beweislage längst erdrückend war, vergingen sich einige von ihnen weiterhin an ihren Opfern, schleuderten ihnen Drohungen entgegen oder fanden andere Wege, um die Glaubwürdigkeit ihrer Geschichten infrage zu stellen. Denn den Opfern Glauben zu schenken bedeutete schließlich, überaus grundlegende Annahmen in Zweifel zu ziehen. Was unbequem war. Viele aber halten Bequemlichkeit für ihr Grundrecht, sogar – beziehungsweise vor allem – wenn diese Bequemlichkeit auf dem Leid und dem Zum-Schweigen-Bringen anderer basiert.

Wenn das Recht, sich zu äußern, glaubwürdig zu sein und gehört zu werden, eine Art Reichtum ist, dann wird dieser Reichtum momentan umverteilt. Über lange Zeit hat es eine gut vernehmbare Elite mit hoher Glaubwürdigkeit gegeben sowie eine Unterschicht der sprachlosen Massen. Bei der alten Elite bricht während dieses Umverteilungsprozesses immer und immer wieder fassungsloses Unverständnis hervor: Dass sich jene Frau oder jenes Kind tatsächlich getraut hat, den Mund aufzumachen, dass die Leute es wagen, ihnen zu glauben, dass deren Stimme tatsächlich etwas zählt, dass ihre Wahrheit möglicherweise die Herrschaft eines mächtigen Mannes beendet, wird mit Zorn und Unglauben quittiert. Diese endlich gehörten Stimmen verkehren die Machtverhältnisse. Ein Zimmermädchen stand am Anfang vom Ende der Karriere des IWF-Direktors und Serientäters Dominique Strauss-Kahn. Frauen haben die Karrieren von Stars auf vielen Feldern beendet. Besser gesagt: Stars haben ihre Karrieren selbst zerstört, indem sie in dem Glauben handelten, eine mit der Ohnmacht ihrer Opfer einhergehende Straffreiheit zu genießen. Viele sind über Jahre hinweg straffrei geblieben, manche auch ihr ganzes Leben lang; viele stellen jetzt fest, dass es so nicht mehr läuft.

Wer Gehör findet und wer nicht, definiert der Status quo. Diejenigen, die diesen Status quo verkörpern – oft nur zum Preis eines massiven Schweigens untereinander –, rücken ins Zentrum; diejenigen, die für das stehen, was nicht gehört wird und was die verletzt, die auf dem Schweigen anderer Größe erlangen, werden ausgestoßen. Wenn wir neu definieren, wessen Stimme Wertschätzung entgegengebracht wird, definieren wir auch unsere Gesellschaft und ihre Werte neu.

Das Thema dieses Buches ist jene Unterart des Schweigens und des Zum-Schweigen-gebracht-Werdens, die spezifisch ist für Frauen – sofern etwas, das auf mehr als die Hälfte der Menschheit zutrifft, überhaupt »spezifisch« sein kann. Wenn es für einen Insider beziehungsweise Machthaber, also einen Menschen mit voller Menschenmitgliedschaft, unerlässlich ist, eine Stimme und eine Redeerlaubnis zu haben sowie gehört und für glaubwürdig befunden zu werden, dann muss man feststellen, dass das Schweigen die universelle Voraussetzung für Unterdrückung ist und dass es viele verschiedene Arten von Schweigen und von Zum-Schweigen-Bringen gibt.

Die Kategorie »Frau« ist ein langer Boulevard, der von vielen anderen Straßen durchschnitten wird, darunter Klasse, Rasse, Armut und Reichtum. Diesen Boulevard entlangzufahren bedeutet also, an diverse Straßenkreuzungen zu kommen. Und es bedeutet eben nicht, dass die Stadt des Schweigens nur eine Hauptstraße oder Durchgangsroute hat. Es ist durchaus sinnvoll, die Kategorien »männlich« und »weiblich« zu hinterfragen, aber genauso sinnvoll ist es, sich daran zu erinnern, dass Frauenfeindlichkeit auf dem ergebenen Glauben in die Realität dieser Kategorien beruht (oder der Versuch ist, diese Kategorien wieder stärker werden zu lassen, indem jedem Geschlecht seine vermeintlich korrekte Rolle zugewiesen wird).

Ein Völkermord ist ein gewaltiges Zum-Schweigen-Bringen. Versklavung ebenfalls. Der amerikanische Feminismus ist im Widerstand gegen die Sklaverei großgeworden. Er wurde also an einer Straßenkreuzung geboren. Elizabeth Cady Stanton war eine von vielen anderen Abolitionistinnen, die 1840 den langen Weg zur Londoner Weltversammlung gegen Sklaverei auf sich nahmen, nur um am Ende festzustellen, dass kein Sitzplatz mehr für sie frei war und dass sie nicht sprechen durfte. Nicht mal diejenigen, die sich für heldenhafte Streiter*innen gegen die Unterdrückung hielten, erkannten damals, was unterdrückerisch war an einer Ordnung, die so alt war, dass sie als naturgegeben wahrgenommen wurde. Eine Kontroverse entspann sich. In ihrer Autobiographie schrieb Stanton von den dort versammelten bemerkenswerten Frauen, die alle »dazu genötigt wurden, den Plattitüden der Männer über die Sphäre des Weiblichen schweigend zuzuhören«. Wütend fuhr sie nach Hause. Diese Wut darüber, zum Schweigen gebracht und ausgeschlossen zu werden, sowie die daraus resultierende Erkenntnis gaben der ersten Frauenrechtsbewegung gehörig Auftrieb.

Neben dem Kampf für das Wahlrecht und für den Zugang zu Schulen und Bildung ging – und geht – es den Bürgerrechtler*innen auch stark darum, *people of color* in den Geschworenenjurys zu haben, um ihnen das Recht auf Partizipation in vollem Umfang zuteilwerden zu lassen und Angeklagten die Chance zu geben, von Menschen angehört zu werden, die eventuell Verständnis dafür haben, wer sie sind und woher sie kommen – sie also vor eine Jury von ihresgleichen zu stellen, wie es die Verfassung garantiert. Die ausgewogene Zusammensetzung der Geschworenenjurys wurde noch 2016 vom Verfassungsgericht angefochten. Dasselbe gilt für die Kämpfe um das Geschlechterthema.

1927, also sieben Jahre nachdem Frauen USA-weit[2] das Wahlrecht erlangt hatten, durften Frauen in nur 19 Bundesstaaten als Geschworene fungieren, und noch 1961 bestätigte das oberste Verfassungsgericht die automatische Freistellung von Frauen, was die

---

2 Manchmal heißt es, dass schwarze Frauen bis zur Zeit der Bürgerrechtsbewegung kein Wahlrecht hatten. Das trifft auf den Großteil der Südstaaten zu, und zwar auf schwarze Frauen und Männer gleichermaßen. Es trifft nicht auf die Gesamtheit der USA zu: In Chicago bildeten schwarze Frauen noch vor 1920 eigene Wählerinnengruppen, weil Frauen in Illinois seit 1913 wählen durften. In vier Bundesstaaten im Westen – Wyoming, Utah, Colorado und Idaho – hatten Frauen bereits seit dem 19. Jahrhundert das Wahlrecht. Asiatinnen und Frauen mit *Native-American*-Hintergrund wurden bis weit ins 20. Jahrhundert hinein auf andere Art entrechtet, und manche weiße Frau innerhalb der Wahlrechtsbewegung sprach voller Geringschätzung über schwarze Frauen und schloss sie aus. Nach dem Bürgerkrieg

Jurytätigkeit anbelangt. Was wiederum bedeutet, dass viele, viele Gerichtsprozesse, in denen es um Gender-Gewalt und Diskriminierung ging, vor rein männlich besetzten Geschworenenjurys stattfanden, und zwar in Gerichtssälen, in denen männliche Richter den Vorsitz über männliche Anwälte führten – in einem Kontext also, in dem es höchst wahrscheinlich war, dass die Stimme eines weiblichen Opfers erst in Misskredit und dann zum Schweigen gebracht wurde (es sei denn, die Frau sagte gegen ein Mitglied einer anderen stummgestellten Bevölkerungsgruppe aus: So wurden weiße Frauen hin und wieder von weißen Männern als Waffe gegen schwarze Männer eingesetzt). Und somit bedeutet, dass Frauen in dieser wie in vieler anderer Hinsicht keine Stimme in ihrer Gesellschaft hatten.

Schweigen war der historische Zustand von Frauen, denen – von seltenen Ausnahmen abgesehen – Bildung und eine Rolle im öffentlichen Leben, also die Arbeit als Richterin, Priesterin und so gut wie jede andere Sprecherinnenrolle, verwehrt blieben. In

---

war Elizabeth Cady Stanton, Feministin der ersten Stunde, nicht gewillt, auch für das Wahlrecht schwarzer Männer einzutreten: Das sei ein gänzlich anderes Thema; eine Aussage, die schließlich dazu führte, dass sie und ein ganzer Teil der Frauenrechtsbewegung diesen Kampf nicht unterstützten, teils sogar aktiv dagegen Stellung bezogen. Rassistisch motivierter Wahlrechtsentzug wurde im 21. Jahrhundert wieder zum beherrschenden Thema.

Gotteshäusern hatten Frauen still zu sein. Im 1. Brief an die Korinther ordnete Paulus an: »Wie es in allen Gemeinden der Heiligen üblich ist, sollen die Frauen in der Versammlung schweigen; es ist ihnen nicht gestattet zu reden.« In einem anderen der Paulus-Briefe wird erklärt: »Dass eine Frau lehrt, erlaube ich nicht, auch nicht, dass sie über ihren Mann herrscht; sie soll sich still verhalten.« In der anglikanischen Kirche der Vereinigten Staaten gab es bis 1944 keine Pfarrerin, in der Church of England blieb das bis 1994 so. Die erste Rabbinerin wurde in den USA 1972 ordiniert. In der katholischen Kirche gibt es bis heute keine ordinierten Frauen.

In den Gerichten waren Frauen stumm. Bis 1981 gab es am obersten Verfassungsgericht der USA keine Verfassungsrichterin, und auch heute sind nur auf ein Drittel aller Sitze Frauen berufen, was immerhin ein historischer Höchststand ist. An der juristischen Fakultät der Harvard University, die von sehr vielen späteren Herren der Welt durchlaufen wurde, gab es im Jahr 1871 die erste Petition zur Zulassung von Frauen. Die erste Jurastudentin kam 1950. An vielen Universitäten der Ivy League, wo globale Machtallianzen geschmiedet werden, war es Frauen lange Zeit verboten, sich überhaupt einzuschreiben. Die erste weibliche Studentin in Yale nahm 1969 ihr Studium auf. Frauen begegneten dort allerdings derartiger Feindseligkeit, dass es 1977 zum ersten Prozess nach dem »Title IX«-Gleichberechtigungsgesetz wegen sexueller Belästigung und Vergewaltigung durch Professoren auf dem Campus kam. *Alexander vs. Yale* wurde zu einem Präzedenzfall, der von Universitäten bundesweit verlangte, diese Art von Missbrauch als Diskriminierung zu ahnden. (Es änderte sich jedoch nicht genug: 39 Jahre später, im Sommer 2016, unterzeichneten 169 Philosoph*innen einen Brief, der über die Zeitspanne von 27 Jahren hinweg eine ganze Reihe von angeblichen sexuellen Belästigungen durch den Yale-Professor Thomas Pogge anprangerte, einen Spezialisten auf dem Feld der Ethik).

Neue Erkenntnisse erfordern eine neue Sprache, und der Feminismus hat eine ganze Fülle von Begriffen geprägt, die zur Beschreibung jener individuellen Erfahrungen taugen, die der Diskurs der sechziger und siebziger Jahre so langsam aus dem Versteck hervorspülte. Den Begriff *date rape* prägte Susan Brownmiller 1975. Mit dem Begriff *sexual harassment* (sexuelle Belästigung) beschrieb Mary Rowe 1974 als eine der ersten das Fehlverhalten am MIT. 1975 benutzte eine Gruppe von Frauen den Begriff, um dasselbe Problem an der Cornell University zu veranschaulichen. Die legendäre Anwältin Catharine MacKinnon bescherte dem Begriff 1979 mit ihrem Buch *Sexual Harassment of Working Women* noch einmal größere Aufmerksamkeit. In der Öffentlichkeit bekannt wurden er und die dahinterstehende Bedeutung allerdings erst 1991 im Zusammenhang mit den Anhörungen zur Personalie Clarence Thomas, der als Richter fürs Verfassungsgericht nominiert war und von seiner ehemaligen Kollegin Anita Hill der sexuellen Nötigung beschuldigt wurde. Obwohl der Fall damals hohe Wellen schlug, wurde Clarence Thomas am Ende mit einer knappen Mehrheit zum Verfassungsrichter berufen. 1993 stellten Oklahoma und North Carolina als die beiden letzten US-Bundesstaaten Vergewaltigung in der Ehe unter Strafe. Fehlende rechtliche Befugnisse über den eigenen Körper sind eine Form, Menschen zum Schweigen zu bringen. Ohne diese Rechte kann Gesagtes wertlos werden, und Worte ohne Wert sind noch schlimmer als das Schweigen: Für solche Worte kann man sogar noch bestraft werden.

II. JEDER MANN EINE INSEL: MÄNNLICHES SCHWEIGEN

Im Patriarchat ist das Schweigen omnipräsent. Allerdings wird von Männern und Frauen jeweils ein anderes Schweigen gefordert. Die strenge Einhaltung der Gender-Rollen darf man sich als Kreieren eines wechselseitigen Schweigens vorstellen, und dabei wird man das männliche Schweigen nach und nach als Preis für

Macht und Mitgliedschaft erkennen. Niemand hat es je besser formuliert als bell hooks, die sagte:

> »Den ersten gewaltsamen Akt, den das Patriarchat Männern abverlangt, ist nicht die Gewalt gegen Frauen. Nein, das Patriarchat verlangt von jedem Mann, Akte der psychischen Selbstverstümmelung an sich vorzunehmen und die emotionalen Anteile seiner selbst abzutöten. Ein Individuum, das diese emotionale Selbstverkrüppelung nicht erfolgreich betreibt, muss damit rechnen, dass patriarchalische Männer entsprechende Machtrituale einsetzen, die sein Selbstwertgefühl angreifen.«

Will sagen: Für die Ordnung des Patriarchats ist es unerlässlich, dass Männer sich zunächst selbst zum Schweigen bringen. (Vielleicht sollte an dieser Stelle noch einmal darauf hingewiesen werden, dass das System des Patriarchats, das Männer und Männlichkeit privilegiert, auch von vielen Frauen aktiv gestützt wird, während sich manche Männer dagegen auflehnen und wieder andere die das System stabilisierenden Gender-Regeln gleich ganz außer Kraft setzen.) Was bedeutet, dass Männer lernen müssen, nicht nur gegenüber anderen zu schweigen, sondern auch mit sich selbst nicht zu kommunizieren über Aspekte des eigenen Innenlebens und Ichs.

Als ich diese Passage bei bell hooks las, lief es mir kalt den Rücken hinunter, weil ich plötzlich begriff, dass wir es hier mit dem Plot eines Horror- oder Zombiefilms zu tun haben. Die fühllos Gemachten spüren den Lebenden nach, um auch deren Gefühle zu eliminieren – entweder indem sie ihre Opfer dazu bringen, sich ihrer Erstarrung anzuschließen, oder indem sie sie einschüchtern und angreifen und dadurch mundtot machen. Im Land des Schweigens gibt es drei Reiche: das Schweigen, das man sich selbst verordnet; das Schweigen, das einem von außen verordnet wird; und das Schweigen, das die Dinge umgibt, die noch nicht benannt, erkannt, beschrieben oder zugegeben wurden. Alle drei Sorten Schweigen sind nicht klar voneinander abzugrenzen: Sie nähren sich gegenseitig; was unsagbar ist, weiß man nicht – und vice versa –, so lange, bis etwas bricht.

Für ihre Macht müssen die Männer mit so etwas wie ihrer emotionalen Ganzheit bezahlen, und die Entsagung fängt bereits früh an. Als ich, so neutral wie möglich, einen Neffen kurz vor seinem fünften Geburtstag fragte, warum Rosa denn nicht mehr zu seinen Lieblingsfarben gehöre, wusste er sofort, worum es ging: »Ich mag Mädchen. Aber ich mag eben keine Mädchensachen«, rief er und konnte auch genau sagen, was »Mädchensachen« sind und dass er sich nicht von ihnen definieren lassen dürfe. Tatsächlich verachtete er sie bereits. Es folgte eine Schimpftirade auf den Animationsfilm *My Little Pony*.

Ich fand, fünf sei früh, um derart bombardiert zu werden. Dann aber wollte ich für den noch ungeborenen Sohn einer Freundin ein Geschenk besorgen und wurde daran erinnert, dass sich unsere Rollen ab dem Zeitpunkt der Geburt unserer bemächtigen. Mädchen bekommen Niedliches, Hübsches, Attraktives und vielleicht Passives: warme Farben, Kätzchen, Blumen und dekorative Schnörkel. Jungs bekommen Distanz: kühle Farben und aktive oder bedrohliche Darstellungen – oder solche, die aus Intimität und Emotionalität herausgenommen sind, wie Sportler, Bälle und Schläger, Raketen, kaltblütige Tiere wie Reptilien, Dinosaurier und Haie. Eine sonderbare Auswahl für hilflose Säugetiere, die abhängig sind vom Gestilltwerden.

Männlichkeit ist eine einzige große Entsagung. Die Farbe Rosa ist da nur eine Kleinigkeit, aber erfolgreiche Jungs und Männer müssen im Alltag auf Gefühle, Ausdrucksfähigkeit, Aufgeschlossenheit, ja, auf ein ganzes Spektrum an Möglichkeiten verzichten, und von Männern, die in maskulinisierten Sphären verkehren – Sport, Militär, Polizei, ausschließlich männliche Belegschaften im Baugewerbe oder in der Rohstoffgewinnung –, wird oft sogar noch mehr Verzicht verlangt, wenn sie dazugehören wollen. Frauen wird eine etwas größere Bandbreite emotionaler Möglichkeiten zugestanden, sie werden aber ebenfalls entmutigt oder stigmatisiert, wenn sie sich nicht damenhaft und ehrerbietig genug erweisen, beispielsweise Ehrgeiz, kritische Intelligenz, unabhängige Analysefähigkeit, eine abweichende Meinung oder Wut an den Tag legen. Kurz gefasst: Das Schweigen ist eine tiefgreifende, alles durchdringende Kraft, die auf unterschiedliche Kategorien von Menschen unterschiedlich verteilt wird. Ihm zugrunde liegt ein Status quo, der von einer Homöostase des Schweigens abhängig ist.

Frauenfeindlichkeit und Homophobie sind beides Formen, das zu hassen, was nicht Patriarchat ist. »Was ist die Ursache für Heterosexualität?« stand auf einem der Sticker, die vor einem Vierteljahrhundert in meiner Heimatstadt im Rahmen der aufrührerischen Queer-Nation-Kampagne gegen Homophobie geklebt wurden. Was als Umkehrung der üblichen Denkweise eine sehr schlaue Frage war, die der Tatsache Rechnung trug, dass auch Heterosexualität sozial konstruiert ist und nicht als unstrittige Norm betrachtet werden muss. Ich hatte das große Glück, ab dem Alter von dreizehn Jahren von schwulen Männern umgeben zu sein, von Menschen, die sich den Indoktrinierungen heterosexueller Männlichkeit widersetzt haben und so zumindest von einigen Privilegien dieser Männlichkeit ausgeschlossen waren, Privilegien, die sie nicht interessierten oder die ihnen den Kompromiss nicht wert waren – oder auch Menschen, die für diese Indoktrinierung nicht anfällig waren, weil der erotische Widerspruch ihnen die Möglichkeit zu weiterem Neinsagen öffnete. Die Bekanntschaft mit diesen Männern war für mich eine andauernde Begegnung mit dem, was ein Mann sonst noch sein kann.

Viele der schwulen Männer in meinem Leben kamen mir vollständiger vor als die meisten Heteromänner, die ich kennengelernt habe. Sie konnten eine größere Bandbreite von Gefühlen erleben und ausdrücken – und diese Gefühle auch bei anderen besser verstehen und wertschätzen. (Zudem hatten sie oft eine überaus große Sensibilität für Bedeutungsnuancen, die die meinige weit überstieg, sowie den Witz, diese Zwischentöne auch in Worte fassen zu können.) Häufig waren sie Soldaten, die aus dem Krieg des Patriarchats auf die andere Seite übergelaufen waren, Menschen mit einer beidäugigen Wahrnehmungsfähigkeit, die wir Humor nennen: nämlich der Fähigkeit, den Unterschied zu erkennen zwischen dem, wie die Dinge sind, und dem, wie sie sein sollten.

In einer Kultur, die zwischen Drag-Queens und ästhetisierter Hypermaskulinität ein breites Spektrum an Männlichkeit kennt und in der Männer sich mittlerweile als Subjekte des männlichen Blicks erkannt haben, war und ist Männlichkeit eine noch ungeklärte Frage. Hinter all dem steht die Idee, dass jede Identität ein

Kostüm ist, das man sich überstreift – was wiederum große Spielräume eröffnet hinsichtlich der Frage, wer man eigentlich sein möchte. Natürlich hat jeder und jede in jeder Kategorie menschlicher Existenz das Recht, ein Scheusal zu sein. Die bloße Tatsache einer sexuellen Orientierung führt natürlich nicht notwendig zu Freiheit und Einsicht, genauso wenig, wie das Rasse, Klasse, Religion oder Gender tut; ich spreche hier nicht von *dem* schwulen Mann per se, sondern von meinen eigenen Freunden, von meiner Community.

Im heterosexuellen Mainstream haben lange Zeit Frauen den Job übernommen, für andere Emotionen zu empfinden und ihnen Ausdruck zu verleihen. Als ich noch sehr jung war, habe ich mit meinem Freund eine Reise mit dem Auto gemacht, und als wir losfuhren, sagte sein Vater zu uns: »Meldet euch mal. Deine Mutter macht sich sonst Sorgen.« Die Mutter war die Platzhalterin seiner Gefühle, die er nicht ausdrücken konnte. Also hatte sie die Gefühle, die dann auch entsprechendes Gewicht hatten. Sie war diejenige, die das Schweigen im Haus mit Geplapper füllte, um die Menschen darin zusammenzuhalten, die versuchte, offen zu sein in einem Haus voller freundlicher Männer, die allerdings dichtgemacht hatten, anständiger Männer, die sich bei jeglichem Gefühlsausdruck im schlimmsten Fall konkret unwohl fühlten und meinten, dass das Verbindliche eben nicht ihre Aufgabe war.

Wenn es darum geht, Gefühle abzutöten, werden Frauen manchmal zu Zielscheiben. Weniger anständige Männer haben es direkt abgesehen auf Verletzlichkeit. Wenn nämlich Mann zu sein bedeutet, das Verletzliche hassen zu lernen, dann hasst man es sowohl an sich wie an dem Geschlecht, das es für einen austrägt. »Softie«, »Memme« und »Weichei« sind neben »schwul« und »Schwuchtel« seit langem die Hauptschimpfwörter für Jungen und Männer; ein Mann darf keine Frau sein, er darf nicht weinen und nicht schwach sein; und in der Angst, schwul zu sein, zeigt sich die Angst, vielleicht eine Sexualität zu haben, in der es nicht um Dominanz und Penetration, sondern um Penetriertwerden, Gleichsein, Offensein geht. Als ob Offenheit mehr mit Schwäche als mit Stärke zu tun hätte. Im alten Griechenland und in einigen heutigen Kulturen wurde Männlichkeit definiert als: derjenige sein, der penetriert. Dem- oder derjenigen, der oder die penetriert wird, gilt die Degradierung als Äquivalent zu »nicht männlich sein« – was eine heterosexuelle Frau in einen Zustand permanenter Herabwürdigung versetzt und den Penetrierenden möglicherweise gleichsetzt mit demjenigen, der degradiert. (Im mittelalterlichen Island wurde die Beleidigung »Ein Troll benutzt dich wie eine Frau« für derart schwer erachtet, dass die beleidigte Partei Rechtsanspruch auf tödliche Vergeltung hatte.)

Liebe ist ein unablässiges Aushandeln, ein fortwährendes Im-Gespräch-Sein; jemanden zu lieben bedeutet, sich der möglichen Zurückweisung und dem Verlassenwerden auszusetzen; Liebe ist etwas, das man sich verdienen, aber nicht erzwingen kann. Die Liebe ist eine Arena, in der man nie die vollständige Kontrolle hat, denn der oder die andere hat gleichfalls Rechte und Entscheidungsbefugnisse; die Liebe ist ein kollaborativer Prozess; Sex ist im besten Fall etwas, bei dem diese Aushandlungsprozesse zu Genuss und Spiel werden. In sehr vielen Fällen ist sexuelle Gewalt die Ablehnung dieser Verletzlichkeit; sehr viele Verhaltensmaßregeln in Sachen Männlichkeit zeichnen sich durch die mangelnde Fähigkeit und den fehlenden Willen aus, erst einmal vertrauensvoll in einen Aushandlungsprozess einzutreten. Unvermögen und Anspruchshaltung gleiten ab in einen wütenden Kontrollwahn, lassen das offene Gespräch in einen Befehle bellenden Monolog und den einvernehmlichen Akt des Liebemachens in Gewaltandrohung und Kontrollübernahme münden. Eine Vergewaltigung findet dann statt, wenn Hass und Zorn den Platz der Liebe zwischen zwei Körpern erobern. Eine Vergewaltigung imaginiert den männlichen Körper als Waffe und (bei einer heterosexuellen Vergewaltigung) den weiblichen Körper als Feind. Wie ist es, wenn man seinen Körper zur Waffe macht?

Wenn man nicht gelernt hat, mit anderen zusammenzuarbeiten, Dinge auszuhandeln, andere zu respektieren und ihnen Aufmerksamkeit zu schenken, wenn man den geliebten Menschen nicht als Partner betrachtet, der gewisse unveräußerliche Rechte besitzt, dann ist man nicht sonderlich gut gerüstet für das Werk der Liebe. Wir leben in einer Zeit, in der die Männer der industrialisierten Welt bis vor kurzem noch fest davon ausgegangen sind, ein verbrieftes Recht zu haben, auf Frauenkörper zuzugreifen, ein Recht, dem Frauen sich nicht zu widersetzen haben. Immer noch hört man heterosexuelle Männer häufig klagen, wie lästig und eigentlich unzumutbar es doch ist, sich sexuellen Zugang erst verdienen zu müssen, und vielleicht sollten wir uns daran erinnern, dass Ehemänner in den Vereinigten Staaten vor nicht allzu langer Zeit noch das uneingeschränkte Recht über den Körper ihrer Frau hatten, was im Umkehrschluss bedeutet, dass Ehefrauen so gut wie keinerlei Rechte über ihren Körper besaßen.

Nur in den Staaten Kalifornien und New York wurde die ausdrückliche Zustimmung zum Rechtsstandard für einvernehmlichen Geschlechtsverkehr auf Universitätsgeländen erhoben. Als die Formulierung »ausdrückliche Zustimmung« in den Gesetzestext aufgenommen wurde, gab es in den USA (und auf der Website des Londoner *Guardian*) jede Menge Männer, die empört aufheulten, dass sich ab jetzt tatsächlich beide Parteien bewusst und aktiv für das Geschehende auszusprechen haben. Diese Reaktion verriet, als welch schreckliches Hindernis die neue Rechtslage gesehen wurde. Das frühere Kriterium für Einvernehmen war das Fehlen von Widerspruch gewesen – was natürlich bedeutete, dass Eingeschüchtertsein, Trunkenheit und Bewusstlosigkeit sämtlich als Zustimmung interpretiert werden konnten. Anders gesagt: Schweigen war Zustimmung. Als ob Schweigen nur eine Aussage zulässt, obwohl es doch so vielsagend sein kann. Als ob es sehr viel schwieriger sei, ein Nein zu äußern als ein Ja.

Es ist üblich, Vergewaltigung fein säuberlich von häuslicher Gewalt, Mord und institutioneller Frauenfeindlichkeit zu trennen. Aber Frauen, die vergewaltigt und geschlagen, auf der Straße belästigt und gestalkt werden, fürchten oft aus gutem Grund, auch ermordet zu werden, was ihnen – uns – dann auch tatsächlich manchmal widerfährt. Unterscheidungen zu treffen zwischen verschiedenen Arten von Gewalt hilft uns nicht weiter, weil diese Unterscheidungen uns davon abhalten, über das zu reden, was als verbreitet anzutreffendes, tief in der Gesellschaft wurzelndes Phänomen »Gender-Gewalt« genannt wird. Ja, dass der Begriff Gender-Gewalt als solcher schon verschleiert, dass Gewalt immer nur Mittel zum Zweck ist und dass es immer auch andere Mittel gibt. Wenn manche Menschen andere Menschen zum Schweigen bringen und Schweigen hier das Thema ist, dann stellt sich die Frage: Was für ein erweitertes Schweigen ist das, bei dem auch Scham, Demütigung, Ausschluss, Entwertung, Diskreditierung, Drohungen sowie die ungleiche Verteilung von Macht durch soziale, ökonomische, kulturelle und legale Mittel eine Rolle spielen?

Evan Stark, ein Experte für häusliche Gewalt, vertritt die These, dass schon der Begriff falsch ist. 2009 schrieb er in seinem Buch *Coercive Control: How Men Entrap Women in Personal Life*:

> »Dieses Buch betrachtet das Schlagen von Frauen aus der Perspektive der Überlebenden. Und zwar als sichtlich kalkuliertes, vorsätzlich böswilliges Verhalten von fast ausschließlich Männern, die einzelne Frauen beherrschen wollen, indem sie wiederholten physischen Missbrauch mit drei gleichermaßen relevanten Taktiken verschränken: Einschüchterung, Isolierung und Kontrolle. (…) Gewalttätige Männer richten einen primär politischen und nicht physischen Schaden an, in dem sich zeigt, dass Frauen Rechte und Ressourcen entzogen werden, die fürs Menschsein und Staatsbürgersein zentral sind.«

Er vergleicht diese Form von Gewalt mit dem Kidnapping: Die oft vom Kontakt mit anderen abgeschnittenen Opfer werden wie Geiseln gehalten, haben keine Bewegungsfreiheit oder materiellen Ressourcen wie Geld und Auto, sie werden vom Diktator des Hauses für jeden Regelverstoß bestraft. Der gefährlichste Zeitpunkt für ein Opfer von zwanghaftem Kontrollwahn ist meist ein Ausbruchsversuch. Viele werden für diesen Versuch – oder für das erfolgreiche Erreichen der Freiheit – mit dem Tod bestraft. Weswegen die eventuell erreichte Freiheit nichts mit Sicherheit zu tun hat. Stark fügt hinzu:

> »Die Frauen in meiner Praxis haben wiederholt darauf hingewiesen, dass das, was ihnen angetan wird, weniger schlimm ist als das, woran zu tun sie gehindert werden, weil ihre Partner ihre Ressourcen in Beschlag nehmen, ihre Sozialkontakte nach draußen stören, ihr Recht auf Privatsphäre, Selbstachtung und Autonomie untergraben und ihnen verlässliche Gleichberechtigung versagen … Zwanghafter Kontrollwahn ist viel eher Freiheitsberaubung als ein Gewaltverbrechen.«

Die Schauspielerin und feministische Aktivistin Patricia Arquette stellte 2016 fest:

»Dass Frauen unterbezahlt werden, zeitigt Nachwirkungen. Jeden Tag werden zehntausend Frauen von Frauenhäusern abgewiesen. Zur häuslichen Gewalt gehört oft die ökonomische Unterdrückung: Da nimmt sich der Mann vielleicht jede Woche ihren Gehaltsscheck, ohne ihr jemals Geld auszuzahlen, oder er erlaubt ihr gar nicht erst, selbst arbeiten zu gehen, weil er zu eifersüchtig ist. Der primäre Grund, warum Frauen zu ihrem Missbrauchstäter zurückkehren, ist finanzielle Unsicherheit. Oft gibt es gemeinsame Kinder.«

Wenn wir von Starks theoretischem Gerüst aus weiterdenken, werden viele Formen von Angriffen auf Frauen – ausgeübt nicht nur von Intimpartnern, sondern auch von Fremden und Bekannten, von Politikern und vom Staat – als zwanghafter Kontrollwahn erkennbar. Der endlose Krieg gegen die reproduktiven Rechte (nicht nur der gegen Abtreibung, nein, auch der um Geburtenkontrolle, um den Zugang zu Familienplanung und Aufklärungspädagogik) ist der Versuch, institutionalisierte Zwangskontrolle einzuführen. Manchmal spielt körperliche Gewalt dabei eine Rolle, aber Zwang wird auch auf viele andere Arten ausgeübt, beispielsweise wenn Zwangsgesetze verabschiedet werden oder Frauen per Gesetz Rechte versagt werden. Es ist naheliegend, dass eine Gesetzgebung, die vorgibt, sich für die Rechte Ungeborener einzusetzen, und dabei die Rechte der Frauen, in deren Körper sich diese Ungeborenen befinden, hintanstellt, als eine Gesetzgebung zu sehen, die eigentlich nur die Ansprüche von Männern und Staat auf den Körper von Frauen im Blick hat. Genauso naheliegend ist es, die Bemühungen, Frauen den Zugang zu Geburtenkontrolle und Abtreibung zu verweigern, als Angriff auf weibliche Autonomie zu interpretieren, auf Handlungsfreiheit und auf das Recht, selbst zu entscheiden, welche Bedeutung Sex für sie hat, auf das Recht, Kontrolle über den eigenen Körper zu haben, sich Vergnügen und Vereinigung zu erhoffen, ohne sich damit gleich den enormen Anforderungen der Mutterschaft unterwerfen zu wollen oder Mutterschaft zu eigenen Bedingungen zu wählen.

Das weitverbreitete Auftreten sexualisierter und geschlechtsspezifischer Gewalt dient dazu, die Freiheit und das Vertrauen derjenigen einzuschränken, die sich in einer Welt zurechtfinden müssen, in der Bedrohung das Hintergrundrauschen ihres Lebens ist, eine Fußnote auf jeder Seite, eine Wolke an jedem Himmel. Das sind keine »Verbrechen aus Leidenschaft«, wie sie oft bezeichnet werden. Diese Verbrechen werden nicht aus dem Begehren heraus begangen, sondern aus dem wütenden Wunsch, zu kontrollieren und die alten Machtverhältnisse zu stärken oder wiederherzustellen. Viele Morde unter dem Zeichen häuslicher Gewalt sind eine Strafe oder Versuche, die Kontrolle zu behalten über Frauen, die angekündigt haben, gehen zu wollen, die versucht haben, zu gehen, oder die gegangen sind. Jemanden zu töten bedeutet, seine oder ihre Freiheit zu töten und ihre Autonomie, ihre Macht, ihre Stimme gleich mit. Dass viele Männer glauben, es sei ihr Recht und eine Notwendigkeit, Frauen zu kontrollieren – ob gewaltsam oder anderweitig –, sagt eine Menge aus über die Glaubenssysteme, in denen sie leben, und über die Kultur, in der wir existieren.

In den vergangenen Jahren sind Vergewaltiger von Brasilien bis Kanada vermehrt dazu übergegangen, ihre sexuellen Attacken zu filmen. Das Video wird dann im männlichen Freundes- und Bekanntenkreis in Umlauf gebracht, als Beweis für die Handlungsmacht des Vergewaltigers und für die Ohnmacht des Opfers, das in der Folge noch der Demütigung sowie dem Kontrollverlust über seine Privatsphäre und Würde ausgesetzt ist. (Ein großer Teil heterosexueller Mainstreampornos spielt genau dieses Szenario in endlosen Variationen durch, wobei Erregung offenbar eher aus homoerotischem Machtgebaren denn aus heterosexuellem Genuss entsteht.) Derart bloßgestellt zu werden treibt einige Überlebende von Vergewaltigungen in den Selbstmord – und sagt eine Menge aus darüber, dass ein sexueller Übergriff peinlich sein soll für das Opfer, nicht für den Täter. Diese Videos erinnern uns an die Koexistenz zweier völlig unterschiedlicher Welten: Zirkulieren sie im juristischen System, sind sie Beweismittel für Verbrechen. Sind sie allerdings in der Peergroup des Täters im Umlauf, demonstrieren sie die Konformität dieses Täters mit den Normen der Männlichkeit.

In anderer Hinsicht unterscheiden sich Gesetz und Vergewaltiger nicht ganz so stark. Viele Vergewaltigungsfälle stoßen die Opfer in die Mühlen der Gerichts- und Universitätsbürokratie, wo sie durch die Fragen des Verwaltungspersonals weiterer Diskreditierung und Herabsetzung unterworfen sind. Oft werden die Opfer hier wie Täter behandelt, als per se nicht vertrauenswürdige Personen, und mit zudringlichen, irrelevanten und lüsternen Fragen angegangen, die meist um ihre sexuelle Vergangenheit kreisen. Entscheidungsträger an Universitäten und Gerichten scheinen sich häufig mehr um die Zukunft von Campusvergewaltigern zu sorgen als um deren Opfer und neigen dazu, Ersteren mehr Glaubwürdigkeit zuzugestehen als Letzteren. Die konsequente Ablehnung vieler Überlebender, mit dem juristischen System zusammenzuarbeiten, bedeutet in der Konsequenz die Einbuße gesetzlich zugesicherter Rechte, Mundtotgemacht-Werden und die Straffreiheit von Vergewaltigern, die somit Folgetaten begehen können. Und das alles in einer Gesellschaft (den Vereinigten Staaten), in der nur drei Prozent aller Vergewaltiger überhaupt für ihre Straftaten ins Gefängnis kommen.

So also vollzieht sich Zwangskontrolle sowohl auf häuslicher als auch auf gesellschaftlicher Ebene. Darüber, wie mit Opfern umgegangen wird und wie weitverbreitet die Toleranz epidemisch auftretender Gewalt ist, wird Frauen beigebracht, dass sie einen geringen Wert haben, dass sie eventuell noch mehr bestraft werden, wenn sie den Mund aufmachen, und dass es womöglich die bessere Überlebensstrategie sein könnte, zu schweigen. Exakt dieser Zusammenhang wird manchmal als *rape culture,* also Vergewaltigungskultur bezeichnet, aber genau wie bei der häuslichen Gewalt stellt dieser Begriff den Fokus eher eng auf eine einzelne Tat, statt das Motiv vieler in den Blick zu nehmen. Der Begriff »Patriarchat« ist in dieser Hinsicht umfassender und besser zu gebrauchen.

Die Epidemie der Vergewaltigungen an Universitäten gemahnt uns daran, dass diese Form der Straftat nicht von einer Gruppe begangen wird, die man als marginalisiert abtun könnte; innerhalb von Studentenverbindungen an Elite-Unis wie Vanderbilt oder Stanford hat es schon ganz besonders abscheuliche Vorfälle gegeben. Jedes Frühjahr macht wieder die nächste Horde ungestraft davongekommener Vergewaltiger an unseren besten Universitäten ihren Hochschulabschluss. Diese Leute erinnern uns daran, dass dieses Abgestumpftsein im Kern aller Dinge ruht und nicht an deren Rändern, dass das Fehlen von Einfühlungsvermögen und Respekt eine ganz zentrale Angelegenheit ist und keine marginale.

Empathie ist ein Narrativ, das wir uns selbst erzählen, um andere Menschen für uns Wirklichkeit werden zu lassen, um mit ihnen zu fühlen und auf diesem Weg über uns selbst hinauszugehen, größer zu werden und uns zu öffnen. Empathiefrei zu sein bedeutet, Teile des eigenen Ichs und der eigenen Menschlichkeit runtergefahren oder abgetötet zu haben, sich gewappnet zu haben gegen eine gewisse Form der Verletzlichkeit. Jemanden zum Schweigen zu bringen oder sich zu weigern zuzuhören bricht mit dem Gesellschaftsvertrag, das Gegenüber als Mensch und die Verbundenheit untereinander anzuerkennen.

Beim Betrachten eines vor einigen Jahrzehnten veröffentlichten Buchs mit Lynchmordfotografien stellte ich mir vor, dass jene Weißen, die sogar ihre Kinder und Picknickkörbe mitbrachten zu den Schauplätzen von Folter und Qual, eigentlich ihre eigene Gefühllosigkeit, ihre Distanz zu den Dingen feierten. Bei Menschen, die Vergewaltigungsvideos und misogyne Pornos produzieren und konsumieren, muss es sich ähnlich verhalten. Unsere Menschlichkeit ist aus Geschichten oder – im Fall der Abwesenheit von Worten und

Narrativen – aus Phantasien gemacht, in denen es darum geht, dass ich mir das, was ich nicht direkt fühle, weil es nicht mir, sondern dir passiert ist, trotzdem vorstellen kann, fast so, als wäre es auch mir passiert, und dass mich das, was dir passiert ist, etwas angeht, obwohl es eben nicht mir passiert ist. Auf diese Weise stehen wir miteinander in Verbindung und sind nicht voneinander getrennt. Solche Geschichten können brutal stummgestellt werden, die Stimmen, aus denen vielleicht Empathie erwächst, können zum Schweigen gebracht, diskreditiert, unaussprechlich und unhörbar gemacht werden. Diskriminierung schult einen darin, sich nicht zu identifizieren und nicht Anteil zu nehmen am Schicksal anderer, und zwar einzig aus dem Grund, dass er oder sie irgendwie anders ist. Diskriminierung ist der Glaube daran, dass die Unterschiede alles sind und die uns gemeinsame Menschlichkeit nichts.

Tom Digby führt in seinem Buch *Love and War: How Militarism Shapes Sexuality and Romance* aus, dass wir in einer militarisierten Gesellschaft leben, in der ein Mann auf tausenderlei Art unter Druck gesetzt wird, um sich die Einstellung und die Fähigkeit eines Soldaten anzueignen. Ein Soldat, der ständig dem Sterben anderer und der Gefahr ausgesetzt ist, selbst zerfetzt und getötet zu werden, macht dicht. So tun es auch viele, die als Individuum oder Kollektiv Gräueltaten überlebt haben, wobei solche Gräueltaten wiederum oft von Menschen verübt werden, die längst dichtgemacht haben, um eben jene Gräueltaten verüben zu können. Robert Jay Lifton hat seine eigene emotionale Abgestumpftheit als *Death in Life* (»Tod im Leben«) beschrieben, was gleichzeitig der Titel seines Buchs über Hiroshima-Überlebende ist. Darin stellt er die These auf, dass diese den Horror nur mit Hilfe dieses Dichtmachens überlebt hätten und dass das spätere Verschlossenbleiben wiederum bedeutete, wie lebende Tote auf der Erde zu wandeln, wie Unlebendige. Was uns zurückbringt zu bell hooks' Kritik an den »Akte(n) der psychischen Selbstverstümmelung« von Männern. Vielleicht lautet unsere Frage: Was heißt es, am Leben zu sein? Und wie ist man in vollem Umfang am Leben?

Damit aus Soldaten Tötungsmaschinen werden, trainiert man sie darauf, ihre Empathiefähigkeit verkümmern zu lassen. So können sie ihre Arbeit im Krieg verrichten; und so kehren sie mit Traumata zurück, über die sie oft nicht sprechen können. In seinem bemerkenswerten Buch über posttraumatische Belastungsstörungen, *The Evil Hours,* stellt David Morris fest: »Die zersetzende Kraft des Traumas hängt unter anderem damit zusammen, dass es Narrative zerstören kann. (...) Geschichten jedoch, egal ob aufgeschriebene oder erzählte, haben sowohl für Erzähler als auch für Zuhörer eine gewaltige heilende Kraft. Über ein normales, nichttraumatisiertes Gedächtnis kann man verfügen und es in die sich immer weiterspinnende Geschichte des eigenen Ich integrieren. Es ist in gewissem Sinne wie ein domestiziertes Tier: grundsätzlich empfänglich für kontrollierende Eingriffe und fügsam. Im Gegensatz dazu steht das traumatisierte Gedächtnis abseits wie ein wilder, ungezähmter Hund, es knurrt und ist unberechenbar.«

Morris schreibt, dass Vergewaltigungsopfer und Soldaten vieles gemein haben. Das Trauma unterbricht die Erzählung eines Lebens, weil es das Erinnerte in Scherben schlägt. Die Scherben wiederum werden nicht mehr als glaubwürdige Geschichte erkannt, manchmal nicht mal mehr von dem oder der Erzähler*in – weswegen manche Überlebenden von Vergewaltigung und anderen Gräueln aus dem Erlebten mit in Stücke zerbrochenen Geschichten hervorgehen, die wiederum oft als Zeichen gedeutet werden für die Unglaubwürdigkeit und Unzuverlässigkeit des/der Erzähler*in. Eine Vergewaltigung ist entsprechend ein Akt, der es darauf anlegt, ein Subjekt und dessen Narrativ zu zerschlagen, ein Akt, dem manchmal ein Gerichtsprozess folgt – vorausgesetzt, das Subjekt setzt sich erst wieder als schlüssiges Narrativ zusammen (zu schlüssig darf es allerdings auch nicht sein: Eine erfolgreiche Zeugenaussage darf weder klinisch unterkühlt noch emotional überladen sein). Eine in diesem Bereich arbeitende Freundin sagt, dass viele Frauen sexuelle Übergriffe nur aus altruistischen Gründen anzeigen: Sie wollen verhindern, dass das Gleiche einer anderen passiert. Manchmal melden sie sich auch, um eine bereits getätigte Aussage einer anderen Frau zu stützen. Kurz gesagt: Sich zu Wort zu melden ist oft ein Akt der Empathie.

Morris fährt fort: »Ungeachtet der Tatsache, dass Vergewaltigung die am häufigsten vorkommende und am tiefsten verletzende Form von Trauma ist, kümmert sich die Forschung rund um posttraumatische Belastungsstörungen (PTBS) mehrheitlich um Kriegstraumata und -veteranen. Der Großteil dessen, was wir über PTBS wissen, ist das Ergebnis von Studien über Männer.« Anders gesagt: Wer hauptsächlich an dieser Krankheit leidet, wird verschwiegen. Es ist ein Schweigen, das Frauen immer weiter verstummen lässt. Und so baut ein Schweigen auf dem anderen auf, es entsteht eine ganze Stadt aus Schweigen, die gegen die Geschichten zu Felde zieht. Ganze Heerscharen von Bürger*innen bringen sich selbst zum Schweigen, um von den schon Zum-Schweigen-Gebrachten anerkannt zu werden. Leute begegnen sich als Karikaturen von Menschen und haben sich nichts weiter anzubieten als ihr Schweigen und ihre Fähigkeit, Bindungen zu vermeiden. Staudämme und Deiche werden gegen die Geschichten errichtet, doch manchmal durchbrechen sie sie und überschwemmen die Stadt.

III. SCHWEIGEN: DIE KÄFIGE

Es gibt diejenigen, die einfach stumm sind.

»Wer, wenn ich schriee, hörte mich denn …« So beginnt Rainer Maria Rilkes erste *Duineser Elegie,* und es gibt sie tatsächlich: diejenigen, die niemanden hören, nicht einmal sich selbst, die ihr Wissen unterdrückt, vergessen und begraben haben und somit auch sich selbst. Wenn wir nach dem Schweigen suchen, stoßen wir ständig auf die Toten. Wer sollte ihnen noch zuhören? Nur Menschen, die sie durch ihr Zuhören noch zusätzlich bestrafen. Sarah Chang schrieb darüber, wie sie sich als Staatsanwältin anlässlich von Verfahren wegen Kindesmissbrauchs Kinderpornographie anschauen musste. Ihr fiel auf, wie still die Kinder immer waren.

> »Video um Video wurde ich Zeugin stillen Leidens. Erst später habe ich erfahren, wie typisch diese Reaktion bei jungen Missbrauchsopfern ist. Psychiater sagen, dass sich im Schweigen das Gefühl der Hilflosigkeit artikuliert – genauso wie im Widerwillen, über das Geschehene zu sprechen, sowie in der beobachtbaren Tendenz, den Tätern entgegenzukommen. Wenn Kinder den an ihnen verübten Missbrauch preisgeben, dann sind ihre Schilderun-

gen oft mehrdeutig, manchmal gefolgt von der vollständigen Zurücknahme ihrer Aussage und dem Rückfall ins Schweigen.«

Chang berichtet von einem Mädchen, dessen Bruder drohte, es umzubringen, falls es schreien sollte. Nachdem sie im Alter von sieben Jahren vergewaltigt wurde, verstummte Maya Angelou für fünf Jahre.

Barry Lopez wurde als Kind über Jahre hinweg von einem Freund der Familie vergewaltigt. Über seinen Vergewaltiger schreibt er:

> »Ruhig und voller Mitgefühl sagte er zu mir, dass er Arzt sei und dass ich behandelt werden müsse, dass wir meiner Mama aber nicht noch mehr Sorgen machen sollten, indem wir ihr von meinem Problem erzählten. Hin und wieder, oft auf der Fahrt zurück nach Hause, ermahnte er mich, dass er, wenn ich je irgendwem davon erzählen würde und er mit seinen Behandlungen dann aufhören müsste, keine andere Wahl hätte, als mich in eine Anstalt einzuweisen … Ich dachte einfach, es sei wohl das Beste, wenn ich weiterhin der brave Junge blieb, als den er mich bezeichnete.«

Lopez schwieg jahrelang, und als er im Teenageralter endlich den Mund aufmachte, war sein Stiefvater zunächst unschlüssig und beschloss dann, ihm keinen Glauben zu schenken. Ein halbes Jahrhundert musste vergehen, bevor er öffentlich über seine Torturen und die dadurch entstandenen Traumata sprach.

Auch wenn der Mund nicht spricht, verrät der Körper manchmal doch etwas: stumme Zeugnisse.

Über ihren gewalttätigen Exmann und ihren ambivalenten Umgang mit der Gewalt schrieb Kelly Sundberg:

> »Zwei Jahre nach unserem Umzug begann ich ein Aufbaustudium und fand auch endlich Freunde. Aber es war alles andere als einfach, Zeit mit ihnen zu verbringen, denn ich musste sie belügen: Den Arm hätte ich mir in der Tür geklemmt. Ich sei über den Teppich gestolpert und hätte mir das Gesicht am Tisch aufgeschlagen. Keine Ahnung, wo dieser blaue Fleck herkäme, ich hätte ihn mir wohl im Schlaf selbst beigebracht, wahrscheinlich litte ich an Blutarmut, ich wisse auch nicht, wieso ich immer so schnell blaue Flecken hätte.
> Einmal sagte Caleb zu mir: ›Du wünschst dir doch bestimmt, dass jemand mal darauf kommt, woher du die Flecken hast. Du willst doch wahrscheinlich, dass irgendjemand Bescheid weiß, damit sich end-

lich etwas ändert.‹ Das sagte er mit tiefer Traurigkeit.

Er hat mir nur ein einziges Mal ins Gesicht geschlagen. Ein roter Fleck blühte auf meiner gesamten Wange, in meinem Auge waren Äderchen geplatzt, es war verquollen und suppte. Danach saßen wir beide erschöpft auf dem Badezimmerboden. ›Du hast mich dazu gebracht, dir ins Gesicht zu schlagen‹, sagte er klagend. ›Jetzt wird jeder es wissen.‹«

Sie hatte so lange geschwiegen. Aber jetzt sagte ihr Gesicht alles. Die Wahrheit war eine Bedrohung für ihren Ehemann, für ihre Ehe und für die bequemen Annahmen der Menschen in ihrem Umfeld. Sundberg brach das Schweigen und schrieb einen vielbeachteten Essay darüber, einen Text, der für andere zur Einladung wurde, die eigene Geschichte von durch Ehepartner oder Eltern erlittener Gewalt zu erzählen. Eine Solistinnenstimme wurde zum Chor.

Ein verstörender Aspekt an Missbrauch und sexueller Belästigung ist die Beobachtung, dass oft nicht das Verbrechen selbst als Verrat gilt, sondern die Zeugenaussage zur Straftat. Eigentlich soll man nicht darüber sprechen. Täter verlassen sich oft auf dieses Privileg und verlangen von dem/der Missbrauchten Schweigen, sie gehen davon aus, dass dieser keineswegs beidseitige Schutz für sie auch greift. Diese Annahme teilen oft auch andere, indem sie die Opfer so darstellen, als hätten sie entschieden, eine Karriere oder eine Familie zu zerstören – als wäre es nicht der Täter, der diese Entscheidung getroffen hat.

*Es gibt Stimmen, die in Abwesenheit von Zuhörer*innen erhoben werden.*

Im Jahr 2015 verging sich ein Student der Stanford University an einer bewusstlosen Frau. Beim Gerichtsprozess gab die Frau zu Protokoll: »Ich habe versucht, den Vorfall aus dem Kopf zu kriegen, aber das fiel mir derart schwer, dass ich nicht mehr sprechen konnte, nichts essen konnte, nicht schlafen konnte und mit niemandem Kontakt hatte. Nach der Arbeit fuhr ich an einen einsamen Ort und schrie …« Irgendwie hatte sie sich eingeredet, dass ihr Trauma und ihre Wut nirgendwo hingehörten und dass ihre Schreie besser nicht gehört werden sollten. Dann aber wurde sie doch noch gehört, und zwar rund um den Globus. Denn sie schrieb einen Brief an ihren Vergewaltiger, der, nachdem sie ihn vor Gericht laut vorgelesen hatte, zu den Gerichtsakten kam und dann im Juni 2016 zur vielleicht am weitesten verbreiteten Schilderung einer Vergewaltigung und deren Folgen aller Zeiten wurde. Sie erlangte die Stimme zurück, die ihr genommen worden war, und rehumanisierte so ihr entmenschlichtes Selbst. Sie sprach Worte aus, die um ihn herum einen Käfig bauten, und errichtete so ein Mahnmal für seine so beiläufig geschehene boshafte Tat, Worte, die ihn wahrscheinlich sein ganzes Leben lang verfolgen werden. Ihre Macht war ihre Stimme.

Sie brach das Schweigen. (Allerdings konnte sie nicht die Scham und die Angst hinter sich lassen, die ein Vergewaltigungsopfer, wie so oft, lieber anonym bleiben lässt.) Sie sprach voller Wut und Empörung über ihn und seine Ausflüchte und Lügen, aber sie schloss voller Zärtlichkeit: »An alle Frauen und Mädchen, egal wo: Ich bin bei euch. In den Nächten, in denen ihr euch allein fühlt: Ich bin bei euch. Wenn man das, was ihr sagt, anzweifelt, wenn ihr abgewiesen werdet: Ich bin bei euch. Ich habe jeden einzelnen Tag für euch gekämpft. Hört also auch ihr nie auf zu kämpfen, denn ich glaube euch … Ihr dürft euch nicht zum Schweigen bringen lassen.« *Ich bin bei euch*: Das ist die Stimme der Empathie, die Worte, die besagen, dass wir eben nicht alle getrennt sind voneinander.

Es gibt aber auch diejenigen, die vergeblich schreien.

Der bekannte Mordfall Kitty Genovese, die 1964 von einem Fremden vergewaltigt und erstochen wurde, während die Leute in den Nachbarwohnungen ihre Schreie ignorierten, wurde zu einem legendären

Exempel für die Gleichgültigkeit von unbeteiligten Dritten, den sogenannten »Zuschauereffekt«. Catherine Pelonero ist diesem Fall 2014 noch einmal nachgegangen. Peter C. Baker schreibt in seiner Besprechung von Peloneros Buch *Kitty Genovese: A True Account of a Public Murder And Its Private Consequences*:

> »Im selben Monat, in dem Genovese ermordet wurde, so schreibt Pelonero, brachte die Nachrichtenagentur UPI eine Geschichte über einen Richter in Cleveland, der verfügt hatte, es sei in Ordnung, dass ein Ehemann seiner Frau ein blaues Auge verpasst und ihr einen Zahn ausschlägt, wenn sie abends zu spät nach Hause kommt. Ebenfalls sehr umfänglich zitiert Pelonero die vielen Zeugen, die ihre Untätigkeit explizit mit ihren Erwartungen an Frauen und deren Platz in der Welt rechtfertigten: ›Ich dachte eben, es sei ein Streit unter Eheleuten, dachte, er hat sie halt zusammengeschlagen. Also sind meine Frau und ich wieder ins Bett gegangen.‹«

Baker kommentiert das folgendermaßen:

> »Diese Geschichte wurde von Professoren und Experten wieder und wieder herangezogen, allerdings fast immer so, dass es dabei nie explizit um Gewalt gegen Frauen an sich beziehungsweise um das

komplexe Gefüge aus legalen und kulturellen Übereinkünften ging, die solche Gewalt überhaupt erst gedeihen lassen. Stattdessen wurde die Geschichte immer mehr zu einer klassischen Erzählung über die menschliche ›Natur‹, die irgendwann – wie die meisten dieser Erzählungen – so gut wie nichts mehr aussagte über die feine Körnung menschlicher Realitäten und Erfahrungswelten.«

Anders gesagt: Die Geschichte war geräuschvoll, aber mit Schweigen über die wahren Gründe von Genoveses Tod – und den von so vielen weiteren Frauen.

Es gibt die, denen vorgeworfen wird, dass sie lügen, dass sie sich alles nur einbilden und dass sie aus purer Boshaftigkeit, Verwirrtheit oder Verrücktheit Dinge erfinden. Daneben gibt es auch noch die, denen zwar geglaubt, aber gleichzeitig auch gesagt wird, dass ihr Leiden und ihre Rechte keinerlei Konsequenzen haben werden.

Vor vielen Jahren hatte meine Mutter sich an einen Polizisten gewandt und ihm gesagt, dass ihr Mann, mein Vater, sie schlug. Der Beamte gab ihr ein paar banale Ratschläge – ich glaube, er legte ihr vor allem nahe, mal ein gutes Abendessen zu kochen – und machte deutlich, dass das Gesetz sich bei dieser Art von Tätlichkeiten recht indifferent verhalte. Es habe wenig Sinn, sich da einzumischen. 1976, als das Schweigen über dieses Thema langsam brach, schrieb Del Martin, eine großartige Aktivistin für Lesbenrechte, in ihrem Buch über häusliche Gewalt: »Frauen ertragen die Brutalität ihrer Ehemänner schweigend, schließlich können sie sich an niemanden wenden und nirgendwo hin.«[3] Der Feminismus hat die Gesetzeslage verändert. Sich an die Polizei zu wenden – in deren Reihen eine ebenfalls hohe Quote von Fällen häuslicher Gewalt produziert wird und die nur eingeschränkte Mittel hat, einstweilige Verfügungen und Wohnungsverweisungen wirklich durchzusetzen – ist trotzdem eine Strategie, die oft nicht aufgeht.

Es gibt Menschen, die reden und denen geglaubt wird, die aber dann einfach verschwinden.

In vielen Gemeinden gibt es Frauenhäuser, geheime Zufluchtsorte, wo Frauen, die Opfer von Gewalt ge-

---

3 Del Martin, die 1955 zu den Mitbegründerinnen der ersten Gruppe gehörte, die sich in den USA für die Rechte von Lesben einsetzte (»Daughters of Bilitis«), heiratete im Februar 2004 ihre Freundin Phyllis Lyon, mit der sie zu diesem Zeitpunkt bereits 51 Jahre liiert war. Diese Hochzeit markiert den Beginn der ersten Welle gleichgeschlechtlicher Hochzeiten in San Francisco. Durch sie gewann der Kampf für die Homo-Ehe deutlich an Fahrt und kulminierte 2015 in der Entscheidung des Supreme Court.

worden sind, dann einfach verschwinden. Diese Frauen verlieren als Folge der Gewalttätigkeit ihres Partners ihr Zuhause und damit buchstäblich ihren Ort in der Welt. Viele Frauen sind Flüchtende im eigenen Land, sind gezwungen, aus ihren Wohnungen und ihrem Leben zu verschwinden und ein klandestines Leben an einem klandestinen Ort zu führen. »Frauenhäuser für geschlagene Frauen«, wie sie ursprünglich hießen, entstanden im Laufe der siebziger Jahre. In Nordamerika und Großbritannien gibt es mittlerweile Tausende von ihnen, aber ihre Kapazitäten reichen noch immer nicht, um alle Opfer häuslicher Gewalt aufzunehmen. Nach ihrer Scheidung arbeitete meine Mutter jahrelang ehrenamtlich in einem von ihnen mit. Als Buchhalterin.

Und es gibt Menschen, die den Mund aufmachen und dann gesetzlich zum Schweigen gebracht werden.

Das Märchen *Die kleine Meerjungfrau* wurde von Hans Christian Andersen geschrieben, einem Mann, der als linkischer, ungeheuer großer, sexuell nicht eindeutig festgelegter unehelicher Sohn einer Kleinbäuerin zum Liebling der Adligen wurde und somit in vielerlei Hinsicht *queer* war. In dem Märchen geht es um eine Meerjungfrau, die ihre Stimme eintauscht gegen die Chance auf ein Leben an Land. Schließlich entsteigt sie dem Meer auf Beinen, aber ohne Worte. Wie die zum Schweigen gebrachte Heldin in Andersons *Die wilden Schwäne* darf und kann sie nicht für sich selbst sprechen.

Nachdem Nafissatou Diallo, Zimmermädchen in einem Nobelhotel in Manhattan, vom Direktor des IWF, Dominique Strauss-Kahn, sexuell attackiert worden war, wurde sie von den Medien verunglimpft und diskreditiert, was die Staatsanwaltschaft dazu brachte, das Verfahren einzustellen. Immerhin gewann Diallo schließlich die Zivilrechtsklage gegen Strauss-Kahn. Der Preis allerdings dafür war – wie so oft in solchen Fällen – das Stillschweigen.

In einem Bericht der Non-Profit-Organisation Center for Public Integrity stand im Jahr 2009: »Während sich die überwiegende Mehrheit aller Studentinnen, die sich sexuellen Übergriffen ausgesetzt sehen, nicht äußert – laut einer vom Forschungsinstitut des US-Justizministeriums finanzierten Studie schweigen knapp über 95 Prozent –, bekommen es diejenigen, die sich offen zu Wort melden, mit geheimnisumwobenen Disziplinarverfahren, einer sich nach außen abschottenden Universitätsverwaltung und inoffiziellen Verhandlungsrunden zu tun.«

An der University of Virginia wurde Klägerinnen mitgeteilt, sie hätten Stillschweigen zu wahren über sämtliche Aspekte ihrer jeweiligen Fälle, bei Nichtbefolgung dieser Anweisung hätten sie mit Strafen zu rechnen. Schließlich schritten Bundesbehörden ein. Und 2015 berichtete Buzzfeed: »Eine Absolventin des Bard College hat in dieser Woche Klage beim US-Bildungsministerium eingereicht, weil ihr untersagt worden war, mit Universitätsangestellten über ihre angebliche Vergewaltigung zu reden, bevor sie nicht eine Vereinbarung unterschrieben habe, die ihr wiederum untersagte, außerhalb der Universität über den Angriff zu sprechen.«

2013 erhielten zehn der 37 Studentinnen und Ehemaligen, die Klage gegen das Occidental College in Los Angeles eingereicht hatten, bares Geld ausgezahlt, womit ihnen aber gleichzeitig die Teilnahme an der Campusgruppe »Occidental Sexual Assault Coalition« untersagt wurde, die gerade eine Kampagne organisierte, um staatsanwaltschaftliche Ermittlungen anzustoßen. Sie wurden also für ihr Schweigen bezahlt.

Kriminologieprofessorin Danielle Dirks sagte der *Los Angeles Times*: »Von den Frauen zu verlangen, den Mund zu halten und am Aktivismus auf dem Campus nicht teilzunehmen, kann am College durchaus eine abschreckende Wirkung entfalten. Dass sich überhaupt so viele Frauen gemeldet und ausgesagt haben, lag sicher auch daran, dass andere, die einen ähnlichen sexuellen Übergriff erlebt haben, offen über das ihnen Widerfahrene sprechen konnten.«

Was bedeutet es, wenn das, was eigentlich ein Sieg sein soll, mit der Verhängung von Redeverboten einhergeht? Mit der Auferlegung des Schweigens? Oder müssten wir eher von einer Wiederauferlegung sprechen?

Es gibt noch viele andere Wege, um Opfer zum Schweigen zu bringen: indem man sie der Lächerlichkeit preisgibt, sie bedroht, diskreditiert und ächtet.

Erst vor kurzem brach Rebecca Donner ihr Schweigen und schrieb in einem Essay in dem Online-Magazin *Guernica* über die Vergewaltigung durch ihren Onkel, als sie noch ein Teenager war. Sie berichtet, dass sie nicht mehr sprechen und die Fragen ihrer Mutter nur noch mit einem Nicken beantworten konnte, dass ihre Familie ihr die Schuld an dem Geschehenen gab und sich des Weiteren weigerte, ihr überhaupt zu glauben – sodass durch die bekannte kognitive Dissonanz dem Opfer die Schuld zugewiesen wurde. »Man sagte mir, ich solle über das Geschehene hinwegkommen. Man sagte mir, ich solle bloß nichts sagen. Und ich habe bis heute den Mund gehalten wie ein braves Mädchen.« Geschichten wie diese gibt es millionenfach, und jede hat ihre eigenen tristen Details, aber das Muster des Abstreitens und des Zum-Schweigen-Bringens ist immer dasselbe.

Oft bringt Scham zum Verstummen.

Das Schweigen ist eine Bürde, die die meisten von uns tragen oder schon mal getragen haben. Manche sind schwerer damit beladen als andere, und manche sind Expertinnen und Genies darin geworden, diese Bürde zur Seite zu schieben, nicht weiter zu beachten, zu verleugnen. Elizabeth Smart, die mit vierzehn aus ihrer Wohnung in Salt Lake City entführt und dann über mehrere Monate hinweg vergewaltigt wurde, hat zu Protokoll gegeben, dass ihre auf Abstinenz fokussierte Sexualerziehung ihr vermittelt habe, wertlos und beschmutzt zu sein, wenn man Sex vor der Ehe habe. »Und dann fühlt es sich ganz schnell so an, als hättest du tatsächlich keinen Wert mehr. Als hätte das eigene Leben keinen Wert mehr.« Dieses Gefühl der Wertlosigkeit trug dazu bei, dass sie sich in die Gefangenschaft schickte, die Hoffnung aufgab und in sich die Gewissheit spürte, sowieso kein Leben mehr zu haben, in das sie zurückkehren könne. Die Antivergewaltigungsbewegung an den US-Universitäten entstand unter anderem aus der Weigerung junger Betroffener, aus Scham immer weiter zu schweigen – und schließlich aus der Zurückweisung der Scham als solcher, der Scham als Haltung, wenn nicht sogar als psychischer Grundbefindlichkeit.

Höflichkeit ebenfalls.

Was wir Höflichkeit nennen, bedeutet oft, dass uns eingetrichtert wurde, dem Wohlbefinden der anderen einen höheren Wert beizumessen als unserem eigenen. Das Wohlergehen dieser anderen sollte nicht gestört werden, und wenn das doch passiert, sind wir im Unrecht, egal, was vorliegt. Vor Jahrzehnten habe ich im Radio eine Geschichte gehört, an die ich mich immer noch gut erinnern kann. Aus der Ich-Perspektive erzählte eine Frau, wie sie in der New Yorker Subway begrapscht wird und versucht, aus der Situation rauszukommen, ohne den Grapscher als denjenigen dastehen zu lassen, der im Unrecht ist, oder ihn sonst wie zu beleidigen. Es war eine Situationsbeschreibung mit sarkastischem Unterton, die sich darum drehte, wie tief der Auftrag, sich höflich, freundlich und nicht bedrohlich zu verhalten und dabei niemandem zu nahe zu treten, in uns eingegraben ist und wie massiv er dem eigenen Überleben in die Quere kommen kann. Ich erinnere mich an eine Situation, als ich Anfang zwanzig war und nachts auf der Straße von einem furchteinflößenden Mann bedroht wurde, und ich erinnere mich auch, dass ich nicht auf die Idee kam, ein vorbeifahrendes Auto anzuhalten oder einen Riesenaufstand zu machen. All das hätte ich später, als ich älter war und mit meinen Einschätzungen und Rechten selbstsicherer umgehen konnte und weniger Angst davor hatte, eine Szene zu machen, definitiv getan. Höflichkeit, Selbstzweifel und ein sich selbst verordneter Maulkorb können junge Frauen zu guten Zielobjekten machen. Die Philosophin Martha Nussbaum nahm 1969 in Harvard das Promotionsstudium auf. Vor kurzem erinnerte sie sich, wie sie ihren Doktorvater, als er »über den Tisch langte, um ihre Brüste anzufassen … lediglich sanft beiseiteschob, darauf bedacht, ihn nicht in Verlegenheit zu bringen«.

Schweigen ist auch ein gesetzlicher Status der Machtlosigkeit.

2015 berief sich Ruth Bader Ginsburg, Richterin am Supreme Court, während der Anhörungen zur gleichgeschlechtlichen Eheschließung auf eine Entscheidung des Verfassungsgerichts aus dem Jahr 1982. Als die Richter John Roberts und Anthony Kennedy sich aufregten, dass der Oberste Gerichtshof nicht das Recht dazu habe, Jahrhunderte der Tradition infrage zu stellen, sagte sie: »Die Ehe ist heute nicht mehr das, was sie in der bürgerlichen Rechtstradition einmal war. Die Ehe war die Beziehung eines dominanten Mannes zu einer ihm untergeordneten Frau. Diese Konstellation fand schon 1982 ihr Ende, als dieses Gericht die ›Head and Master‹-Regel von Louisiana gekippt hat.«

Ginsburg, die zweite Frau, die bislang überhaupt

Richterin am Supreme Court wurde, bezog sich hier auf ein Gesetz des Bundesstaats Louisiana, das einem Ehemann das uneingeschränkte Recht gab, ohne das Wissen oder gar die Zustimmung der Ehefrau gemeinsamen Besitz veräußern zu dürfen. In dem 1982 verhandelten Präzedenzfall ging es um einen Ehemann, der auf das Haus, das seine Frau von ihren Einkünften gekauft hatte, eine Hypothek aufgenommen hatte, um die Anwaltskosten bestreiten zu können, die ihm entstanden waren, weil er sich gegen Vorwürfe zu verteidigen hatte, die gemeinsame Tochter belästigt zu haben. Die Frau hatte keinerlei Möglichkeit zur Einflussnahme auf die Vereinnahmung ihres Hauses und ihrer Einkünfte, auf die Wendung, die ihr Leben nahm; was ihr oder allenfalls beiden gemeinsam hätte gehören müssen, gehörte ihm ganz allein.

Durch die Weigerung, Dinge laut auszusprechen und vor Gericht auszusagen, stellen sich Einzelne sowie ganze Gesellschaften in den Dienst der Macht und der Mächtigen.

Durch die Weigerung, sich vernehmlich zu Wort zu melden, nehmen Zeug*innen in Kauf, dass andere ihre Rechte, ihre Handlungsfreiheit, ihre körperliche Unversehrtheit oder sogar ihr Leben verlieren. Schweigen deckt die Gewalt. Manchmal verstummen ganze Gesellschaften – im Fall des Völkermords an den Armeniern in der Türkei kann es gefährlich oder sogar illegal sein, über ein Verbrechen zu reden. Der Schriftsteller Orhan Pamuk wurde der »Beleidigung des Türkentums« angeklagt, weil er über ein Verbrechen gesprochen hatte, das sogar in Schulbüchern steht und sich durch offizielle Unterlagen belegen lässt.

*Jeder und jede Einzelne wird auf eine ganz bestimmte Art und Weise zum Schweigen gebracht. Aber der Diskurs insgesamt engt den Raum, den Frauen zum Sprechen haben, massiv ein und lässt keinen Zweifel daran, dass den Stimmen von Männern mehr Gewicht gegeben wird als denen von Frauen. Dieses Phänomen können Expert*innen bezeugen.*

Teiresias war in der Literatur des klassischen Altertums ein Priester, der zur Strafe in eine Frau verwandelt wurde, sieben Jahre als Frau lebte und dann in einen Mann zurückverwandelt wurde. Wenn die Götter aus erster Hand etwas wissen wollten über Gender und Sexualität, wandten sie sich an ihn. In heutiger Zeit sind Transpersonen die Expert*innen dafür, wie Gender-Rollen aufgezwungen und durchgesetzt werden. Vor mehr als zehn Jahren schlug die Aussage von Ben Barres, vormals Barbara Barres, einem Biologen an der Stanford University, erhebliche Wellen. In der Zeitschrift *Nature* schrieb er 2006 über die Voreingenommenheit, der er als Frau in den Naturwissenschaften begegnet war – angefangen mit Stipendien, die nicht er, sondern weniger qualifizierte männliche Bewerber bekommen hatten, bis hin zu süffisanten Bemerkungen, mit den Zahlen habe ja wohl der Freund geholfen. Von einem Mann, der nichts von Bens früherem weiblichem Ich wusste, bekam er zu hören, er sei ja doch deutlich klüger als seine Schwester. Manches bemerkte er erst, als es aufhörte.

Als guter Wissenschaftler beobachtete er aufmerksam: »Anekdoten gelten nicht als belastbares Datenmaterial, weswegen genderneutrale Studien auch so wichtig sind. Solche Studien zeigen, wie hoch die Messlatte bei vielen Auswahlprozessen für Frauen und Minderheitenkandidat*innen unbewusst gelegt wird, sodass sich nur wenige durchsetzen können.« Barres meldete sich zu Wort, um der Einlassung von Harvard-Präsident Larry Summers zu widersprechen, der 2005 behauptet hatte, dem Geschlecht biologisch eingeschriebene Begabungsunterschiede seien die Erklärung dafür, warum Männer in Mathematik und Naturwissenschaften besser abschnitten als Frauen. (Der *Guardian* schrieb damals: »Während der Präsidentschaft von Dr. Summers fiel die Zahl der Rufe, die Frauen im Anschluss an ihre Postgraduate-Verträge auf ordinierte Stellen bekamen, von 36 auf 13 Prozent. Im vergangenen Jahr wurden nur vier der 32 unbefristeten Stellen, die ausgeschrieben waren, Frauen angeboten.«)

In einer Randbemerkung zu seinen persönlichen Erfahrungen stellte Barres süffisant fest: »Was mir bei Menschen, die nichts von meiner Geschlechtsumwandlung wissen, vor allem auffällt, ist, dass sie mir mit deutlich mehr Respekt begegnen: Ich kann jetzt sogar einen Satz zu Ende bringen, ohne von einem Mann unterbrochen zu werden.«

Männer und Frauen wird unterschiedlich viel und unterschiedlich gearteter Raum zugestanden: gedanklich, räumlich und im Gespräch. In Filmen lässt sich das messen, aber auch im echten Leben ist das so.

2010 veröffentlichte das Geena Davis Institute on Gender in Media Zahlen über drei Jahrgänge von Hollywood-Familienfilmen: »Der Anteil weiblicher Sprechrollen beträgt in jugendfreien Filmen 32,4 Prozent, in bedingt jugendfreien Filmen 30 Prozent und in Filmen, die erst ab 13 Jahren freigegeben sind, 27,7 Prozent. Unter den 1565 beteiligten Filmschaffenden sind nur 7 Prozent der Regisseure, 13 Prozent der Drehbuchautoren und 20 Prozent der Produzenten weiblich.« Im Jahr 2014 führte das Institut eine weitere Studie durch und evaluierte Filme aus den zehn größten Filmmärkten der Welt – und fand heraus, dass mehr als zwei Drittel der Sprechrollen männlich besetzt waren und in weniger als einem Viertel der Filme »ein Mädchen oder eine Frau die Hauptrolle hatte beziehungsweise gleichstark mit einer anderen Hauptfigur an der Geschichte beteiligt war«.

Eine ähnlich gelagerte Studie der Annenberg School for Communications untersuchte die 700 erfolgreichsten Filme der Jahrgänge 2007 bis 2014 und fand heraus: »Von den 100 beliebtesten Filmen des Jahres 2014 hatten 21 eine weiblich besetzte Hauptrolle – was ungefähr dem Anteil im Jahr 2007 entspricht, als in 20 von 100 Top-Filmen Frauen beziehungsweise Mädchen Hauptrollen hatten. Von den Top 100 des Jahres 2014 waren 2 Filme unter weiblicher Regie entstanden. 2007 waren es noch 3. Von allen 700 untersuchten Filmen hatten 3 einen beziehungsweise eine afroamerikanische(n) Regisseur*in.« In keinem der Top-100-Filme hatte 2014 eine Frau über 45 die Hauptrolle. Eine Studie der Zeitschrift *Polygraph* aus dem Jahr 2016, die 2000 Filme untersuchte, stellte fest, dass 88 Prozent der Hauptrollen von Männern gespielt wurden.

Und selbst wenn Frauen auf der Leinwand zu sehen sind, hört man sie nicht unbedingt sprechen. Und wenn doch, sprechen sie nicht unbedingt miteinander. Oder sie sprechen miteinander, allerdings über die Männer, die in dem Film die Hauptrollen haben. Von der Graphic-Novel-Autorin Alison Bechdel stammt, was mittlerweile unter dem Begriff »Bechdel-Test«

firmiert: die Forderung, dass es in einem Film zwei weibliche Figuren geben sollte, die miteinander über etwas anderes sprechen als über einen Mann. Das ist ein lächerlich niedriger Standard, der aber noch lange nicht von allen Filmen erfüllt wird. In der ersten Star-Wars-Trilogie, so stellte eine Untersuchung jüngst fest, sprechen Frauen, Prinzessin Leia ausgenommen, alles in allem 63 Sekunden lang – von 386 Filmminuten. Diese 63 Sekunden teilen sich drei Frauen in drei Filmen, was sich insgesamt auf etwa ein Drittelprozent der gesamten Spiellänge beläuft.

Und trotzdem werden solche Filme nicht als Jungs- oder Männerfilme bezeichnet, sondern als Filme für alle, wohingegen Filme mit einem ähnlich ungleichen, aber geschlechtertechnisch gegenteiligen Verhältnis unweigerlich als Mädchen- oder Frauenfilme wahrgenommen würden. Von Männern wird nicht erwartet, dass sie sich in Empathiebekundungen ergehen, sich also mit dem anderen Geschlecht identifizieren – genauso, wie von Weißen nicht verlangt wird, sich mit Menschen anderer Hautfarbe zu identifizieren, was umgekehrt *people of color* ständig tun müssen. Dominant zu sein heißt: nur sich selbst zu sehen und andere nicht; privilegiert zu sein begrenzt oder verhindert oft die Entfaltung der Vorstellungskraft.

Raum haben, zu sprechen, und Öffentlichkeit sind eng miteinander verschränkt – und zwar seit Tausenden von Jahren.

Die Altphilologin Mary Beard hat die Gender-Geographien von Jahrtausenden analysiert. In einem wegweisenden Essay aus dem Jahr 2014 (*The Public Voice of Women*) schreibt sie, dass das Zum-Schweigen-Bringen von Frauen und die westliche Literatur zeitgleich ihren Anfang nahmen, und zwar mit der *Odyssee*, in der Telemachos seiner Mutter Penelope befiehlt, den Mund zu halten. Penelope hängt keusch zu Hause fest und wird von Verehrern umlagert, während ihr Ehemann entspannt im Mittelmeerraum herumgondelt und Sex mit anderen hat. (Man kann sich durchaus eine neue feministische Lesart vorstellen, in der Penelope ihre Autonomie genießt, sich einige ihrer Verehrer zu Geliebten nimmt und sich vielleicht gar nicht so sehr nach der Rückkehr des Ehemanns sehnt; Margaret Atwood hat sich mit *Die Penelopiade* schon an einer derartigen Version versucht.) Beard beschreibt, dass es als Zeichen von Männlichkeit galt, eine Stimme zu haben – vorzugsweise eine tiefe –, und dass der öffentliche Raum eins ist mit dem männlichen Raum: »Eine Frau, die in der Öffentlichkeit sprach, war in den meisten Kontexten qua Definition keine Frau.«

Mit dem Aufkommen der sozialen Medien im

21. Jahrhundert wurde Mary Beard selbst zu einer häufig attackierten öffentlichen Person:

> »Es spielt keine allzu große Rolle, welchen Kurs du als Frau einschlägst. Wenn du dich auf traditionell männliches Territorium vorwagst, folgen Pöbeleien und Beleidigungen notgedrungen auf dem Fuße. Sie sind keine Reaktion auf das, *was* du sagst, sondern nur darauf, *dass* du es überhaupt sagst. Was sich in den ausgestoßenen Drohungen spiegelt, darunter ein recht vorhersehbares Menü aus Vergewaltigungs-, Anschlags- und Morddrohungen. Aber ein nicht zu unterschätzender Teil verfolgt auch das Ziel, die Frau zum Schweigen zu bringen: ›Halt's Maul, du Schlampe‹ ist ein relativ geläufiger Spruch. Oder es wird gedroht, der Frau die Fähigkeit zu sprechen zu nehmen. Ich habe zum Beispiel folgenden Tweet bekommen: ›Ich werde dir den Kopf abschneiden und dich dann in den Mund ficken.‹«

Dass sie solche Botschaften erhält, unterscheidet sie ziemlich sicher von den meisten ihrer männlichen Altphilologen-Kollegen an der University of Cambridge. Im April 2016 sagte sie der *New York Times*: »Ein gewisses männlich-kulturelles Begehren nach dem Schweigen der Frau haben wir noch lange nicht überwunden.«

Von der Teilnahme an der Art öffentlichen Lebens, die Beard meint, werden Frauen oft ausgeschlossen.

Es gibt unzählige Möglichkeiten, Frauen aus der Öffentlichkeit und dem Berufsleben herauszuhalten. Frauen in technischen Berufen können ein Lied davon singen, wie ihnen der Zugang zu Fortbildung und Entscheidungspositionen verwehrt wurde. Frauen, die an Schachmeisterschaften teilgenommen haben, berichten von sexueller Belästigung und Verunglimpfung; Frauen in vielen anderen Berufsfeldern erzählen ganz ähnliche Geschichten. Frauen in der Politik werden für ihr Erscheinungsbild kritisiert, für ihre Stimme, ihren Ehrgeiz und dafür, dass sie sich nicht um die Familie kümmern (oder erst gar keine haben). Wörter wie *strident* (»schrill«, vor allem bezogen auf die Stimme) und *bossy* sind im Englischen weitestgehend für Frauen reserviert, während Wörter wie *uppity* (»hochnäsig«, »dreist«) nur für Afroamerikaner*innen benutzt werden. Frauen in der Politik dürfen nicht allzu feminin sein, schließlich wird Weiblichkeit nicht mit Führungsaufgaben in Verbindung gebracht, aber zu maskulin dürfen sie auch wieder nicht sein, schließlich haben sie kein Recht auf Männlichkeit; diese Zwickmühle zwingt sie dazu, einen Raum zu besetzen, der nicht existiert; sie müssen etwas Unmögliches sein, um bloß nichts Falsches zu sein. Soweit ich das beurteilen kann, ist Frausein ein fortgesetzter Zustand des Falschseins. Zumindest im Patriarchat.

Ich habe wiederholt beobachtet, wie Rachel Carsons wegweisendes Buch *Der stumme Frühling* aus dem Jahr 1962, in dem es um die verheerende Wirkung von Pestiziden geht, aufgenommen wurde, und es hat mich immer von neuem angewidert, dass Carson als hysterisch, gefühlig und unqualifiziert abgetan wurde. Während der Arbeit an diesem Buch und der Recherche für ein anderes Projekt habe ich eine Dokumentation mit Zeitzeugenaussagen gelesen, in der ein Mann, der zur Zeit der Veröffentlichung von *Der stumme Frühling* – das Buch, das Carson zur wahrscheinlich bekanntesten Umweltschützerin der sechziger Jahre machte – im Vorstand der Naturschutzorganisation Sierra Club saß, über sie sagte: »Ich erinnere mich nicht mehr an ihren Namen, aber da gab es doch diese Frau, die keine Wissenschaftlerin war und diese Geschichte über schreckliche Pestizide geschrieben hat.« Die einzige Beschreibung, die er für diese Wissenschaftlerin gelten lassen wollte – Carson hat an der Johns Hopkins University ein Studium der Zoologie und der Genetik abgeschlossen und nur aus finanziellen Gründen nicht promoviert, außerdem hat sie für Bundesbehörden und die Woods Hole Oceanographic Institution als Wissenschaftlerin gearbeitet –, war, dass sie eben »keine Wissenschaftlerin war«.

Sicher, er war ein alter Mann, der über eine lang vergangene Zeit sprach, aber die Vorstellung, dass Frauen unabhängig von ihrer Qualifikation als nicht qualifiziert betrachtet werden, ist heute noch genauso weitverbreitet wie zu Carsons Zeiten.

Die investigativ arbeitende Journalistin Suki Kim reiste 2014 für einen Undercover-Bericht nach Nordkorea. Ihre Verleger bestanden jedoch darauf, dass sie ihr Buchexposé in eine autobiographische Form brachte. Aus marketingtechnischen Gründen – und dem unausgesprochenen Bewusstsein heraus, dass Frauen ins Reich des Privaten und nicht nach draußen gehören – wurde ihr Buch über das öffentliche und gesellschaftliche Leben in Nordkorea zu einem persönlichen Reisebericht umgemodelt. 2016 schrieb Suki Kim in dem Politikmagazin *The New Republic*:

> »Indem ich als Frau auf dem Weg zur Selbsterkenntnis vermarktet wurde und eben nicht als Reporterin, die einen klaren Auftrag hat und wegweisende Einsichten erhält, machte man mein Buch zu etwas sehr Subjektivem. Mein Status als Expertin für ein Thema, mit dem ich mich bestens auskenne, wurde mir nachhaltig genommen. Die Verschiebung war zwar subtil, aber eben diese Subtilität ist berufstätigen Frauen auf allen Karriere- und Lebenswegen durchaus gut bekannt. Ich wurde von einer Position

der Autorität – *Was weißt du?* – verschoben ins Reich der Emotion: *Wie hast du dich gefühlt?*«

Kim wurde es verwehrt, über andere nachzudenken und etwas über sie zu wissen, sie wurde auf ihre Emotionen reduziert, als sei ihr Gefühlshaushalt das einzige Gebiet, auf dem sie wirklich kompetent sei.

Dieses Gefangensein ist ein Echo der alten Ordnung, in der Frauen nur das Häusliche, die Sphäre des Intimen zur Verfügung stand und das öffentliche Leben reine Männersache war. Im Gegenzug werden Männer immer noch häufig aus dem Gefühls- und Privatleben ausgeschlossen. Privates und Öffentliches sind gleichermaßen wichtig, aber wirtschaftliche, politische und gesellschaftliche Macht sind weiterhin abhängig vom Status in der Öffentlichkeit. Die Revolution will Bewegungsfreiheit für alle. Überall. Sie ist noch im Gange, sie hat noch lange nicht gesiegt. Zwar hat sie bereits sämtliche Landkarten verändert, aber die Veränderungen, die sie mit sich bringt, werden noch einschneidender werden.

»Ich möchte einen Roman über das Schweigen schreiben (…). Die Dinge, die die Menschen nicht aussprechen.«

Virginia Woolf

Eine feministische Literatur geht der Beschaffenheit dieser verschwiegenen Dinge nach, ihren Ursachen und ihren Wirkungen. In den siebziger und achtziger Jahren erlebte diese Literatur mit einer Schwemme von Aufsätzen über das Schweigen einen Höhepunkt. Mary Wollstonecraft und den Feministinnen im 19. Jahrhundert ging es um Exklusion und Ohnmacht, darunter auch den Ausschluss von Bildungsmöglichkeiten. Die Suffragetten, die sich für das Frauenwahlrecht einsetzten, machten klar, dass ein Mensch ohne Stimmrecht politisch zum Schweigen verurteilt ist, dass ihm die Fülle der Bürgerrechte, Selbstbestimmung und die Öffentlichkeit vorenthalten sind. 1911 sprach Charlotte Perkins Gilman von Frauen, die »eingefasst [sind] von tausenderlei Restriktionen … Aus dieser erzwungenen Unwissenheit treten Frauen nun beherzt heraus«. Und es ging weiter mit der Erforschung des Schweigens, auch noch in einer Zeit, als Frauen sich das Wahlrecht erstritten hatten – 1920 in den Vereinigten Staaten, 1918 in Großbritannien –, ihnen aber trotzdem noch so vieles fehlte.

Virginia Woolf ließ mit zwei wegweisenden Aufsätzen die Alarmglocken klingeln. Der bekanntere von beiden, *Ein Zimmer für sich allein*, kam 1929 heraus und fußte auf zwei 1928 gehaltenen Vorträgen über die praktischen, finanziellen, gesellschaftlichen und psychologischen Einschränkungen, denen schreibende und damit mit einer Stimme ausgestattete Frauen unterworfen sind. Aber was für eine Stimme war es, die sie da hatte? Ein halbes Jahrhundert später schrieb Adrienne Rich:

> »Ich war doch sehr verwundert über die angestrengte Ausdrucksweise, über die große Mühe, die dieser Essay sie offenbar gekostet hat, und die hartnäckige Unentschlossenheit in seinem Tonfall. Ein Tonfall, der mir bekannt vorkam. Ich hatte ihn oft genug vernommen, bei mir selbst und bei anderen Frauen. Es ist der Tonfall einer Frau, die ihre Wut schon fast zugelassen hat, aber auf keinen Fall wütend wirken will, eine Frau, die sich deswegen zwingt, ruhig und abgeklärt, ja sogar charmant zu sein in einem Raum voller Männer, in dem Dinge gesagt werden, die Angriffe auf ihre Integrität darstellen. Virginia Woolf wendet sich an ein weibliches Publikum, ist sich aber – wie immer – überaus bewusst, dass sie von Männern belauscht wird.«

Woolfs Aufsatz *Berufe für Frauen*, den sie 1931 ursprünglich als Vortrag vor der National Society for Women gehalten hatte, spricht da mit dieser anderen Stimme: nicht mit der von Rich kritisierten (als würde der Tonfall von Frauen nicht sowieso schon oft kritisiert), die überzeugen will, sondern mit einer tröstlichen. Woolf beschreibt, wie sehr Frauen den Auftrag, freundlich, anmutig und schmeichelnd zu sein, internalisiert haben, und wie es möglich ist, dass dieser Auftrag eine echte Stimme und echte Gedanken, also ein ganzheitliches Subjekt, zum Schweigen bringt. Sie verweist darauf, dass es Sprechweisen gibt, die sich zum Schweigen verhalten wie weißes Rauschen: Plattitüden und Versicherungen, Höflichkeiten und Dementis – also Schmieröl für ein System, das das Schweigen fortschreibt. Du sprichst für andere und nicht für dich selbst. Woolf sprach von der Stimme, die Frauen sagt: »Sei einfühlsam; sei sanft; schmeichle; täusche, brauche alle Listen und Ränke unseres Geschlechts. Lass nie jemanden ahnen, dass du einen eigenen Kopf hast.« Und nannte diese Stimme den »Engel im Haus«. Sie brüstete sich damit, diesen Engel aus purer Notwendigkeit heraus ermordet zu haben – um sich so selbst die Chance auf eine eigene Stimme zu geben. Und so eventuell das Schweigen zu durchbrechen.

Ein halbes Jahrhundert später zitierte Susan Griffin in ihrem Buch *Pornography and Silence* Norman Mailer, der über Marilyn Monroe schrieb: »Sie ist ein Spiegel des Vergnügens derer, die sie ansehen.« Und das heißt: Die Monroe trat zwar auf und sprach auch, aber ihr Auftreten und Sprechen hatte nichts mit ihr selbst zu tun, sondern nur mit den Wünschen der anderen. Griffin kommentiert: »Und obwohl Mailer weiß, dass ihre symbolische Existenz eine Maske war, weigert er sich, hinter diese Maske zu blicken. Hätte es dieses andere Selbst, das verlorenging und grob verletzt wurde, nicht gegeben, wäre das Leben dieser Schauspielerin keine derart große Tragödie gewesen.« Es ist eine Analyse dessen, wie jemand, der sichtbar und vernehmlich ist, trotzdem zum Schweigen gebracht wird.

Monroe steht damit stellvertretend für jede Frau, für alle Frauen, die Teile ihrer selbst und ihres Selbstausdrucks verstecken, verstellen, unterschlagen und zum Schweigen bringen, um Männern Vergnügen, Bestätigung, Bequemlichkeit und Stärkung zu verschaffen. Und das betrifft nicht nur die Erotik. Eine Frau hat den entsprechenden Umgang mit männlichen Erwartungshaltungen ganz sicher auch am Arbeitsplatz, im Klassenzimmer oder auf der Straße gelernt, wohlwissend, dass sie möglicherweise bestraft wird, wenn sie zu selbstbewusst, bestimmend oder autark auftritt. Dieses Verhalten hat seine Analogien: Mein Freund

Garnette Cadogan hat so sprachmächtig wie ausführlich darüber geschrieben, wie er als schwarzer Mann in der Öffentlichkeit ständig den »Nichtkriminellen, Nichtbedrohlichen« geben muss, um weiße Ängste zu beschwichtigen und sich selbst zu schützen. Schwarz und Frau zu sein verdoppelt die Verpflichtung, anderen gerecht werden zu müssen.

Wenn Norman Mailer Marilyn Monroe als einen Spiegel des Vergnügens bezeichnet, unterschlägt er die Frage, was passiert, wenn es prinzipiell um das Vergnügen der anderen geht. Ein Vergnügen, das sich nur als Vergnügen tarnt, stirbt nämlich; ausschließlich im Dienste anderer zu stehen bedeutet für ein Subjekt den Tod. Es entsteht ein Schweigen, das sich in Gefallsucht hüllt und an dem nur Nichtse etwas finden. Das Bild von der 1962 jung gestorbenen Monroe ist die andere Seite der Medaille von bell hooks' »psychischer Selbstverstümmelung« der Männer – es zeigt jene Art der Selbstverstümmelung, mit der ein Subjekt diesen bereits verstümmelten Subjekten entgegenkommt und zu Diensten ist. Es ist ein Schweigen, das sich auf ein anderes Schweigen einstellt, es sind zwei Formen des Schweigens, die zum jeweils anderen passen wie der Deckel zum Topf. Eine Gespenstergeschichte.

1962 hielt Tillie Olsen einen Vortrag, der 1965 im *Harper's Magazine* nachgedruckt wurde und sich auch in ihrem Bestseller *Silences* von 1978 findet. Das

Schweigen beziehungsweise der Wunsch, es infrage zu stellen und zu überwinden, kam so langsam in die Jahre. Olsens Text beginnt folgendermaßen: »Die Literaturgeschichte und die literarische Gegenwart sind schwarz vor Schweigen: Manches Schweigen dauert Jahre an, wie das unserer Großen; manches Schweigen geschieht im Verborgenen; manches Schweigen entsteht, weil einem veröffentlichten Werk kein zweites folgt, manches, weil etwas niemals zur Buchform findet.«

Anders gesagt: Es gab unterschiedliche Arten des Schweigens. Eines für das, was gesagt wurde beziehungsweise ungesagt blieb, und ein anderes, das sich darauf bezog, von wem etwas gesagt wurde und wer überhaupt sprechen durfte.

Olsen nimmt sich viel Zeit, um zu ihrem eigentlichen Thema zu kommen, so, als müsse sie sich in Sachen Glaubwürdigkeit erst absichern. Also legt sie zunächst ihr Wissen über und ihre Liebe zur großen Literatur von Männern dar. Dann erst nähert sie sich dem Schweigen von Frauen in der Literatur. Sie stellt fest, dass die meisten literarisch erfolgreichen Frauen keine Kinder hatten, schließlich ist Zeit für und mit sich selbst und mit der eigenen Stimme ausschlaggebend dafür, schöpferisch tätig zu sein. Hier ging es also um das durch naheliegende Gründe bedingte Schweigen: um die fehlende Zeit, dieses Schloss aus

Wörtern zu bauen, welches ein größer angelegter Text nun einmal ist.

Aber es gab noch viele weitere Formen des Schweigens, mit denen Frauen in den sechziger und siebziger Jahren ganz selbstverständlich zu tun hatten. Die zweite Hälfte des Buches ist eine weitgefasste Sammlung von »Nebensächlichkeiten, Amuletten, Wiederausgegrabenem, Quellen«, die das Zum-Schweigen-Bringen von Frauen belegt sowie dessen Konsequenzen aufzeigt, und zwar nicht nur für Frauen, sondern für die Literatur als solche. Es ist eine Kurzanweisung zur Verteidigung.

In Betty Friedans *Weiblichkeitswahn* von 1963 ging es um »das Problem, das keinen Namen hat«, nämlich um amerikanische Frauen, die materiell zwar in Wohlstand lebten, gesellschaftlich und politisch aber trotzdem nicht existent waren, weil sie zu Hause und draußen in der Welt ausgeschlossen waren von Öffentlichkeit und Macht. Vielleicht ist dieses Buch das, wofür es kritisiert wurde: ein Buch über weiße Mittelschichtsfrauen. Man kann es aber auch positiver werten, als ein Buch, das während des Krieges gegen die Armut und die Bürgerrechtsbewegung auch die Geschlechterfrage bedenkenswert fand; sie beim Namen zu nennen ist zentral für jede Veränderung.

In ihrem Buch *At the Dark End of the Street* von 2010 vertrat Danielle L. McGuire die These, dass selbst die

Bürgerrechtsbewegung quasi zum Verstummen gebracht wurde, als sie zu einer Geschichte umgeschrieben wurde, in der eine von Männern (und vergessenen Frauen) angeführte Bewegung etwas für die Rechte aller getan hat. McGuire erzählt diese Geschichte noch einmal ganz von vorn und beginnt bei Rosa Parks, die für die NAACP, die National Association for the Advancement of Colored People (Nationale Organisation für die Förderung farbiger Menschen), in Vergewaltigungsfällen ermittelte. Sie besetzt sämtliche Rollen neu und schreibt über eine von schwarzen Frauen initiierte Bewegung, die sich für die Rechte schwarzer Frauen einsetzte, eine Bewegung, die sich an einer Straßenkreuzung ereignete, die normalerweise vom »Boulevard der Befreiungsbewegungen« wegradiert wird.

Im harschen Gegensatz dazu veröffentlichte Susan Sontag mit *Die Ästhetik der Stille* 1969 einen Essay, der sich über Gender-Fragen ausschweigt. Es geht darin um männliche Künstler, und es wird das männliche Pronomen benutzt, um »den Künstler« allgemein zu beschreiben. Sontag thematisiert hier Künstler, die sich entschieden haben, zu schweigen, zum Beispiel Marcel Duchamp und Arthur Rimbaud, und für die das Schweigen eine Geste des Unmuts oder der Transzendenz war, ein Aufbruch. Dann aber stellt sie fest: »Eine exemplarische Entscheidung dieser Art lässt sich erst treffen, nachdem der Künstler gezeigt hat, dass er Genie besitzt und dieses Genie auf überzeugende Weise ausgeübt hat.« Hier geht es also um eine Stille, die manche wählen, *nachdem* sie Gehör und Wertschätzung gefunden haben – was die Antithese dazu ist, zum Schweigen gebracht zu werden.

Was als Zweite Welle des Feminismus bezeichnet wird, steckt voller Berichte über die Erkenntnisse von Unterdrückungsmechanismen, die vorher weder benannt noch beschrieben worden waren, und beschreibt die Freude, Unterdrückung identifiziert zu haben: Diagnose ist der erste Schritt zur Besserung. Das Sprechen über und das Definieren dessen, was sie belastete, befreite Frauen aus der Isolation und verhalf ihnen zu einer handlungsmächtigen Position. Die Texte der sechziger und siebziger Jahre sind eine Literatur der Erforschung, ja der Offenbarung: Menschen taumeln vorwärts, unsicher, auf was sie stoßen werden, beschreiben es linkisch und versuchen, eine neue Sprache zu finden für Dinge, die vorher nicht beschrieben worden sind, sehen, wie die neue Erkenntnis allseits gängige Annahmen untergräbt, und werden zu Menschen, die sich den neu erschlossenen Territorien genauso zugehörig fühlen – oder sogar mehr – wie den alten, tun den Schritt hinüber in eine Welt, die erst im Moment des Gehens erfunden wird.

Entdeckungsreisen: Ein Schlüsselelement der feministischen Bewegung in den siebziger Jahren waren sogenannte »Bewusstwerdungsgruppen«, in denen Frauen gemeinsam über ihre Erfahrungen sprachen. Susan Griffin, eine zu jener Zeit wichtige Protagonistin des Feminismus, erzählte mir, wie man sich zunächst über die Hausarbeit beklagte und dann anfing, von den harten Sachen zu berichten, von Vergewaltigung und Prügel, und wie die Frauen die Scham durchbrachen, die sie lange stumm und einsam gemacht hatte.

»Was würde passieren, wenn auch nur eine Frau die Wahrheit über ihr Leben erzählte? Die Welt würde aufbrechen« – diese Zeilen der Dichterin Muriel Rukeyser wurden oft zitiert. Und was geschah, als tatsächlich viele Frauen die Wahrheit über ihr Leben erzählten? Das Schweigen selbst wurde zum zentralen Thema.

1977 wandte sich Audre Lorde mit ihrem bahnbrechenden Vortrag und Aufsatz *Die Transformation des Schweigens in Sprache und Handlung* (veröffentlicht 1984) an die Modern Language Association, den Berufsverband der US-Literaturwissenschaftler und -kritiker. Der kurze, dichte, aphoristische Essay dachte Rasse, Geschlecht und sexuelle Orientierung zusammen und kommt mit der Dringlichkeit eines Manifests daher:

> »Meine vielen Momente des Schweigens haben mich nicht geschützt. Euer Schweigen schützt euch nicht. Aber mit jedem tatsächlich gesprochenen

> Wort, mit jedem Versuch, den ich je unternommen habe, jene Wahrheiten auszusprechen, nach denen ich immer noch suche, habe ich Verbindungen zu anderen Frauen aufgebaut. Wir versuchten, passende Worte für eine Welt zu finden, an die wir alle glaubten – unsere Unterschiede überbrückend. Und es war die Anteilnahme und Zuwendung all dieser Frauen, die mir Stärke gaben (…)«

Lorde fand, dass es nicht nur des Muts bedürfe, um das Schweigen zu brechen, sondern auch des schöpferischen Tuns: »Welches sind die Worte, die du noch nicht gefunden hast? Was musst du aussprechen? (…) Jede von uns ist nun hier, weil wir alle auf die eine oder andere Weise an Sprache glauben, an die Kraft der Sprache und an die Möglichkeit, Sprache für uns zurückzugewinnen, auch wenn sie entworfen wurde, um gegen uns zu arbeiten.«

1978 veröffentlichte die in Jamaika geborene Michelle Cliff ihre *Notes on Speechlessness* (»Notizen zur Sprachlosigkeit«), die sich sowohl dem Umschiffen als auch dem Durchdringen schwieriger Wahrheiten widmeten. »Rückzug wie auch Humor sind Variationen der Sprachlosigkeit. Genauso ist das Verschleiern und Trivialisieren dessen, was Realität ist, eine Form der Sprachlosigkeit.« Cliff schrieb über Albträume, schrieb in Fragmenten, schrieb über sich – aber eben auch über Politik- und Literaturgeschichte. Sie outete sich als Lesbe, und als hetero durchgehen zu wollen, bezeichnete sie als Maskerade, einen Weg um die Wahrheit herum. Cliff beschließt ihren Aufsatz damit, sich vornehmen zu wollen, das zu zerstören, was sie zerstört hat: »Was nicht mehr und nicht weniger bedeutet, als nach meiner eigenen Sprache zu suchen. Vielleicht ist es das, was Frauen tun werden.«

Adrienne Rich, ihre Geliebte und Partnerin, betitelte einen ihrer Gedichtbände *Der Traum einer gemeinsamen Sprache*. Das Schlüsselgedicht in diesem Band heißt *Kartografien des Schweigens* und fängt folgendermaßen an: »Ein Gespräch beginnt / mit einer Lüge«. Dann spricht es vom »Schrei einer unzulässigen Stimme«. Am Ende des langen Poems bricht die Wahrheit wie ein frisch sprießender Trieb hervor, noch ganz grün. Viele der Frauen, die sich lautstark zu Wort meldeten, waren Lesben wie Griffin und Rich. Manche waren dazu noch schwarz, wie Cliff und Lorde. Auch wenn »Intersektionalität« ein Begriff ist, der erst seit kurzem gängig ist, verstanden diese Frauen schon damals, was es heißt, an einem oder gleich mehreren Kreuzungspunkten zu operieren. Adrienne Richs Buch kam ein Jahr vor Michelle Cliffs Aufsatz heraus; zum ersten Mal in ihrem umfassenden Werk finden sich darin lesbische Liebesgedichte.

Zwei Jahre später, 1979, veröffentlicht Rich die

Essaysammlung *On Lies, Secrets, and Silence,* in die auch ihre oben zitierte Kritik an Woolfs Text *Ein Zimmer für sich allein* aufgenommen wird. An anderer Stelle schreibt sie in diesem Buch:

> »Ich glaube, dass jede Frau, für die das feministische Schweigenbrechen eine starke verändernde Kraft entfaltet hat, auf eine Zeit zurückblicken kann, in der die blassen, unwahrscheinlichen Umrisse von Fragen, die nicht gestellt werden durften und sich in ihren Gehirnzellen eingerollt hatten, einen Schock des Wiedererkennens auslösten, wenn sie auf bestimmte Gedichtzeilen, Formulierungen oder Bilder im Werk dieser oder jener längst verstorbenen Frau stieß, deren Leben und Erfahrungshorizont sie sich nur schwerlich vorstellen konnte.«

Fragen, die früher unmöglich gestellt werden konnten, wurden nun gestellt. 1980 ergänzte Rich ihre Kritik mit dem wegweisenden Essay *Zwangsheterosexualität und lesbische Existenz,* der sein Augenmerk darauf richtete, wie Identität und Produktivität eines nicht unbeträchtlichen Teils von Frauen übersehen oder ausgeschlossen werden und wie dieser Ausschluss unser aller Möglichkeiten zu leben und zu verstehen verzerrt hat. Über ein damals sehr populäres feministisches Buch schreibt sie, es »ignoriert insbesondere die

Geschichte von Frauen, die es als Hexen, *femmes seules*, Heiratsverweigerinnen, ›alte Jungfern‹, alleinstehende Witwen und/oder Lesben auf verschiedenen Ebenen geschafft haben, *nicht* zu kollaborieren. Gerade von dieser Geschichte nämlich haben Feministinnen eine Menge zu lernen, und gerade in diesem Punkt herrscht allerseits bleiernes Schweigen.« Rich war eine große Entdeckerin.

Sie stellte die Heterosexualität als Norm infrage: »Die Behauptung, die ›meisten Frauen‹ seien ›von Natur aus heterosexuell‹, bringt viele Frauen theoretisch und politisch zum Stolpern … Heterosexualität nicht als Institution sehen zu wollen, wäre gleichbedeutend damit, nicht zugeben zu wollen, dass das Kapitalismus genannte Wirtschaftssystem oder das Kastensystem des Rassismus von einer Vielzahl von Mächten getragen wird …« Sie schrieb darüber, wie sich lesbisches Leben zum Schweigen hat bringen lassen und dass zumindest die Möglichkeit besteht, dass Heterosexualität nicht naturgegeben ist, »sondern eine … aufgezwungene, inszenierte, organisierte, von Propaganda gestützte und mit Gewalt aufrechterhaltene Form der Sexualität«.

Aus Ideen und Möglichkeiten wurde allmählich eine neue Stadt gebaut, ganz wie eine richtige Stadt, mit Hilfe von Projekten, harter Arbeit, Entscheidungen und Wünschen – und Frauen zogen in diese Stadt ein.

Der Feminismus der siebziger Jahre schäumt über vor Freude an der Erkenntnis (oder auch der Wut darüber) und ist beseelt von der mit den Erkenntnissen einhergehenden Macht, selbst wenn sie furchtbar sind. Was man erkennen kann, das kann man auch heilen oder medikamentös behandeln, dem kann man sich widersetzen.

Im dritten Roman ihrer vierbändigen Neapel-Saga beschreibt Elena Ferrante, wie ihre Protagonistin in den siebziger Jahren die feministische Analytik entdeckt: »Wie ist es möglich, fragte ich mich, dass eine Frau so denken kann? Ich habe mich viel mit Büchern abgemüht, aber ich habe sie nur hingenommen, habe nie wirklich Gebrauch von ihnen gemacht, habe sie nie gegen sich selbst gekehrt.« Zum ersten Mal erkennt sie, wie die Welt aussehen könnte, wenn man sie jenseits von Voranahmen, Klischees und Vorurteilen betrachten würde, die bislang ihr Bewusstsein für ihre Möglichkeiten, ihr Geschlecht und ihre Sprache geprägt haben.

Manche der Feministinnen dieser Zeit, insbesondere Catharine MacKinnon und Andrea Dworkin, haben sich massiv gegen eine spezifische Sprach- und Repräsentationsform ausgesprochen – die Pornographie –, mit der Begründung, dass diese zur Unterwerfung der Frau beitrage. Die Arbeit dieser Feministinnen führte zu Märschen, Demonstrationen, Gerichtsverfahren und Verboten, wobei Letztere aus Gründen der freien Meinungsäußerung wieder aufgehoben wurden. Andere innerhalb der Bewegung verteidigten die Pornographie, um ihrer selbst willen oder als Form der Meinungsäußerung. (Der Titel der lesbischen Erotikzeitschrift *On Our Backs* war eine Parodie auf den des radikalfeministischen Nachrichtenmagazins *Off Our Backs*.) Die Antiporn-Feministinnen wurden oft verunglimpft und erscheinen in der Erinnerung fälschlicherweise als monolithischer Block mit puritanischen Argumenten, als das Gegenstück befreiender Libertinage.

Natürlich war es komplexer. (Und um der Ansicht zu sein, dass frauenfeindliche Pornographie tatsächliche Frauenfeindlichkeit befördern und prägen kann, muss man eigentlich nur der überaus rationalen Idee zustimmen, dass Repräsentationen Macht und Einfluss haben.) Wie heute bei sexuellen Belästigungen im Internet wurde auch damals die Frage gestellt, was Redefreiheit eigentlich sein soll, wenn doch so manche Rede nur darauf zielt, das Recht und die Fähigkeit anderer zu zerstören, das Wort zu ergreifen und gehört zu werden.

Susan Griffins 1981 erschienenes Buch *Pornography and Silence* führt ein originelles Argument an: Man könne Mainstreampornographie nicht als befreiendes Sprechen betrachten, als freie Stimme, die gehört werden sollte, sondern nur als spezifische Form der Unterdrückung. Griffin schrieb, Pornographie sei »kein Ausdruck menschlicher, erotischer Gefühle und Begehren, kein Ausdruck der Liebe zum körperlichen Erleben, sondern lediglich Ausdruck einer Angst vor zu viel körperlichem Wissen und der Wunsch, den Eros zum Schweigen zu bringen«. Ihrer Ansicht nach ist Pornographie nicht erotisch – sofern »erotisch« für die volle, offene Erfahrung von Körperlichkeit steht, eine Erfahrung des Eigenen, des Gefühlten und des Anderen –, sondern das Gegenteil davon: Sie sei voller »christlicher Metaphysik ..., ein modernes Gebäude, errichtet über den alten Kathedralen, mit denen sie dieselben Fundamente teilt«.

Diese Fundamente beinhalten die Verachtung für alles Fleischliche, eine große, gegen jegliches Begehren gerichtete Wut sowie die Projektion dieses Begehrens, dieser Wut auf die Frauen. »Wir werden begreifen, dass ›die Frau‹ in der Pornographie das ist, was ›der Jude‹ für den Antisemitismus und ›der Schwarze‹ für den Rassismus ist: nämlich nichts anderes als ein verlorengegangener Teil der Seele, ein Bereich des Seins, den das pornographische oder rassistische Denken am liebsten verleugnen und vergessen würde.« Seitdem hat Griffin mit ihrer Arbeit oft das Gegenteil dessen zu tun versucht: sich an die Räume, in denen wir sein, träumen, denken und lieben können, zu erinnern, sie zuzulassen und größer zu machen sowie das Erotische und Sinnliche zu feiern.

Die Diskussion um die Pornographie ist nie abgerissen. 1993 nahm sich die Philosophin Rae Langton in dem bemerkenswert rigorosen Essay *Sprechakte und unsprechbare Akte* erneut des Themas an. Ihre Untersuchung wirft ein Licht auf sehr viel mehr als nur auf die Pornographie. Zu Beginn justiert sie den Fokus der Debatte neu, geht weg vom Inhalt des Gesprochenen und hin zu seinen Wirkungen, seinen Machteffekten. Langton legt dar, dass es Sprache ist, in der wir heiraten, wählen, Urteile fällen und Befehle erteilen – oder, wenn uns die Macht dazu fehlt, eben all das nicht tun. Ein Herr, der zu einem Sklaven sagt: »Ich möchte etwas zu essen«, gibt einen Befehl. Ein Sklave, der das Gleiche sagt, formuliert eine Bitte. Die beiden Parteien jeweils zur Verfügung stehende Macht hat nicht nur ein bisschen, sondern alles zu tun mit dem, was ihre Worte bedeuten und bewirken.

Langton liefert Argumente dafür, dass Pornographie sowohl in instruktiver als auch in unterhaltender Hinsicht mit Autorität ausgestattet ist. Sie zieht diverse Belege dafür heran, dass ein hoher Prozentsatz von Jungen und jungen Männern die Befriedigung des Mannes als ein verbrieftes Recht ansehen, die Rechte von Frauen in dieser Hinsicht jedoch für irrelevant halten. Dann nimmt sie Statistiken hinzu über *date rape* und über Männer, die Frauen, die Schmerzen leiden, erotisch finden, und stellt aus all dem eine Verbindung zur pornographischen Kultur her. Sie umreißt drei Arten des Schweigens. Das erste ist das buchstäbliche Schweigen als Folge von Einschüchterung oder Niederlage. Das zweite ist das Schweigen, das entsteht, weil dem/der Sprecher*in ein(e) Zuhörer*in fehlt, eine Antwort.

Sie kommt zu dem Schluss: »Wenn Pornographie Frauen stumm macht, dann hindert sie Frauen daran, mit Worten Dinge zu tun.« Diese dritte Form des Schweigens »ereignet sich dann, wenn jemand spricht, also Worte äußert, aber scheitert … den dadurch intendierten Akt zu vollziehen«. Und dieser Akt ist der des Verbietens, des Neinsagens. »Es ist tatsächlich möglich, Menschen zum Schweigen zu bringen … indem man ihre Sprechakte unaussprechbar macht … Denken wir nur an die Äußerung ›nein‹. Wir alle wissen, wie sich mit diesem Wort Dinge bewirken lassen. Aber im sexuellen Kontext geschieht etwas sehr Merkwürdiges: Manchmal versucht eine Frau, sich über ein ›Nein‹ dem Sex zu verweigern, was jedoch nicht funktioniert. Weigerung ist in diesem Kontext für diese Frau unaussprechbar geworden. In einem solchen Fall wird die Weigerung nicht nur zum Scheitern gebracht, sondern vollkommen außer Kraft gesetzt.« Dann geht Langton den sich daraus ergebenden Konsequenzen nach. »Jemand, der die Regeln des Spiels aus dieser Art von Pornographie lernt, erkennt vielleicht nicht einmal den Versuch einer Weigerung.«

In ihrem Buch *Girls & Sex* bestätigte Peggy Orenstein 2016 diese Auslöschung der Stimme. Sie schrieb: »Aus einer Studie über das Verhalten in populären Pornos ergab sich, dass fast 90 Prozent aller willkürlich ausgewählten 304 Szenen physische Aggression gegenüber Frauen zeigten. Die Frauen wiederum reagierten darauf fast immer neutral oder sogar genussvoll. Noch heimtückischer: Manchmal baten die Frauen ihren Partner auch aufzuhören, nur, um sich kurz darauf zu fügen und die Aktivitäten sogar zu genießen, egal, wie schmerzhaft oder entwürdigend sie waren.« An anderer Stelle notiert Orenstein: »Männliche und weibliche College-Studenten, die angeben, in jüngster Zeit Pornos konsumiert zu haben, glauben erwiesenermaßen mit größerer Wahrscheinlichkeit als andere an die ›Vergewaltigungsmythen‹, dass nur Fremde sexuell übergriffig werden beziehungsweise dass das Opfer ›es doch eigentlich auch wollte‹ … Pornokonsumentinnen, die mitbekommen, dass eine andere Frau bedroht oder angegriffen wird, intervenieren mit geringerer Wahrscheinlichkeit und erkennen auch weniger schnell, wenn sie selbst in Gefahr sind.« Das heißt: Pornographie übernimmt sowohl für Frauen als auch für Männer eine Erziehungsfunktion, und die Lehre von Pornos kann taub machen für die Stimmen von Frauen – sogar für die eigene. Das Schweigen nimmt viele Wege.

Manchmal stelle ich mir Pornos als ein kompensatorisches Paralleluniversum vor, in dem männliche Privilegien angehäuft und verstärkt werden und wo unaufhörlich Rache genommen wird an weiblicher Macht. (Vor ein paar Jahren hat Sam Benjamin über seine Karriere als junger Regisseur in San Fernando Valley, der Hauptstadt der Mainstreampornos, geschrieben: »Während es angeblich meine Aufgabe war, mich darum zu kümmern, dass die Mädchen sich auszogen, stand ich als Regisseur eigentlich in der Verantwortung, dass die Mädchen ihrer Strafe zugeführt wurden.«) Die unermesslich große Masse an Pornographie, die heutzutage im Umlauf ist, nimmt unzählige Formen an, und zweifellos gibt es auch viele Ausnahmen. Der Mainstreamware scheint es jedoch prinzipiell weniger um die Macht der Erotik zu gehen als um die Erotisierung der Macht. Die allermeisten Pornos, die eigentlich heterosexuell sein sollen, sind getragen von der Homoerotik des männlichen Triumphs; Pornographie ist wie eine Sportart, die deswegen aufregend ist, weil Frauen darin auf ewig vernichtend geschlagen werden.

Schweigen und Scham sind ansteckend; genauso wie Mutigsein und Reden. Die Frauen heute haben angefangen, über ihre Erfahrungen zu sprechen, und es passiert regelmäßig, dass gleich die nächste vortritt, um die Vorrednerin zu unterstützen und von eigenen Erfahrungen zu berichten. Der erste Ziegelstein wird gelockert, dann noch einer. Dann bricht der Damm, und die Wassermassen stürzen hervor. Als Frauen in den siebziger und achtziger Jahren darüber gesprochen haben, wie sie als Kind sexuell missbraucht und als Erwachsene belästigt und tätlich angegriffen wurden, hatte das ganz konkrete Auswirkungen. Gesetze und die Anwendung dieser Gesetze veränderten sich. Gleichzeitig waren die Geschichten auch ein Angriff auf die Straffreiheit der Autorität – einer Autorität, die vorher meist nicht zu unterscheiden war vom Patriarchat. Die Geschichten besagten, dass man Autorität nicht notwendigerweise Vertrauen schenken kann und dass Macht zum Missbrauch verleitet.

Diese Geschichten waren Teil des großen antiautoritären Aufstands, den man manchmal schlicht »die sechziger Jahre« nennt, obwohl der Begriff »Sixties« oft verengt wird auf junge weiße Männer oder auf protestierende Studenten, was der Breite der damaligen die Grundfesten unserer Kommunikationsweise erschütternden Bewegungen nicht gerecht wird. (Schließlich waren da auch die Bürgerrechts- und Antidiskriminierungsbewegung, die sowohl von den Native American, den Latin und Asian American als auch von den Black Communitys ausging, das Eintreten für Schwulen-, Lesben- und Behindertenrechte, dazu die Umweltschutzbewegungen und die antikolonialen und antikapitalistischen Ausprägungen der Kritik.) Es war wie eine Umverteilung von Reichtum, allerdings wurde hier nicht Geld umverteilt, sondern Hörbarkeit, Glaubwürdigkeit, Wertigkeit, Partizipation, Macht und Recht. Es fand eine große Angleichung statt, die bis heute anhält – allerdings gab es auch Gegenreaktionen: Versuche, Menschen zurück in das Schweigen zu bugsieren, aus dem sie kamen.

Irgendwann im Laufe der letzten Jahre ging der feministische Diskurs in eine neue Runde, teils als Reaktion auf Gräueltaten, über die nicht länger geschwiegen wurde. Darunter die vielen Vergewaltigungen auf Universitätsgeländen (woran die heute an vielen Universitäten tätigen »Campus Organizer« einen großen Anteil haben, die meist selbst Betroffene sind). Eine ganze Reihe von Geschichten erlangte eine Aufmerksamkeit, wie es sie vorher so noch nie gegeben hatte, und das Zusammentreffen von weniger frauenfeindlichen Mainstreammedien und Feminist*innen in sozialen und alternativen Medien hat eine energische, lebendige neue Diskussionskultur hervorgebracht.

Gleich mehrfach ist es in den vergangenen Jahren passiert, dass ein einzelner namhafter Fall von Gender-Gewalt (sei es das Isla-Vista-Massaker in Santa

Barbara, die häusliche Gewalt des Football-Spielers Ray Rice in New Jersey, der Vergewaltigungsfall von Stanford oder seien es die Übergriffe des Radiomoderators Jian Ghomeshi in Kanada) Frauen dazu bewegt hat, sich in den sozialen Medien zu bekennen und über eigene Erfahrungen zu berichten. Manche teilen einfach nur die Hashtags: Unter #YesAllWomen, #WhyIStayed und #WhyILeft geht es um häusliche Gewalt; unter #IBelieveHer unterstützt man Ghomeshis Opfer; unter #IWasRapedToo reagieren Frauen auf den Stanford-Vorfall von 2016; und unter dem Hashtag #NotOkay sind bislang mehr als 27 Millionen Tweets in Umlauf gebracht worden von Frauen, die in Reaktion auf die Videoaufzeichnung, in der der damalige Präsidentschaftskandidat Donald Trump darüber spricht, wie er Frauen »an die Möse« grapscht, ihre eigene Geschichte erzählen, davon, wie sie selbst einen sexuellen Übergriff erlebt haben.

Manchmal haben auch Männer diese Hashtags weiterverbreitet oder die Sprecherinnen unterstützt. Wie ich an anderer Stelle in diesem Buch noch weiter ausführe, sind Männer, die sich aktiv engagieren für Frauenrechte und Feminismus, ein Grund dafür, dass es in den letzten Jahren vorwärtsgegangen ist (obwohl es auch viele Rückschritte gab). Die sozialen Medien wurden zum Schauplatz wütender Kampagnen mit dem Ziel, Frauen, die sich über Gewalt gegen Frauen und

Frauenfeindlichkeit geäußert hatten, zum Schweigen zu bringen, und insbesondere Twitter tolerierte eine breitangelegte Aktion, die sich für Vergewaltigung und Todesdrohungen aussprach. Ja, Twitter wurde zu *der* neuen Plattform, auf der sowohl das Schweigen gebrochen als auch versucht wird, dieses Schweigen durch Drohungen und Einschüchterungen wieder durchzusetzen. »Sexuelle Belästigung im Internet ist zum gedanklichen Äquivalent der Belästigung auf der Straße geworden«, sagte die Medienkritikerin Jennifer Pozner, nachdem die schwarze Schauspielerin Leslie Jones so lange beschimpft, beleidigt und gemobbt worden war, dass sie sich bei Twitter abmeldete. »Es ist der Versuch, in der Öffentlichkeit stehende Frauen in ihre Schranken zu weisen und zu bestrafen. Er geht aus von Männern und Jungs, die sagen: ›Bleibt weg von meinem Spielplatz!‹«

Sogar der *Guardian* machte 2016 eine Bestandsaufnahme der Hass-Posts und -kommentare von Seiten seiner Leser und berichtete, dass unter den zehn am häufigsten attackierten Kolumnist*innen acht Frauen und zwei *men of color* seien und dass die Feministin Jessica Valenti die Spitzenreiterin unter den Angegriffenen sei. Diese Feldzüge im Netz, die Frauen zum Schweigen bringen sollen, sind noch lange kein Schnee von gestern, auch wenn vieles darauf hindeutet, dass es ein Backlash ist, ein Versuch, das, was längst auf den

Plan getreten ist, wieder zurückzudrängen, und das, was längst gehört wurde, wieder zum Schweigen zu bringen.

Immer ist da noch etwas, das noch nicht gesagt wurde und noch gesagt werden muss, immer ist da noch eine, die darum kämpft, Worte und den Willen zu finden, ihre Geschichte zu erzählen. Tagtäglich erfindet jede*r von uns die Welt und das Ich in dieser Welt neu, öffnet oder schließt Räume für andere darin. Das Schweigen ist ein für alle Mal gebrochen worden und wird weiter gebrochen werden, und trotzdem steigt es gleichzeitig wieder an, wie Wellen, die Fußabdrücke, Sandburgen, angeschwemmte Muschelschalen und Seetang überspülen.

Geschichten über uns selbst und unsere Welt machen uns zum Teil aus, als Einzelne und als Gesamtheit. Das große feministische Experiment, die Welt neu zu erschaffen, indem wir unsere Vorstellungen von Geschlecht und Gender überarbeiten und uns fragen, wer berechtigt ist, das Schweigen zu brechen, war im großen Stil erfolgreich – und bleibt trotzdem extrem unvollendet. Die Zerlegung der über Jahrtausende gewachsenen sozialen Rahmenbedingungen kann schwerlich von nur einer Generation oder in nur ein paar Jahrzehnten erledigt werden. Es ist ein Prozess der Schöpfung und der Zerstörung, der episch ist in seinen Ausmaßen und der während seiner Umsetzung oft bekämpft und angegangen wird. Er bedeutet Arbeit, die die kleinsten alltäglichen Gesten und Interaktionen genauso in den Blick nimmt wie die Änderung von Gesetzen, Glaubensvorstellungen, Politik und kulturellen Übereinkünften, und zwar auf nationaler wie auf internationaler Ebene. Letzteres ergibt sich dabei oft aus der kumulativen Schlagkraft von Ersterem.

Die Aufgabe, die Dinge beim Namen zu nennen, so weit wie möglich die Wahrheit zu sagen, zu wissen, wie wir es bis hierher geschafft haben, jenen zuzuhören, die in der Vergangenheit zu schweigen hatten, zu erkennen, wie Abertausende von Geschichten zusammenpassen und worin sie sich jeweils unterscheiden, und jedes uns zuteilgewordene Privileg zu nutzen, um Privilegien aufzubrechen oder auf mehr Menschen umzuverteilen, ist unser aller Aufgabe. So gestalten wir die Welt.

Ein aufständisches Jahr

2014

Auf das, was 2014 gebracht hat, habe ich mein ganzes Leben lang gewartet. Das ganze Jahr war angefüllt mit feministischer Auflehnung gegen Männergewalt: Übers Jahr hinweg gab es immer mehr, die sich weigerten, den Mund zu halten, die sich weigerten, das eigene Leben oder erlittene Qualen ausradiert oder nicht anerkannt zu bekommen. Es war sicher kein harmonisches Jahr, aber Harmonie wird in der Regel dadurch erkauft, dass jemand diejenigen unterdrückt, die etwas zu sagen hätten. Dieses Jahr war laut, misstönend und möglicherweise deswegen transformativ, weil Wichtiges gesagt wurde – nicht unbedingt Neues vielleicht, aber es wurde mit deutlich stärkerer Empathie vorgetragen, von einer deutlich größeren Zahl von uns, und es fand Gehör wie niemals zuvor.

Für Frauen und den Feminismus war dieses Jahr ein Wendepunkt: Wir haben uns geweigert, die epidemisch auftretende Gewalt gegen Frauen weiterhin zu akzeptieren – die Vergewaltigungen, die Morde, die Prügel, die Belästigungen auf der Straße und die

Drohungen im Netz. Die Stimmen von Frauen hatten eine noch nie dagewesene Kraft, und der gesamte Diskurs bekam ein anderes Gesicht. Es gab konkrete Vorstöße – zum Beispiel das kalifornische »*Yes Means Yes*«-Gesetz über sexuelle Zustimmung an den Universitäten. Allerdings waren diese Veränderungen eine vergleichsweise bescheidene Folge eines viel enormeren Wandels im kollektiven Bewusstsein. Die Probleme waren ja auch vorher nicht nur rein rechtlicher Natur – zum Beispiel gab es seit dem 19. Jahrhundert durchaus Gesetze gegen das Schlagen von Ehefrauen, die allerdings bis in die späten siebziger Jahre nur äußerst selten zur Anwendung kamen und bis heute der grassierenden häuslichen Gewalt kaum Einhalt gebieten können. Das tiefsitzendere Problem ist ein kulturelles. Aber die Kultur – besser gesagt: eine ganze Reihe von Kulturen rund um den Erdball – beginnt sich zu verändern.

Man könnte 2014 fast wie eine Parodie auf diese kleinen esoterischen Kalender sehen, die für jeden Monat mit einer speziellen Blume oder einem speziellen Edelstein aufwarten. Der Januar war ganz sicher kein Granat: Endlich sprach man über Drohungen im Netz und über Dylan Farrows Aussage, im Alter von sieben Jahren von ihrem Adoptivvater sexuell missbraucht worden zu sein. Im April kreiste das Gespräch um entführte nigerianische Schulmädchen und einen Multimillionär aus dem Silicon Valley, der dabei gefilmt wurde, wie er seine Freundin verprügelte. Der Mai war alles andere als ein Smaragd: Er stand für das Massaker eines jungen Frauenfeindes an sechs Menschen in Isla Vista, Kalifornien, und für die Geburt des Hashtags #YesAllWomen, der in einem Jahr massiver, um das Thema »Gewalt gegen Frauen« kreisender Online-Proteste vielleicht der katalytischste war.

Im September gab es keinen Turmalin, sondern die Veröffentlichung eines Videomitschnitts, der zeigte, wie der American-Football-Spieler Ray Rice seine Verlobte in einem Aufzug bewusstlos schlug, womit die öffentliche Debatte um häusliche Gewalt wieder aufflammte, begleitet von den Hashtags #WhyILeft und #WhyIStayed. Der Oktober wartete dann noch mit einer substanziellen Auseinandersetzung um sexuelle Belästigung auf der Straße auf sowie mit den überwältigenden Reaktionen auf die Behauptungen von fünfzehn Frauen, von Kanadas berühmtestem Radiomoderator Jian Ghomeshi sexuell genötigt worden zu sein.

Auch wenn sich nicht alle dieser Anschuldigungen bewahrheiten sollten: Straftaten, über die vorher nur sehr selten, wenn überhaupt, berichtet worden war – oder die man als zusammenhanglose Einzelfälle dargestellt oder anderweitig nicht ernstgenommen hatte –, wurden endlich als Teil einer systematischen

Gewalt erkannt, die für eine echte soziale Krise steht. Es meldeten sich so viele Frauen zu Wort und fanden auch Gehör, dass man die altbekannten Probleme nicht länger von der Hand weisen konnte. So wurde der Kreis derjenigen, die über Rechte verfügen, und derer, die gehört werden, immer größer. Auch wenn beide Gruppen nicht vollständig austauschbar sind, so sind sie doch untrennbar miteinander verbunden.

In *Wanderlust. A History of Walking*, beschrieb ich meine eigenen Erfahrungen als junge Frau:

> »Dass ich draußen vor der Tür kein wahres Recht hatte auf Leben, Freiheit und das Streben nach Glück, dass die Welt voller Fremder war, die mich ausschließlich wegen meines Geschlechts zu hassen schienen und mir etwas antun wollten, dass Sex so schnell in Gewalt umschlug und dass dieser Umstand nicht zum öffentlichen Thema gemacht, sondern zum Privatproblem erklärt wurde, das war die niederschmetterndste Erkenntnis meines Lebens.«

Ich bekam Ratschläge, wie ich mich anpassen oder einschränken sollte, statt Bestärkung darin, dass diese Zustände falsch waren und sich dringend ändern sollten.

Das Beharren darauf, dass Frauen ihre Präsenz im

öffentlichen Raum anzupassen haben oder am besten gleich zu Hause bleiben, statt den öffentlichen Raum (oder die Männer) zu transformieren und Frauen das Recht zuzusprechen, unbehelligt die Straße entlangzulaufen, entspringt dem altbekannten »Schuld hat immer das Opfer«-Muster. Diese Schuld wird Frauen so gut wie immer in die Schuhe geschoben, wenn sie von Männern attackiert werden.

Wenn ich in Hochstimmung bin, dass ich in diesem Jahr mehr Gerichtsprotokolle von Vergewaltigungsprozessen, mehr Opferaussagen, Berichte über Morde, Prügel und Drohungen sowie mehr Vergewaltigungstweets und frauenfeindliche Kommentare gelesen habe als zusammengenommen in all den Jahren davor, dann liegt das nur daran, dass Gewalt gegen Frauen jetzt öffentlich thematisiert wird. Endlich.

Das Warten auf den Wendepunkt

Warum ist dieses Thema jetzt endlich aufs Tapet gekommen? Warum ist etwas, das so lange schlicht hingenommen wurde, jetzt plötzlich nicht mehr hinnehmbar? Oder vielleicht eher: Warum sind die Menschen, für die es noch nie hinnehmbar war, jetzt plötzlich Teil der Auseinandersetzung darüber? Warum ist es jetzt möglich, über etwas zu reden, das lange totgeschwiegen, beschönigt, banalisiert und ignoriert wurde? Ich habe seit Jahrzehnten darauf gewartet.

Im Juni 1994, als Nicole Brown Simpson und Ronald Goldman ermordet aufgefunden wurden und die lange Geschichte eines Mannes ans Tageslicht kam, der seine ehemalige Frau geschlagen und gestalkt hatte, hoffte ich auf eine echte Auseinandersetzung über häusliche Gewalt und Frauenfeindlichkeit (die oft zum »Kollateraltod« von Personen aus dem Umfeld der betroffenen Frau führen – der neue Partner, Familienmitglieder, Mitarbeiter*innen etc. – und in den Vereinigten Staaten ein relevanter Faktor bei Massenerschießungen ist). Aber O. J. Simpson heuerte damals ein ganzes Bataillon namhafter Anwälte an, die ihn als das Opfer darstellten. Und schließlich ließen ihn der Rassismus, die Korruptheit und die Inkompetenz der Polizei und der Rechtsprechung von Los Angeles trotz einer erdrückenden und gegen ihn sprechenden Beweislage laufen. (Erst in einem späteren Zivilrechtsprozess wurde er für die Morde verantwortlich gemacht.)

Während des gesamten kontinuierlich von den Medien verfolgten Verfahrens, das sich fast über ein ganzes Jahr hinzog, gab es kaum allgemeine Diskussionen über das Thema häusliche Gewalt. Ein Anwalt formulierte es nach dem Prozess so:

»Nach der Urteilsverkündung gab es einige Einlassungen von Geschworenen, die mehr oder weniger besagten: ›Warum wurde eigentlich überhaupt über häusliche Gewalt gesprochen? Ging es hier nicht eigentlich um einen Mordfall?‹ Als mir klar wurde, dass die Geschworenen den Zusammenhang zwischen häuslicher Gewalt und dem Mord nicht verstanden und ihnen nicht klar war, warum ihnen gewaltsame Vorfälle überhaupt explizit beschrieben wurden, ging mir auf, dass wir unsere Aufgabe, den Menschen zu erklären, dass Mord häufig das Resultat häuslicher Gewalt ist, nicht gut genug erfüllen.«

Laut einer jüngeren Studie der Weltgesundheitsorganisation (WHO) werden weltweit 38 Prozent aller ermordeten Frauen von ihren Intimpartnern getötet.

Vier Jahre später, 1998, lenkte der Mord an Matthew Shepard in Laramie, Wyoming, die Aufmerksamkeit der Welt auf die Homophobie (auch wenn die Frage, ob Shepards sexuelle Orientierung tatsächlich ein Motiv für den Mörder war, erst vor kurzem wieder aufgeworfen wurde). Ein Jahr vor dem Mord an Shepard wurde die 15 Jahre alte Daphne Sulk am Stadtrand von Laramie tot aufgefunden – nackt, zusammengeschlagen und mit 17 Messerstichen ermordet. Ein 38-jähriger Mann, der ihr Liebhaber gewesen war (oder ihr Kinderschänder, schließlich war sie noch nicht mündig), wurde kurz vor dem Shepard-Mordfall wegen vorsätzlichen Totschlags – nicht Mordes – verurteilt. Daphne Sulks Ermordung hatte keine Welle nationaler Empörung zur Folge – genauso wenig wie die Vergewaltigung und Ermordung der achtjährigen Christin Lamb aus Laramie im selben Sommer.

Alle drei Todesfälle waren monströs, aber zwei von ihnen waren noch nicht mal eine Nachricht wert: *business as usual*, wie viele tausend andere Gewaltverbrechen gegen Frauen. Wenn es eine solche Straftat überhaupt aus den hinteren Seiten der Zeitungen nach vorn schafft, dann wird sie als Vorfall behandelt, der mit anderen ähnlichen Vorfällen nichts zu tun hat – als die Einzeltat eines anormalen Individuums. Über Morde an weißen Mädchen und Frauen wurde durchaus schon im Modus der Erregung berichtet, aber noch nie in jenem Zustand der Empörung, wie es dann im Jahr 2014 geschah – als öffentlich die Ansicht vertreten wurde, so etwas sei Teil eines Musters und dieses Muster müsse sich ändern.

Es bleibt immer ein Stück weit ein Rätsel, warum ein ganz bestimmtes Ereignis zu dem Tropfen wird, der das Fass zum Überlaufen bringt: warum der Selbstmord von Mohamed Bouazizi Ende 2010 der Auslöser war für den Arabischen Frühling; warum die Ermordung von Michael Brown in Ferguson, Missouri, eine monatelange Protestwelle lostrat, die über die gesamten Vereinigten Staaten schwappte, was bei vorherigen Erschießungen junger schwarzer Männer durch die Polizei nicht passiert war. Es ist wie die Entladung einer aufgestauten Spannung, das Ende der Geduld, die Folgen der Wut darüber, was passiert ist, und die Hoffnung darauf, dass es Besseres geben kann und geben muss. Ich lebe in einem Erdbebengebiet, und wir alle hier wissen, dass dem plötzlichen Beben Jahre, Jahrzehnte oder Jahrhunderte des Spannungsaufbaus vorangehen. Was allerdings nicht heißt, dass wir wüssten, wann die Erde dann tatsächlich erschüttert wird.

Das lange Schweigen hinsichtlich der Gewalt gegen Frauen wurde Ende 2012 durch drei Vorkommnisse durchbrochen: die sexuellen Übergriffe einer Gruppe von Highschool-Jungs auf eine ohnmächtige Minderjährige in Steubenville, Ohio; Angie Epifanos Gang an die Öffentlichkeit: Die Studentin am Amherst College in Massachusetts berichtete in einem Essay auf noch nie dagewesene Art und Weise von ihrer Vergewaltigung – und wie man sie bestrafte, nachdem sie Anzeige erstattete, während der Täter unbehelligt blieb; und der Angriff auf eine junge Frau in einem Bus in Delhi, eine derart brutale Vergewaltigung, dass das Opfer an seinen Verletzungen starb. Warum kam das Erdbeben, als es kam? Ich kann mehrere Gründe erkennen.

Die Welt, in der sich diese Vorfälle ereigneten, hatte sich bereits verändert. Dank der bahnbrechenden Arbeit früherer Generationen sind feministische Stimmen zu zentralen Themen normal oder fast alltäglich geworden. Stimmen, die sich mittlerweile auch in den großen Tageszeitungen und Magazinen zu Wort melden und nicht nur in reinen Frauenzeitschriften oder auf kleinen, progressiven Websites. Insgesamt ist so ein Bollwerk errichtet worden, das oft stark genug ist, sich der Fehldarstellung, der Banalisierung und des Totschweigens von Frauenthemen zu erwehren.

Ein weiterer Faktor ist die wachsende Bedeutung der sozialen Medien. Das Internet ist ein seltsamer Ort, wo Netz-Trolle, Frauenfeinde und Hasserfüllte unkontrolliert zwischen 4chan und Reddit, Racheporno-Seiten und der aufgesetzten Empörung beziehungsweise dem echten Hass von Gamergate unterwegs sind. Twitter ist zum weltweit effektivsten Verteiler für Vergewaltigungs- und Todesdrohungen geworden, über den Frauen, die kein Blatt vor den Mund nehmen, eingeschüchtert und zum Schweigen gebracht werden sollen. Aber im besten Fall sind die sozialen Medien das, was ihre User*innen aus ihnen machen, und vom Arabischen Frühling bis hin zum feministischen Aufstand der letzten Jahre haben Aktivist*innen eine Art griechisch-antiken Chor gebildet, der die Tragödien unseres Lebens und der Welt kommentiert.

Manchmal fügen sich auf großen politischen Kundgebungen die vielen Plakate und Transparente mit handgeschriebenen Statements, Witzen und Fakten in all ihrer Kürze zu einer Gesamtkritik, die viele Perspektiven berücksichtigt. Soziale Medien können etwas ganz Ähnliches bewirken, indem sie Kommentar für Kommentar an Argumenten basteln, sie erproben, kommentieren und verstärken und umfangreichere Auseinandersetzungen in Blogs, Essays und Berichten zirkulieren lassen. Soziale Medien sind eine Art große Ideenwerkstatt: Unzählige Menschen tragen ihre Erfahrungen, Erkenntnisse, Analysen, Begriffe und Methoden zusammen, die irgendwann zum Stoff des alltäglichen Lebens werden. Wenn das passiert, hat die Welt sich verändert. So wird aus einer radikalen Idee am Ende etwas, das so mit dem Alltagsleben verwoben ist, dass alle es für selbstverständlich, als schon lange bekannt ansehen. Aber so ist es nicht. Diese Verschiebungen sind Ergebnisse eines Kampfes – eines gewaltfreien Kampfes der Stimmen und Ideen.

Der Moment mit dem meisten Veränderungspotenzial des Jahres 2014 war für mich der nach dem Amoklauf von Isla Vista. Sie erinnern sich: Es ging um einen von Frauenfeindlichkeit infizierten »Pick-up-Artist«, der von dem Gedanken besessen war, jede Frau schulde ihm, was immer er von ihr wolle. Außerdem sah er sich im Recht, dem gesamten weiblichen Geschlecht eine Kollektivstrafe zukommen zu lassen, tötete sechs Menschen und verletzte vierzehn, um sich danach selbst das Leben zu nehmen. Sein Plan war, Mitglieder einer Studentinnenvereinigung zu massakrieren, schlussendlich aber tötete er alle, die ihm über den Weg liefen, darunter auch Männer. Viele Mainstreammedien beeilten sich zu konstatieren, dass es sich hier um einen Einzelfall handele, der auf eine geistige Erkrankung zurückgehe, woraufhin sowohl starke Einzelstimmen als auch ein kollektiver Aufschrei in den sozialen Medien sich gegen diese Einschätzung wehrten und darauf beharrten, dass dieser Fall ins Muster von frauenfeindlicher Gewalt und Massenerschießungen passte.

Der Feminismus konnte die Deutungshoheit über diese Geschichte erfolgreich behaupten. Eine junge Frau prägte den Hashtag #YesAllWomen, worauf man so über sie herfiel, dass sie sich für eine Weile ins Schweigen und in die Unsichtbarkeit zurückzog. Aber das, was sie losgetreten hatte, war nicht mehr aufzuhalten. Frauen fingen an, ihre Geschichten zu erzählen, Geschichten von Belästigung, Bedrohung, Gewalt und Angst und bestärkten sich mit jeder weiteren Stimme gegenseitig. Der Wandel beginnt an den Rändern und bewegt sich von dort aus Richtung Mitte; soziale Medien haben diese Ränder starkgemacht und den Übergang vom Rand zur Mitte beschleunigt – vielleicht sogar den Unterschied zwischen beiden verwischt, was sich daran erkennen lässt, dass die Mainstreammedien jetzt manchmal hastig losstürmen, um Schritt zu halten mit den lebhaften, breitgeführten Debatten in den sozialen und alternativen Medien.

Die öffentliche Auseinandersetzung über Gewalt gegen Frauen hatte begonnen, sich zu verändern: Von jetzt auf gleich sprach die ganze Welt darüber, wie allgegenwärtig diese Gewalt ist und welche Ausreden dafür erfunden werden. Männer wurden zur Rede gestellt, die wiederum waren mehr damit beschäftigt, sich zu entschuldigen, als sich wirklich mit dem Gewaltproblem auseinanderzusetzen. (Und so kam es, dass ihr gekränkter Refrain »*Not all men …*« – wie in: »Nicht *alle* Männer sind Vergewaltiger« – zu #YesAllWomen mutierte, wie in: »Doch, *alle* Frauen bekommen es auf die eine oder andere Art mit Vergewaltigung zu tun«.)

Vielen Männern, die sich die Zeit nahmen, den Frauen – und dem, was diese in den sozialen Medien und sonst wo zu sagen hatten – zuzuhören, wurde zum ersten Mal klar, was Frauen seit so langer Zeit aushalten müssen. Das Auftreten aktiv engagierter Männer war ein weiteres Zeichen dafür, dass etwas an diesem Jahr neu war und Veränderungspotenzial gehabt zu haben scheint. Tatsächlich sind solche Männer von zentraler Bedeutung: Wenn man nämlich die Welt für die Frauen verändert, heißt das gleichzeitig, dass man verändern muss, was unter Männern, wo man sich in manchen Kreisen seit langem mit frauenfeindlichem

Verhalten brüstet, akzeptabel und bewundernswert ist. Manche Männer schrieben öffentlich darüber, erkannt zu haben, welcher Feindseligkeit und Gefahr Frauen ausgesetzt sind und was für ein Schock es für sie war, selbst zum ersten Mal damit konfrontiert zu werden. Seit Jahrzehnten wurde Feminismus als Aufgabe der Frauen wahrgenommen. Aber ohne die Einbindung der Männer können Frauen genauso wenig für die Eindämmung des Sexismus tun wie *people of color* ohne die Beteiligung weißer Menschen gegen den Rassismus.

Nachdem die Regeln sich geändert haben

Für die Diskursverschiebungen und die damit verbundenen Veränderungen der Spielregeln im Jahr 2014 gibt es keine eindeutigeren Hinweise als den Umgang mit den Vorwürfen gegen Bill Cosby und den Klagen gegen den kanadischen Starmoderator Jian Ghomeshi. Die beiden Männer dachten anscheinend, die alten Regeln gälten noch, mussten dann aber feststellen, dass die Welt sich verändert hatte, seit sie zum letzten Mal richtig hingeschaut hatten. Sie bei ihren Versuchen zu beobachten, die vielen gegen sie erhobenen Vorwürfe einfach wegzuwischen, war, als sähe man einem Aufziehspielzeug zu, das gegen die Wand fährt: Die Räder drehten und drehten sich, kamen aber nicht mehr vom Fleck.

Im Oktober 2014 wurde Ghomeshi von der Canadian Broadcasting Corporation (CBC) wegen sexueller Belästigung am Arbeitsplatz gefeuert. Er strengte eine Klage gegen ungerechtfertigte Kündigung an, forderte 55 Millionen kanadische Dollar Schadensersatz und beauftragte eine angesagte PR-Agentur mit der Öffentlichkeitsarbeit. Unter erheblichem Getöse holte er zum Erstschlag gegen potenzielle Klägerinnen aus, indem er auf Facebook einen langatmigen, weitverbreiteten Post teilte, in dem er behauptete: »Ich bin von der CBC vor die Tür gesetzt worden, weil das Risiko bestand, dass mein Sexleben öffentlich werden könnte, aufgrund falscher Anschuldigungen, die eine von mir geschasste Exfreundin und ein freier Journalist gegen mich erheben.« Er gab an, der Journalist und die Exfreundin stellten aus reiner Niedertracht seine absolut einvernehmlich vonstattengegangenen sexuellen Aktivitäten falsch dar. Er werde angegriffen, weil er zu einer sexuellen Minderheit gehöre – den Menschen mit sadomasochistischen Neigungen. Kurz gesagt: Er stellte sich als Opfer dar. Und das ging nach hinten los.

Schon seine Wortwahl ließ bei einigen Leser*innen die rote Fahne hochschnellen, weil die boshafte, rachsüchtige Frau, die lügt, um Männer in Schwierigkeiten zu bringen, wahrscheinlich eines der abgedroschensten Klischees überhaupt ist. Es wurde standardmäßig aufgefahren, um Frauen, die angaben, angegriffen worden zu sein, in Misskredit zu bringen. Ghomeshis öffentliches Auftreten brachte den *Toronto Star* dazu, einen Artikel zu drucken, der auf den Aussagen von vier Frauen beruhte, in denen es jeweils um Aktivitäten ging, die weder einvernehmlich vonstattengegangen noch als konventioneller Sex zu bezeichnen waren (Ghomeshi allerdings schienen sie erregt zu haben). Sie behaupteten, von ihm brutal und überfallartig vergewaltigt worden zu sein. Die Frauen wollten anonym bleiben, weil sie wussten, dass sie angegangen werden würden – und tatsächlich standen ihre Aussagen zunächst massiv unter Feuer.

Wenn man mit Anschuldigungen an die Öffentlichkeit tritt, sind die Folgen meist unangenehm. Das Bedürfnis, die eigene Geschichte zu erzählen, oder der Wunsch nach Gerechtigkeit sind Motive, die das Zögern überwinden helfen können. Im Fall Ghomeshi meldeten sich aber immer mehr Frauen, fünf sofort nach Veröffentlichung des Textes, viele weitere später. Die vielleicht auffallendste war die bekannte Schauspielerin und Royal-Canadian-Airforce-Pilotin Lucy DeCoutere, die sich als Erste, aber bei weitem nicht als Letzte offiziell äußerte. »Ganz plötzlich fing er an, mich zu würgen, dann schlug er mir ein paar Mal ins Gesicht«, sagte sie über einen Vorfall im Jahr 2003.

»Für mich war das absolut verwirrend, denn mir hatte vorher noch nie jemand ins Gesicht geschlagen. Gewürgt zu werden ist auch nicht gerade angenehm, und dann noch so aus dem Nichts heraus. Völlig grundlos.« Zu diesem Zeitpunkt hatten bereits acht Frauen angegeben, gewürgt und geschlagen worden zu sein, und dass diese Form der Gewalt kein einvernehmliches Sexspiel gewesen sei. Laut den Angaben dieser Frauen hatte Ghomeshi das Verlangen, Frauen gegen ihren Willen zu würgen und mit einem Stock zu schlagen, was er auch oft tat.[4]

Viele Täter glaubten lange, dass sie auf Dauer davonkommen würden, weil ihre Opfer weder über eine Stimme noch über Glaubwürdigkeit verfügten – oder weil sie als Täter diese Stimme und Glaubwürdigkeit ausschalten beziehungsweise die Betroffenen so lange terrorisieren könnten, bis sie schwiegen. Dass sich die Regeln – nicht immer und auch nur in gewissem Umfang – geändert haben, erwischt einige der Täter kalt.

---

4 Im März 2016 wurde Ghomeshi in allen vier Anklagepunkten wegen sexueller Nötigung und dem einen wegen Würgens freigesprochen. Während des Prozesses drangsalierte und schikanierte sein Anwalt die Opfer, und der Richter bezichtigte sie der Lüge oder der Vorenthaltung von Beweismitteln. Einem zweiten Prozess ging Ghomeshi aus dem Weg, indem er sich zu einem sogenannten *peace bond* verpflichtete, der für einen gewissen Zeitraum Wohlverhalten vom Angeklagten einfordert.

Die Anspruchshaltung, selbstverständlich derjenige zu sein, der gehört und respektiert wird und dem man glaubt, hat viele Frauen verstummen lassen. Sie werden in zahlreichen Fällen wahrscheinlich nie gehört werden. Denn auch wenn jetzt einige dieser Geschichten ans Licht kommen, muss man sich immer wieder vor Augen halten, bei wie vielen das nie der Fall sein wird: wenn Opfer stumm sterben, wie sie das seit Generationen getan haben, oder noch nicht das Forum gefunden haben, in dem sie sich trauen, ihre Stimme zu erheben; oder wenn sie sich zwar laut äußerten, dafür aber lächerlich gemacht, bloßgestellt oder erneut angegriffen wurden. DeCoutere sagte: »Der letzte Monat hat einen fundamentalen Wandel gebracht. Gewalt gegen Frauen wird jetzt anders thematisiert. Für viele, auch für mich, waren das überwältigende und schmerzhafte, gleichzeitig aber auch sehr inspirierende Wochen. Ich hoffe, dass die Stimmen der Opfer weiterhin Gehör finden und dass das erst der Beginn eines Wandels ist, den wir dringend brauchen.«

Die Vorwürfe gegen Cosby lagen schon seit Jahren, ja Jahrzehnten, in der Luft. In einem Zivilrechtsprozess im Jahr 2005 hatten fünfzehn Frauen Sammelklage wegen sexueller Übergriffe gegen ihn erhoben, aber es kam zu einer außergerichtlichen Einigung, und der Fall erhielt nur sehr überschaubare mediale Aufmerksamkeit. Die meisten seiner mutmaßlichen

Opfer hatten auch damals weiter geschwiegen. Barbara Bowman, die angeblich 1985, im Alter von 17 Jahren, von Cosby unter Drogen gesetzt und vergewaltigt worden ist, erzählt die typische Geschichte:

> »Eine Freundin ist dann mit mir zu einem Anwalt gegangen. Der warf mir vor, mir die Geschichte nur ausgedacht zu haben. Derart abweisende Reaktionen nahmen mir jede Hoffnung, noch irgendwo Hilfe zu bekommen. Ich war überzeugt davon, dass niemand mir zuhören würde. Dieses Gefühl der Vergeblichkeit war es, das mich schlussendlich davon abhielt, zur Polizei zu gehen. Ich erzählte Freundinnen, was passiert war, und obwohl sie Mitleid hatten mit mir und großen Anteil nahmen, waren sie genauso hilflos und wussten nicht, was sie tun sollten. Ich war ein Teenager aus Denver, der in McDonald's-Werbespots auftrat. Und er war Bill Cosby: der unübertreffliche ›American Dad‹ Cliff Huxtable und das *Jell*-O-Wackelpudding-Gesicht. Irgendwann hieß es für mich dann nur noch: weitermachen mit meinem Leben und meiner Karriere.«

Die meisten von Cosbys mutmaßlichen Opfern waren jung und verletzlich, eine Verletzlichkeit, die junge Frauen schon immer hatten und die aus fehlender Stimme und fehlender Glaubwürdigkeit bestand.

Im Herbst des Jahres 2014 wurde Cosby vom Stand-up-Comedian Hannibal Buress auf der Bühne direkt angegangen: »Sie aber, Bill Cosby, Sie vergewaltigen Frauen, also schalten Sie doch in Sachen Irrsinn ruhig mal ein paar Gänge runter.« Viele beschwerten sich darüber, dass ein Mann nötig war, um Cosby gegenüber direkte Vorwürfe zu formulieren und so endlich Reaktionen auszulösen – vielleicht aber stand Buress auch für etwas anderes, für einen Mann nämlich, der Frauen zuhörte und ihnen Glauben schenkte und der das, was ihnen passiert war, für wichtig erachtete. Eine umfassende Diskussion darüber, warum Frauen Vergewaltigungen oft nicht anzeigen und warum sie – wie Bowman – diskreditiert, beschämt und beschuldigt vor Gericht gezerrt und erneut traumatisiert werden, führte schließlich zu der Erkenntnis, wie überaus wahrscheinlich es doch war, dass diese Frauen die Wahrheit sagten und dass die Welt ihnen in der Vergangenheit wenig Anlass gegeben hatte, schon viel früher auszusagen.

Es geht hier nicht um Cosby oder Ghomeshi. Wie schon nach dem Amoklauf von Isla Vista festgestellt: Mit Gewalt gegen Frauen vorgehende Männer sind weder anormal noch eine Ausnahme. Sie sind omnipräsent. Bestenfalls bescheren uns derart prominente Fälle einen Anlass, um über die Bedeutung dieser Art Straftat zu diskutieren, uns mit den damit verbundenen größeren gesellschaftlichen Fragen auseinanderzusetzen und die Rahmenbedingungen ein bisschen zu verschieben. Frauen, die von Prominenten vergewaltigt werden, zählen. Genauso wie die Native-American-Frauen in den Vereinigten Staaten und Kanada, die sich einer außergewöhnlich hohen Quote sexueller Übergriffe, Vergewaltigungen und Morde ausgesetzt sehen; wie die Frauen, die auf dem Universitätsgelände, beim Militär oder im Gefängnis vergewaltigt werden; und wie die Sexarbeiterinnen, die mit besonders großen Schwierigkeiten zu kämpfen haben, wenn sie Opfer sexueller Übergriffe werden. Ganz wichtig auch die Frauen, die von Polizisten vergewaltigt werden, ein Phänomen, von dem aus jüngerer Zeit zahllose Berichte vorliegen, die aber nur selten zu einer Verurteilung führten. Im Laufe des Jahres 2014 haben zumindest einige derer, die vorher geglaubt haben, es sei eine saubere Lösung, einfach zur Polizei zu gehen, vielleicht gelernt: Es kann passieren, dass auch Polizisten einem nicht glauben und nichts unternehmen, dass sie sich teilnahmslos oder sogar missbräuchlich verhalten. Nur ein kleiner Prozentsatz der Vergewaltigungen kommt überhaupt zur Anzeige, und nur ein kleiner Prozentsatz der angezeigten Vergewaltigungen führt dann zu einem Schuldspruch.

Nicht dass einige wenige mit deutlicher Verspätung für ihre früheren Verbrechen zur Verantwortung gezogen werden, ist an den prominenten Fällen so wichtig. Wichtig ist die Botschaft, die sie aussenden: Das Zeitalter der Straffreiheit ist vorbei. In Zukunft wird es nicht mehr so leicht sein, mit derartigen Verbrechen davonzukommen. Anders gesagt: Die Welt hat sich zumindest insoweit verändert, als dass die Aussichten für Opfer und Täter heute in einem anderen Verhältnis stehen. Frauen haben heute eine Stimme.

Nach der Scham

Diesen Monat hat sich eine Bekannte von mir, die in der Kulturverwaltung arbeitet, entschlossen, den Mund aufzumachen – 44 Jahre nachdem sie mit 19 in einem Zustand der Verzweiflung und mit zu vielen Drogen im Leib in einem schmierigen Hotel Opfer einer Gruppenvergewaltigung wurde, begangen von Männern, die sie zuvor um Hilfe gebeten hatte, und dann noch von einem Arzt gedemütigt wurde, der ihr die Schuld für das Geschehene gab. Sie erinnert sich, der Arzt habe ihr gesagt, sie sei »nicht befugt, Anklage zu erstatten«, woraufhin vier Jahrzehnte des Schweigens folgten. Jetzt jedoch hatte sie den Eindruck, der Zeitpunkt sei gekommen, um dieses Schweigen zu brechen.

Scham war schon immer ein wichtiger Faktor für

das Schweigen von Frauen – und Männern –, die Opfer sexueller Übergriffe geworden sind. Scham hat Menschen verstummen lassen, in die Isolation getrieben und dazu geführt, dass Verbrechen weiterhin verübt wurden. Um Vergewaltigungsopfer zu »schützen«, werden ihre Namen in den Medien üblicherweise nicht genannt. Diese »Tradition« bekräftigt andererseits, dass da ein Mensch beschämt worden ist, was sie oder ihn nur weiter zu Unsichtbarkeit, Isolation und Schweigen verdammt. »Wer will schon diese fünfzehn Minuten Schande?« führte eine von Cosbys Anklägerinnen als Erklärung dafür an, warum sie sich noch nicht früher geäußert habe. Eine Vergewaltigung ist nicht nur ein Angriff auf den Körper, sondern auch auf die Rechte, die Menschlichkeit und die Stimme des Opfers. Das Recht, nein zu sagen, das Recht auf Selbstbestimmung wird ihm oder ihr genommen; und die Scham verstetigt dann diese Stummheit. Zur Scham, so steht es auf einer Website für Betroffene,

> »… gehört auch die Zerstörung des Selbstwertgefühls. Die vorsätzlichen Bemühungen des Angreifers, eine Frau etwas gegen ihren Willen tun zu lassen, führt dazu, dass sie sich schmutzig, abstoßend und blamiert fühlt. Schamgefühle nehmen möglicherweise auch Einfluss auf die Entscheidung, ob man die Straftat bei der Polizei anzeigt oder sich

anderweitig Hilfe sucht … Vielleicht geht eine Frau davon aus, dass ihr früheres Sexleben und Details des Übergriffs genau unter die Lupe genommen werden.«

»Bei dem ›Er-hat-gesagt/Sie-hat-gesagt‹-Spiel geht es immer nur darum, das ›Sie-hat-Gesagt‹ abzuwerten«, erklärte mir gestern eine Sozialarbeiterin, die sich um sexuelle Übergriffe auf einem Universitätscampus kümmert. Eine Strategie, die bis vor kurzem gut funktioniert hat. Aber das Blatt hat sich gewendet. Als gestohlene Nacktfotos der Schauspielerin Jennifer Lawrence im Netz auftauchten, beschritt sie zunächst den üblichen Weg: Sie schämte und entschuldigte sich öffentlich. Dann aber empörte sie sich: »Jeder, der diese Bilder ansieht, begeht eine Sexualstraftat. Ihr solltet vor Scham im Boden versinken!« donnerte sie.

Wenige Monate später musste ein Kalifornier für ein Jahr ins Gefängnis, weil er seine Exfreundin mit Nacktfotos von ihr belästigt und sie vor ihren Arbeitgebern und anderen bloßgestellt hatte. Kalifornien ist einer von mehreren Bundesstaaten, die kurz nachdem der Begriff »Rachepornos« auf den Plan trat, Gesetze dagegen verabschiedet haben.

Emma Sulkowicz, Kunststudentin an der New Yorker Columbia University, die einen ihrer Kommilitonen beschuldigte, sie in ihrem eigenen Wohnheimzimmerbett vergewaltigt zu haben, reagierte auf fehlenden rechtlichen beziehungsweise institutionellen Beistand so, dass sie jetzt immer, wenn sie auf dem Campus unterwegs ist, eine Matratze mit sich herumträgt. Aber auch sie verhielt sich direkt nach der Tat zunächst nach konventionellem Muster: Sie sagte niemandem etwas davon. Dann trat sie an die Universität heran und verlangte einen Beschluss in dieser Sache, aber weder das noch der Gang zur Polizei zeitigten eine Reaktion, die Sulkowicz für sinnvoll hielt. Also hielt sie sich an die Kunst und, so formulierte es eine Kommilitonin, »zerschlug die Scham nicht nur in sich selbst, sondern für uns alle«. Festzustellen, dass du eine brillante Künstlerin vergewaltigt hast, deren Performance über dich internationale Aufmerksamkeit und breite Unterstützung bekommt, muss sehr unangenehm sein.

Die Scham hat Menschen oft jahrzehnte- oder ein ganzes Leben lang schweigen lassen und in der Isolation gehalten. Sich zu Wort zu melden und das Schweigen zu brechen haben Gemeinschaft entstehen lassen und Aktivismus befeuert. Es fällt schwer, sich Sulkowicz' trotzige Geste ohne die aufsehenerregende Antivergewaltigungsbewegung an US-amerikanischen Universitäten vorzustellen – mit Organisationen wie »Safer« (»Students Active for Ending Rape«) und Protagonistinnen wie Andrea Pino und Annie Clark, einst selbst Betroffene, die zu Aktivistinnen wurden und an Universitäten in den gesamten Vereinigten Staaten für Furore gesorgt haben. Sulkowicz' genialer Einfall war es, ihre Bürde konkret werden zu lassen. So konnten andere sie mit ihr teilen. Solidarität macht bis heute den Hauptanteil dieser feministischen Bewegung gegen Gewalt aus.

Im Fall Sulkowicz konnte man diese Matratze also aktiv herumtragen. Ende September sah ich Sulkowicz auf dem Campus aus einem Gebäude kommen. Ein bärtiger blonder Student half ihr mit der Matratze, bis eine Gruppe junger Frauen angeschossen kam und sich für einige Stunden des Dings annahm. Sie hoben die lange, blaue Matratze wie Sargträgerinnen hoch über ihre Köpfe und liefen ein paar Stunden so herum, an diesem schönen Herbstmorgen an der Columbia University. Sie kicherten und quatschen wie junge Frauen überall, aber sie waren auch wild entschlossen, ihre Solidarität zu bekunden, indem sie dieses Symbol eines Konflikts treppauf, treppab und die Wege entlangschleppten. Sulkowicz machte die Vergewaltigung zu einer sichtbaren Bürde, und auch wenn sie ihre Matratze noch so lange mit sich herumtragen wird, wie sie und ihr mutmaßlicher Vergewaltiger Studierende an der Columbia University sind, verweist sie die Scham damit zurück an ihren rechtmäßigen Besitzer.

In einer der konservativsten Ecken der Vereinigten Staaten, in Norman, Oklahoma, gaben drei Highschool-Schülerinnen an, alle vom selben Mitschüler vergewaltigt worden zu sein. Der mutmaßliche Vergewaltiger hatte es genauso gemacht wie die Highschool-Jungs in Steubenville, Ohio (die ihren sexuellen Übergriff auf eine Mitschülerin 2012 auf Video aufnahmen), und stellte das Video seiner jüngsten Tat im September 2014 ins Netz. Wie bei früheren Vorfällen an Highschools wurden auch in Norman die mutmaßlichen Opfer von ihren Mitschülern verspottet und gemobbt und von der Schulleitung nicht geschützt, sondern dazu gedrängt, die Schule zu verlassen. Bis zu diesem Punkt war es hier also genauso wie in viel zu vielen Fällen zuvor.

Dann aber gab es einen Stimmungsumschwung: Ein anderer Schüler war so erschüttert von den Tatschilderungen des mutmaßlichen Vergewaltigers, dass er das, was vordergründig Prahlerei war, aber letztendlich auf ein Geständnis hinauslief, aufzeichnete. Im Dezember 2014 wurde der mutmaßliche Täter von der Polizei festgenommen. Eine Gruppe von Frauen, darunter Danielle Brown, eine Mitschülerin der Betroffenen, lancierte den Hashtag #YesAllDaughters und stellte Forderungen an die Schule. Am 24. November 2014 traten Hunderte Schüler*innen aus Protest in den Streik, als Teil einer Demonstration, die angeblich 1500 Teilnehmer*innen hatte. Vielleicht müssen wir diese immergleiche Geschichte nicht immer wieder lesen; vielleicht denken junge Männer bald nicht mehr, dass solche Verbrechen ihrem sozialen Standing auf die Sprünge helfen und dass ihre Taten sowieso nicht geahndet werden. Vielleicht wird die Scham zukünftig immer sofort an ihre rechtmäßigen Besitzer zurückverwiesen.

Die hier angeführten nordamerikanischen Geschichten handeln von Verschiebungen im Machtgefüge, die sich zum Teil darauf beziehen, wessen Geschichte erzählt, wem geglaubt wird und wer die/der Erzählende überhaupt ist.

Es ist kein harmonisches Jahr gewesen, und männliche Wut gehört definitiv zum Bild dazu – die Trolle im Netz, Frauenfeinde, die sich der Bewegung für Männerrechte anschließen, Gamergate-Rumkrakeeler und diejenigen, die tatsächlich gewalttätig sind, was schließlich nicht einfach so aufhört. Die theatralisch übersteigerten Reaktionen auf das kalifornische Gesetz zum einvernehmlichen Sex an Universitäten zeigen, dass bei einigen heterosexuellen Männern offenbar die Alarmglocken schrillen – sie fürchten, ab jetzt gezwungen zu sein, ihre erotische und soziale Interaktion mit anderen Menschen aushandeln zu müssen, also mit Menschen zu tun zu haben, die eine Stimme und vom Gesetz garantierte Rechte haben. Anders gesagt: Sie sind unglücklich, dass die Welt sich verändert hat. Aber dass genau das geschehen ist, ist das

Wichtigste überhaupt. Frauen treten heraus aus einem Schweigen, das so lange gedauert hat, dass niemand seinen Beginn verorten kann. Dieses laute Jahr 2014 war noch nicht das Ende – aber vielleicht der Anfang vom Ende.

Feminismus: Die Männer sind da

2014

Was haben der Premierminister von Indien, der Ex-Football-Spieler Chris Kluwe und der Superstar-Comedian Aziz Ansari gemeinsam? Nein, nicht dass sie alle in die gleiche Bar gegangen sind. Ansari könnte wahrscheinlich problemlos eine gute Fortsetzung auf diesen Witz-Anfang finden. Fakt ist, dass alle drei Männer sich in diesem Jahr für den Feminismus ausgesprochen haben und damit Teil einer beispiellosen Welle sind, bei der Männer sich aktiv für das einsetzen, was üblicherweise als »Frauenthemen« bezeichnet wird. Obwohl Gewalt gegen und Diskriminierung von Frauen ja nur deswegen »Frauenthemen« sind, weil sie Frauen angetan werden – meistens von Männern, weswegen sie vielleicht eigentlich seit je »Männerthemen« hätten heißen müssen.

Dass jetzt die Jungs auf den Plan treten, ist Ausdruck des tiefgreifenden Umbruchs, den dieses außergewöhnliche Jahr für den Feminismus gebracht hat. Ein Jahr, in dem sich die Auseinandersetzung genauso fundamental verändert hat wie die Gesetzgebung, ein Jahr, in dem neue Stimmen und Unterstützerkreise sich zu Wort gemeldet haben. Es gab schon immer Männer, die fanden, dass »Frauenthemen« wichtig sind, und die sich sogar explizit dazu geäußert haben, aber noch nie waren sie so zahlreich und effizient. Wir brauchen sie. Betrachten wir also das zurückliegende Jahr als historischen Wendepunkt für den Feminismus.

Nehmen wir beispielsweise die Rede, die der gemeinhin eher übelgesinnte indische Premier Narendra Modi am Unabhängigkeitstag seines Landes gehalten hat. Normalerweise ist dieser Tag Anlass für aufgeplusterten Nationalstolz. Stattdessen aber sprach Modi energisch über Indiens entsetzliches Vergewaltigungsproblem. »Brüder und Schwestern, wenn wir von Vergewaltigungsfällen hören, senken wir voller Scham den Kopf«, sagte er auf Hindi. »Ich möchte alle Eltern fragen, die eine Tochter von zehn oder zwölf Jahren haben: Sind nicht auch Sie ständig wachsam, in jedem einzelnen Augenblick? Fragen Sie nicht auch ständig: Wohin gehst du, wann kommst du zurück? (…) Ihren Töchtern stellen Eltern Hunderte von Fragen, aber haben sie sich je getraut, den Sohn zu fragen, wohin er will, warum er ausgeht, wer seine Freunde sind? Schließlich ist auch ein Vergewaltiger jemandes Sohn. Auch er hat Eltern.«

Das zu sagen war bemerkenswert, es war das Ergebnis eines neuen Diskurses in einem Land, in dem die meisten erst jetzt damit anfangen, nicht den Opfern, sondern den Tätern die Schuld zu geben und damit zu akzeptieren, dass es – so haben es US-amerikanische Anti-Campus-Vergewaltigungsaktivist*innen formuliert – »Vergewaltiger sind, die Vergewaltigungen verursachen«. Anders gesagt: Auslöser für einen Angriff durch Männer sind keineswegs alltägliche Handlungen von Frauen – wie es Frauen immer wieder vorgeworfen wurde. Schon diese Erkenntnis steht für eine massive Verschiebung der Wahrnehmung, vor allem wenn eine solche Analyse aus dem Mund von Männern kommt. Und aus dem Mund des erzkonservativen Modi waren diese Worte noch bemerkenswerter. Nicht weil sie Beweis für seine zum Vorschein kommende Tugendhaftigkeit waren, sondern weil er der Überbringer von Argumenten zu sein schien, die einem gänzlich anderen Kontext entstammten: Der Feminismus war offenbar zu einer derart starken Kraft geworden, dass er sogar aus seinem Mund sprach.

Auch die Obama-Regierung hat im selben Jahr eine Kampagne aufgesetzt, die Umstehende beziehungsweise unbeteiligte Dritte, vor allem Männer, dazu bringen soll, bei möglichen sexuellen Übergriffen unter dem Slogan *It's On Us*, »Es ist an uns«, einzuschreiten und die Opfer zu schützen. So leicht es ist, Kritik an diesem etwas unbeholfen formulierten Slogan zu üben – als Baustein einer weitreichenden Reaktion, vor allem auf die Vergewaltigungsfälle an Universitäten in diesem Land, ist er trotzdem ein Meilenstein.

Die Bedeutung all dessen ist folgende: Der Wind des Wandels hat unsere größten Wetterfahnen erfasst. Von höchster Stelle aus werden Männer dazu aufgerufen, Verantwortung zu übernehmen: nicht nur für ihr eigenes Verhalten, sondern auch für das der Männer in ihrem Umfeld. Sie werden aufgefordert, den Wandel zu gestalten.

Wenn X nicht gleich Y ist

Der Feminismus braucht Männer. Zum einen wird es Frauenhasser verändern, wenn ihr Ansehen bei anderen Männern eher sinkt als steigt, wenn sie einer Frau Entsetzliches antun oder etwas Entsetzliches über sie sagen.

Es gibt unendlich viele verschiedene Ausprägungen von Männern – zumindest leben zurzeit ungefähr 3,5 Milliarden Männer auf der Erde: Mitglieder des Ku-Klux-Klans und Menschenrechtsaktivisten, Drag-Queens und Entenjäger. Im Sinne des Feminismus möchte ich drei große, etwas unscharfe Kategorien von Männern einführen. Zum einen die bereits erwähnten

Verbündeten (die auch im Folgenden noch weitere Erwähnung finden werden). Zum anderen die in Wort und Tat tobenden Frauenfeinde und -hasser, die besonders gut im Internet gedeihen und die offenbar erstaunlich viel Zeit zur Verfügung haben: Sie sind zum Beispiel präsent in den Foren der Männerrechtsbewegung, wo sie unermüdlich die Flammen ihrer Ressentiments nähren, und bei Twitter, wo es Typen gibt, die auf so gut wie jede Frau, die Klartext redet, ein Trommelfeuer aus Drohungen und Beleidigungen eröffnen. So wurde Medienforscherin Anita Sarkeesian, die es gewagt hat, deutliche Worte für den Sexismus in Videospielen zu finden, nicht nur persönlich mit dem Tod bedroht. Man kündigte an, bei einem ihrer Vorträge an der University of Utah ein Massaker an Teilnehmerinnen zu verüben. Sarkeesian ist sicher nicht die einzige Frau auf dieser Welt, der mit dem Tod gedroht wird. Nicht zu vergessen die vielen Gamer, die unter dem Hashtag #Gamergate in den Sog misogyner Verschwörungstheorien geraten sind.

Deren Haltung hat der Videospieler, frühere Football-Profi, explizite Vorkämpfer der Queerrechtsbewegung und Feminist Chris Kluwe jüngst mit einer beeindruckenden Tirade angegriffen. In einer der zurückhaltenderen Passagen teilte er seinen Zockerbrüdern mit:

> »Leider schlagt ihr #Gamergaters euch ja immer noch für diesen unreifen Schund in die Bresche. Daraus kann ich nur eine Schlussfolgerung ziehen: Ihr unterstützt diese misogynen Idioten in ihrer ganzen strunzdummen Herrlichkeit. Ihr findet es gut, wenn Frauen in der Videospielindustrie (und auch sonst) belästigt werden. Ihr wollt festhalten an diesem idiotischen Klischeebild vom ›Gamer‹, der als verfettetes, nach Schweiß stinkendes Ekelpaket in seinem Keller hockt, egal, wie viele sich schon darum bemüht haben, dieses Bild endlich mal ad acta zu legen.«

Daraufhin twitterte einer an Kluwe: »Fick dich doch, du dämliche Fotze. Bei Gamergate geht's doch gar nicht um Frauenhass.« Darauf würde ich gern eine leicht abgewandelte Variante des Lewis'schen Gesetzes anwenden (»Die Kommentare zu jedem Artikel über Feminismus rechtfertigen den Feminismus.«): Den Massen von Männern, die Frauen und alle, die sich für Frauen einsetzen, angreifen, um zu beweisen, dass Frauen gar nicht das Ziel von Angriffen sind und dass der Feminismus von der Realität gar nicht gedeckt wird, scheint nicht bewusst zu sein, dass sie selbst der praktische Beweis des Gegenteils sind.

Es kursieren dieser Tage derart viele Vergewaltigungs- und Morddrohungen. Die University of Utah hat sich im Fall Sarkeesian geweigert, die Massakerdrohung ernstzunehmen, mit der Begründung, Sarkeesian erhalte doch schließlich ständig Morddrohungen. (Dabei hätten Waffen ganz legal mit in den Vorlesungssaal gebracht werden dürfen.) Sarkeesian musste daraufhin ihren eigenen Vortrag selbst absagen.

Es gibt also zum einen Verbündete und zum anderen Frauenhasser. Und dann gibt es als Drittes eine ganze Reihe Männer, die es vielleicht gar nicht böse meinen, sich aber trotzdem mit sachlich fragwürdigen Behauptungen ins Gespräch über Feminismus einmischen, Behauptungen, die dann jemand – in meiner Erfahrung meist eine Frau – überaus zeitaufwendig richtigstellen muss. Wahrscheinlich ist das der Grund, warum Elizabeth Sims eine Website mit dem Namen *The Womansplainer* aufgesetzt hat: »Für Männer, die Besseres zu tun haben, als sich auf eigene Faust über Feminismus schlauzumachen.«

Oft versuchen diese Männer, alles, was über das Leid von Frauen gesagt wird, auf das Leid von Männern zu übertragen. Wenn man sich beispielsweise die Online-Kommentare über Campus-Vergewaltigungen durchliest, möchte man meinen, dass wir es mit einer Epidemie zwar bewusstloser, aber trotzdem in boshafter Absicht handelnder junger Frauen zu tun haben, die sich andauernd selbsttätig auf unschuldige unbeteiligte Dritte spießen, um diese nachfolgend in Schwierigkeiten zu bringen. *Forbes* veröffentlichte kürzlich die Hetztirade eines ehemaligen Vorsitzenden einer Studentenverbindung am MIT mit dem Titel »Betrunkene weibliche Gäste sind die größte Bedrohung für Verbindungen«. Später beeilte man sich bei *Forbes*, den Text wieder aus dem Netz zu nehmen.

Manchmal beharren Männer darauf, der »Fairness« halber solle zugegeben werden, dass Männer unter Frauen genauso zu leiden hätten wie Frauen unter Männern, vielleicht sogar etwas mehr. Genauso könnte man argumentieren, dass Weiße unter Rassismus ebenso zu leiden haben wie Schwarze oder dass es in dieser Welt keine unterschiedlich verteilten Privilegien beziehungsweise keine Hierarchie der Unterdrückung gibt. Was manche tun.

Es stimmt beispielsweise, dass auch Frauen häusliche Gewalt ausüben. Die Folgen davon sind jedoch sowohl in puncto Zahlen als auch in puncto Schwere der Tat nicht im Geringsten mit der von Männern verübten zu vergleichen. Wie ich in *Wenn Männer mir die Welt erklären* ausgeführt habe, ist häusliche Gewalt

> »die häufigste Verletzungsursache amerikanischer Frauen. Nach Angaben des Zentrums für Krankheitskontrolle und Prävention erfordern von den zwei Millionen Verletzungsfällen im Jahr eine halbe Million Fälle eine medizinische Versorgung und

145 000 Fälle einen Krankenhausaufenthalt. Von den anschließend benötigten Zahnbehandlungen mal ganz abgesehen. Die Haupttodesursache von schwangeren Frauen sind in den USA die Ehemänner.«

Schwangere Frauen sind ganz einfach nicht die Haupttodesursache von Ehemännern schwangerer Frauen. Es gibt schlicht keine Gleichwertigkeit.

Was nicht alle Männer kapieren. Manche aber schon. (»#NichtalleMännerkapierensmancheaberschon« wäre mal ein hübscher Hashtag.) Ich habe gesehen, wie der Stand-up-Comedian Aziz Ansari auf der Bühne eine Nummer zum Thema sexuelle Belästigung brachte. Er sagte: »Unheimliche Typen sind überall«, und beschrieb den Fall einer Frau, die für eine Stunde in einer Tierhandlung Zuflucht nehmen musste, um einen Typen abzuschütteln, der sie verfolgt hatte. Er wies darauf hin, dass sich Männer nie mit Frauen herumplagen müssen, die in aller Öffentlichkeit blitzschnell ihre Genitalien präsentieren und vor ihnen masturbieren oder sie in ähnlich grotesker Weise belästigen. »Frauen machen so eine Scheiße einfach nicht!« rief er. (Und fügte hinzu, er rechne es seiner Freundin hoch an, dass sie ihn zu einem Feministen gemacht habe.)

Auch Nato Green, W. Kamau Bell und Elon James

White gehören zu den Stand-up-Comedians, die sich heute offen zum Feminismus bekennen, und auch Jon Stewart hatte ein paar schöne feministische Momente. Es ist großartig, dass Männer nicht nur im Gespräch sind, sondern sich zunehmend schlagfertig auch daran beteiligen. Schwarze Männer wie W. Kamau Bell, Elon James White und Teju Cole haben sich in dieser Hinsicht ganz besonders bewusst, wortgewandt und entschieden hervorgetan, vielleicht weil Unterdrückung Verständnis hat für Unterdrückung.

Cole hat geschrieben:

> »Als ich gestern Abend die Schilderungen der Frauen las, die von Cosby vergewaltigt wurden, wurde ich von Traurigkeit überwältigt.
>
> Nicht ganz einfach, sich hier zu äußern, aber schweigen ist schlichtweg keine Option. Es geht uns alle an. Aber ich sage den Männern etwas, die mitlesen.
>
> Wir Männer profitieren von der *rape culture* – alle. Wir profitieren von dem Leid, das sie Frauen zufügt, denn dieses Leid ermöglicht es uns, ignorant vorzupreschen. Wir profitieren davon, wie die *rape culture* Frauen aus der Bahn wirft und uns entsprechend Räume eröffnet. Wir profitieren davon, wie sie Frauen entmenschlicht, sodass unsere eigene Menschlichkeit noch großartiger strahlen kann.

Und wir profitieren von der Machtaura, die sie uns als Täter oder als Nutznießer verleiht. Und weil wir allesamt explizit oder implizit Profiteure sind, verhalten wir uns in unserer Ablehnung der *rape culture* nicht lautstark genug.

Wir müssen hier Verbündete sein, Verbündete in einer zwar nachgeordneten, aber doch elementar wichtigen Rolle, Verbündete von Generationen von Frauen, die seit Urzeiten gegen diese Kultur ankämpfen. Warum sollte das einfach sein? Das kann es nicht.«

Die Obsession mit falschen Vergewaltigungsvorwürfen: ein Ratgeber für die Hosentasche

Natürlich sind hier auch die alten Ideen am Werk. So gut wie jedes Mal, wenn eine Frau in meiner Hörweite (oder bei meinen Online-Lektüren) das Thema Vergewaltigung aufwirft, tritt ein Mann auf den Plan und thematisiert das »Problem mit den falschen Vergewaltigungsvorwürfen«. Ganz im Ernst, diese Formulierung ist fast unumgänglich das Erste, was manchen Männern zu diesem Thema einfällt; ja, Männer scheinen eine gewisse Obsession dafür entwickelt zu haben, wohl, weil es oft ein bequemer Weg ist, den Fokus von den vielen weiblichen Opfern hin zu den äußerst seltenen männlichen Opfern zu verschieben. Deswegen habe ich in der Hoffnung, zukünftig von diesem Thema verschont zu bleiben, einen praktischen kleinen Ratgeber zusammengestellt.

Vergewaltigung ist in unserer Kultur so allgegenwärtig, dass man mit Fug und Recht von epidemischem Auftreten sprechen kann. Wie sonst sollte man ein Phänomen bezeichnen, von dem fast eine von fünf Frauen (und einer von 71 Männern) direkt betroffen und von dem quasi alle Frauen bedroht sind, ein Phänomen so omnipräsent, dass es Einfluss nimmt darauf, wie wir leben, denken und uns ein Leben lang durch die Welt bewegen?

Tatsächlich kommt es extrem selten vor, dass Frauen in verleumderischer Absicht und nicht wahrheitsgemäß behaupten, vergewaltigt worden zu sein. Die verlässlichsten Studien gehen davon aus, dass ungefähr zwei Prozent aller Vergewaltigungen fälschlicherweise angezeigt werden, was wiederum bedeutet, dass 98 Prozent tatsächlich passiert sind. Und sogar bei dieser Statistik ist nicht gesagt, dass es sich bei den zwei Prozent um vorsätzlich falsch vorgebrachte Anschuldigungen handelt: Zu behaupten, vergewaltigt worden zu sein, obwohl man nicht vergewaltigt wurde, ist nämlich etwas grundsätzlich anderes, als auszusagen, dieser ganz bestimmte Mann habe einen vergewaltigt, obwohl es dann doch ein anderer war.

(Niemand geht übrigens die Zahlen noch einmal durch und prüft sie hinsichtlich des fälschlichen Vergewaltigungsvorwurfs gegenüber einer Einzelperson.) Und trotzdem haben diese Zahlen nicht zur Folge, dass Männer mal damit aufhören, dieses Thema immer und immer und immer wieder aufzubringen. Und dann noch einmal.

Und so klingen diese ewigen Anschuldigungen im übertragenen Sinn:

Sie: Eine Epidemie hat mein ganzes Volk befallen!

Er: Ich mache mir eher Sorgen wegen dieser unglaublich selten auftretenden Krankheit, von der ich mal gehört, über die ich mich aber noch nicht so richtig schlaugemacht habe, die aber eventuell ein Mitglied meines Stammes betreffen könnte!

Vielleicht klingen sie aber auch so:

Sie: Dein Stamm tut meinem Stamm furchtbare Dinge an, wofür es mehr als genug Beweise gibt.

Er: Dein Stamm besteht aus lauter boshaften Lügnerinnen. Dafür habe ich zwar keine richtigen Beweise, aber meine Gefühle sind rationaler als deine Fakten.

Übrigens: Wer beim Thema Vergewaltigung mit Zahlen hantiert, halte sich immer vor Augen, dass die meisten Vergewaltigungen gar nicht erst angezeigt werden. Von den angezeigten Vergewaltigungen wiederum werden die meisten nicht strafrechtlich verfolgt. Und von den strafrechtlich verfolgten Fällen endet die überwiegende Mehrheit nicht in einer Verurteilung. Jemanden wegen Vergewaltigung zu verklagen ist im Normalfall keine besonders spaßige und wirksame Methode, nach Rache oder Gerechtigkeit zu streben. Zudem ist die fälschliche Anzeige eines Verbrechens per se ein Verbrechen, und zwar eines, mit dem die Polizei im Allgemeinen nicht sehr kulant umgeht.

Wir wissen heute, dass in diesem Land mehrere hunderttausend von der Polizei gesammelte Spurensicherungssets nie an kriminaltechnische Labore zur Auswertung geschickt wurden, und vor wenigen Jahren kam heraus, dass man sich in vielen Städten – New Orleans, Baltimore, Philadelphia und St. Louis – in Zehntausenden von Fällen noch nicht einmal die Mühe gemacht hat, die wegen Vergewaltigung erstatteten Anzeigen zu archivieren. Das alles sollte helfen, Sie davon zu überzeugen, dass das System nicht allzu gut funktioniert für Vergewaltigungsopfer. Und man bedenke, wer überhaupt »die Polizei« ist: eine zunehmend militarisierte, vor allem männliche Gruppe, die in jüngster Zeit selbst eine hohe Quote an häuslicher Gewalt und einige aufsehenerregende Anzeigen wegen Vergewaltigung zu verzeichnen hatte. Anders gesagt: Die Polizei besteht aus Menschen, die für Frauen – vor allem für nichtweiße Frauen, Sexarbeiterinnen, Transfrauen und andere marginalisierte Gruppen – nicht immer die einfühlsamsten Ansprechpartner sind, wenn es um sexuelles Fehlverhalten von Männern geht.

Man fragt sich auch oft, warum die Universitäten Vergewaltigungsfälle lieber selbst regeln, statt sie bei der Polizei anzuzeigen, zumal sie das mit dem »Regeln« nicht sehr gut hinkriegen. Gründe dafür gibt es viele. Unter anderem sind Universitäten gemäß Title IX (einem 1972 hinzugefügten Verfassungszusatz zum Civil Rights Act von 1964) gehalten, gleichen Zugang zu Bildung für alle zu gewährleisten. Sexuelle Übergriffe stellen jedoch diese Gleichheit vor dem Gesetz infrage. Außerdem steht die Tatsache im Raum, dass das strafrechtliche System aufgebrochen wird, wenn es um sexuelle Gewalt geht, und dass viele von Vergewaltigung Betroffene den Umgang mit dem Justizsystem wie eine zweite Runde der Schändung und Demütigung wahrnehmen. Manchmal wird eine Klage fallengelassen, weil das Opfer den Prozess einfach nicht mehr länger ertragen kann. Bei einem Schuldspruch wegen Vergewaltigung in Berufung zu gehen, weil man hofft, dass das Opfer keinen weiteren Gerichtsprozess aushalten wird, ist, so wurde mir gesagt, eine bekannte Taktik, um eine Verurteilung wieder aufzuheben.

Und jetzt zurück zu den falschen Vergewaltigungsvorwürfen. In *Wenn Männer mir die Welt erklären* hatte ich in der Neuausgabe folgende Fußnote angehängt:

> »Falsche Vergewaltigungsvorwürfe kommen vor, wenn auch relativ selten. Die Geschichten unschuldig Verurteilter sind allerdings schrecklich. 2013 veröffentlichte die britische Strafverfolgungsbehörde eine Studie, der zu entnehmen ist, dass im evaluierten Zeitraum 5651 Mal Anklage wegen Vergewaltigung, im Vergleich dazu aber nur 35 Mal Anklage wegen fälschlicher Beschuldigung erhoben wurde. (Anders gesagt: Auf 160 Vergewaltigungen kam eine einzige fälschliche Beschuldigung, weit weniger als 1 Prozent). Und ein Bericht des US-Justizministeriums rechnete für die USA hoch: pro Jahr geschätzte 322 230 Vergewaltigungen, die 55 424 polizeiliche Anzeigen, 26 271 Verhaftungen und 7007 Verurteilungen zur Folge haben – was wiederum bedeutet, dass etwas mehr als 2 Prozent der geschätzten Vergewaltigungen und 12 Prozent der zur Anzeige gebrachten Vergewaltigungen in einer Verurteilung zu Gefängnisstrafe münden.«

Anders gesagt: Eine Vergewaltigung anzuzeigen bringt den Beschuldigten mit sehr geringer Wahrscheinlichkeit ins Gefängnis, und auch wenn vielleicht zwei

Prozent aller Anschuldigungen fälschlich erhoben werden, führen nur wenig mehr als zwei Prozent aller Klagen zu einer Verurteilung. (Manche Schätzungen gehen auch von drei Prozent aus.) Das bedeutet: Es gibt fürchterlich viele unbestrafte Vergewaltiger da draußen. Und die meisten von ihnen geben, wenn sie angeklagt oder beschuldigt werden, nicht zu, dass sie eine Vergewaltigung begangen haben. Was im Umkehrschluss bedeutet, dass wir da draußen eine Unmenge an Vergewaltigern haben, die zusätzlich noch Lügner sind. Und die Lügen der Männer, die vergewaltigt haben, überwiegen vielleicht doch die der Frauen, die gar nicht vergewaltigt wurden.

Natürlich hat es falsche Vergewaltigungsvorwürfe gegeben.[5] Meine Freundin Astra Taylor weist darauf hin, dass die dramatischsten Beispiele dafür in un-

---

5 Seitdem ich diesen Essay geschrieben habe, hat der *Rolling Stone* eine Geschichte über Vergewaltigung an der University of Virginia (UVA) veröffentlicht – und dann wieder zurückgezogen. Der Artikel konzentrierte sich auf ein angebliches Opfer, dessen Aussagen nicht überprüft wurden und sich als tatsächlich nicht akkurat herausstellten. Die Mainstreammedien und die Twitter-Welt beschäftigten sich obsessiv mit diesem Fall und bedachten das Opfer und seine Unwahrheiten mit beträchtlicher Berichterstattung – auf eine Art, die nahelegte, dass das Hauptproblem der UVA falsche Vergewaltigungsvorwürfe seien, einer Universität, an der längst das FBI ermittelt und deren Leitung vorgeworfen wird, seit vielen Jahren falsch mit Dutzenden

serem Land immer dann passiert sind, wenn weiße Männer schwarze Männer fälschlich des sexuellen Übergriffs auf weiße Frauen bezichtigt haben. Was wiederum bedeutet, dass man sich, wenn man sich über dieses Thema empören möchte, ein etwas komplexeres Bild davon haben sollte, wie der Zusammenhang von Macht, Schuldzuweisung und Verlogenheit tatsächlich funktioniert. Es gab schon Vorfälle – zum Beispiel den berühmt-berüchtigten Fall aus den dreißiger Jahren, als die sogenannten Scottsboro Boys der Gruppenvergewaltigung bezichtigt wurden –, bei denen weiße Frauen von den Behörden genötigt wurden, zu lügen und damit schwarze Männer zu belasten. Im Scottsboro-Fall widerrief eine der Anklägerinnen, die 17-jährige Ruby Bates, später ihre Aussage und sagte die Wahrheit, trotz der massiven Drohungen gegen sie.

Vorfällen sexueller Nötigung umgegangen zu sein. 2004 berichtete der *Charlottesville Hook*: »In derselben Zeitspanne gaben 60 Studentinnen der UVA an, sexuell belästigt worden zu sein, die meisten von Kommilitonen. Und trotzdem ist laut mehreren Quellen aus der Verwaltung der UVA in den vergangenen fünf Jahren nicht ein Sexualstraftäter der Universität verwiesen oder zumindest zeitweilig von den Lehrveranstaltungen ausgeschlossen worden.« Aber nach dem *Rolling-Stone*-Debakel hinterließen Dutzende von Artikeln den Eindruck, als gäbe es an der UVA nur eine Vergewaltigungsgeschichte – und zwar eine, die nicht stimmte.

Dann ist da der Fall der Joggerin vom Central Park: 1989 erpresste die Polizei von fünf unschuldigen afroamerikanischen und lateinamerikanischen Teenagern falsche Geständnisse, woraufhin die Justiz (darunter auch eine Staatsanwältin) sie schuldig sprach und ins Gefängnis warf. Das weiße Opfer, das fast zu Tode geprügelt worden war, hatte keinerlei Erinnerungen an den Vorfall und trat nicht gegen die Angeklagten in den Zeugenstand. Im Jahr 2002 legte der echte Täter ein Geständnis ab, und die fünf wurden freigesprochen, allerdings erst, nachdem sie ihre Jugend im Gefängnis verbracht hatten – für ein Verbrechen, das sie nicht begangen hatten. Noch im Jahr 2016 proklamierte Donald Trump die Schuld dieser unschuldigen Männer. Die Verurteilung Unschuldiger hat also tendenziell mehr Schnittpunkte mit Korruption und Amtsmissbrauch im Justizsystem als mit einer einsamen Klägerin. Aber natürlich gibt es Ausnahmen. Mir ist nur wichtig, dass diese Ausnahmen selten sind.

Die Obsession mit dem falschen Vergewaltigungsvorwurf ergibt sich also offensichtlich aus mehreren Faktoren: aus der irrigen Vorstellung, dass so etwas häufig passiert, und aus der nachhaltigen verleumderischen Unterstellung, Frauen seien von Natur aus doppelzüngig, manipulativ und nicht vertrauenswürdig. Die ständige Erwähnung dieses Themas lässt vermuten, dass Männer offenbar die sonderbare Selbstwahrnehmung haben, sie seien glaubwürdiger als Frauen. Und hier ändert sich gerade etwas. Vielleicht meine ich mit »Selbstwahrnehmung« auch eher »Anspruchshaltung«. Vielleicht ist es das, was die feministischen Männer meinen: Endlich werden jetzt Männer zur Rechenschaft gezogen, und davor haben sie Angst. Vielleicht tut es ihnen mal gut, dass sie Angst haben – oder zumindest rechenschaftspflichtig sind.

Was einen Planeten unbewohnbar macht

Man muss die Situation, wie wir sie seit langer Zeit haben, in aller Klarheit benennen. Sagen wir einfach: Eine beträchtliche Anzahl Männer hasst Frauen, sei es die Unbekannte, die auf der Straße belästigt wird, sei es die Twitter-Userin, die im Netz so lange bedroht wird, bis sie ruhig ist, oder sei es die eigene Frau, die verprügelt wird. Manche Männer glauben, sie hätten ein Recht darauf, Frauen zu demütigen, zu bestrafen, zum Schweigen zu bringen, zu vergewaltigen oder sogar gänzlich auszulöschen. Daraus folgt, dass Frauen mit einem bestürzenden Ausmaß alltäglicher Gewalt sowie einer insgesamt bedrohlichen Atmosphäre konfrontiert sind, außerdem mit einer ganzen Flut geringfügigerer Beleidigungen und Aggressionen, die uns klein halten sollen. Es ist somit nicht besonders verwunderlich, dass das Southern Poverty Law Center manche Männerrechtsgruppierungen als *hate groups* einordnet.

Denken wir in diesem Zusammenhang auch noch einmal darüber nach, was wir mit *rape culture* eigentlich meinen. Nämlich den Hass. Diese Vergewaltigungen durch ganze Sportmannschaften oder Studentenverbindungen basieren auf der Vorstellung, es sei eine coole Sache, das Recht, die Würde und den Körper eines anderen Menschen zu verletzen. Derlei Gruppenhandeln wiederum fußt auf einer raubtier-, monsterhaften Vorstellung davon, was Männlichkeit eigentlich ist – einer Vorstellung, die viele Männer so gar nicht teilen, die uns aber alle betrifft. Dass Männer viel stärker als Frauen in der Lage sind, sich ins rechte Licht zu rücken, ist zusätzlich ein Problem.

Gestern Abend war ich bei einem Vortrag, den eine Bekannte von mir, eine Astrophysikerin, darüber gehalten hatte, was einen Planeten unbewohnbar macht – Temperatur, Atmosphäre, Entfernung zu einem Stern. Da mein Auto in einem sehr dunklen Park an der California Academy of Sciences stand, hatte ich kurz darüber nachgedacht, den Freund einer Freundin zu bitten, mich danach zum Wagen zu begleiten. Aber die Astrophysikerin und ich kamen ins Gespräch. Wir gingen dann gemeinsam zu meinem Wagen, und ich fuhr sie zu ihrem Auto, wobei wir die

Notwendigkeit dieses Vorgehens überhaupt nicht infrage stellten.

Ein paar Wochen zuvor hatte ich mich mit Emma Sulkowicz und einer Gruppe junger Frauen getroffen, die zwischen den Seminarräumen der Columbia University eine Matratze hin- und hertrugen. Wie schon erwähnt, ist Sulkowicz eine Kunststudentin, die Anzeige erstattet hat wegen Vergewaltigung und die weder von der Universitätsleitung noch von der New Yorker Polizei auch nur annähernd Gerechtigkeit erfuhr. In Reaktion darauf legt sie seitdem mit einer Kunstperformance Zeugnis ab von ihrer misslichen Lage und trägt auf dem Campus immer ihre Schlafzimmermatratze mit sich herum.

Das Medienecho darauf war überwältigend und großartig.[6] An jenem Tag an der Columbia University war auch ein Dokumentarfilmteam vor Ort, und die Kamerafrau bemerkte mir gegenüber, ihr Leben wäre sicher ganz und gar anders verlaufen, wenn schon zu

---

6 Nachdem ich das hier geschrieben habe, war Sulkowicz massiven Angriffen in den sozialen Medien ausgesetzt, im Netzwerk der Männerrechtsbewegung und anderswo. Als ich 2016 ihren Namen googelte, wurde mir als zweiter Treffer »Emma Sulkowicz Lügnerin« vorgeschlagen. Auf dem Campus der Columbia University wurden Plakate aufgehängt, die sie als »hübsche kleine Lügnerin« bezeichneten, und ein Twitter-Account namens @fakerape hatte es auf sie abgesehen, bis er abgeschaltet wurde.

ihrer Zeit auf dem Campus die Einvernehmlichkeit als Standard gegolten hätte, wenn das Recht einer Frau, nein zu sagen, und die Verpflichtung eines Mannes, die Entscheidung dieser Frau zu respektieren, bereits damals anerkannt gewesen wären. Als ich darüber nachdachte, stellte ich fest, dass das bei mir selbst nicht anders aussah: Wie viel Energie war zwischen meinem zwölften und dreißigsten Lebensjahr dafür draufgegangen, raubtierhaft agierende Männer zu überleben! Die Erkenntnis, dass ich mit relativ hoher Wahrscheinlichkeit von komplett Fremden oder entfernten Bekannte einmal erniedrigt, verletzt und vielleicht sogar getötet werden könnte, und zwar ausschließlich aufgrund meines Geschlechts, und dass ich deswegen ständig wachsam sein muss, um diesem Schicksal zu entgehen – nun, sie hat mit dazu beigetragen, dass ich heute Feministin bin.

Ich sorge mich sehr um die ökologische Unbewohnbarkeit unseres Planeten. Aber solange dieser Planet für Frauen nicht so bewohnbar ist, dass sie sich ohne ständige Angst vor Schwierigkeiten und Gefahren auf die Straße trauen können, werden wir uns mit praktischen und psychologischen Hindernissen plagen müssen, die eine volle Entfaltung unseres Potenzials stark beeinträchtigen. Weswegen ich als eine, die eigentlich das Klima für das momentan Wichtigste auf dieser Welt hält, immer noch über Feminismus und

Frauenrechte schreibe – und jene Männer feiere, die ein bisschen was dazu beigetragen haben, dass sich die Welt möglicherweise doch noch verändert, oder die sich direkt an den großen Umbrüchen beteiligen, die zurzeit im Schwange sind.

Ein Jahr nach sieben Toden

2015

1988 entdeckte der Fotograf Richard Misrach zwei *Playboy*-Hefte, die in der Nähe des Atomtestgeländes von Nevada für Schießübungen benutzt worden waren, an dem Ort also, wo mehr als tausend US-amerikanische und britische Nuklearwaffen zur Detonation gebracht worden waren. Während Misrach noch blätterte, schlug ein Windstoß die Seiten des Hefts an der Stelle auf, wo sich ein Foto des singenden Ray Charles befand. Auf jeder Heftseite waren Einschusslöcher mit zerfetzten Rändern, die sich wie Sternbilder auf dem Papier verteilten. Er erinnert sich, dass Ray Charles' »Ekstase durch eine Kugel, die das Heft durchschlagen hatte, zum Schrei geworden war«. Und weiter: »Da begriff ich, dass die Frauen auf den Titelseiten der Hefte die Zielscheibe gewesen waren und dass die Gewalt, die sich speziell gegen die Frauen richtet, symbolisch gesehen jede Schicht unserer Gesellschaft durchdringt. Jeder Winkel unserer Gesellschaft … ist durchlöchert von Gewalt.«

Misrachs Kommentar und seine großformatigen

Farbfotografien von männlichen und weiblichen Prominenten, von Landschaften, Produkten, Filmszenen, alle durchlöchert von Kugeln, fielen mir in dem Moment ein, als ich – wieder einmal – über das Massaker von Isla Vista nachzudenken begann. Dieser Amoklauf eines 22-Jährigen ereignete sich am Abend des 23. Mai 2014, also vor einem Jahr. Er forderte sechs Todesopfer und deutlich mehr Verletzte, die Streifschüsse abbekamen oder von dem Täter mit dem Auto gerammt wurden, bevor der sich mit seiner Handfeuerwaffe selbst tötete.

Das Wetter war mild an jenem Abend in Isla Vista, einem Küstenort in Nachbarschaft zur University of California, Santa Barbara, der voller Pizza- und Burrito-Läden mit lustigen Namen, Verbindungshäusern von Studenten- und Studentinnenvereinigungen und Wohnblocks ist. Viele Studierende waren draußen unterwegs, man skatete, radelte und ging in kurzen Hosen, T-Shirts und Badeklamotten mit Freund*innen spazieren. Der Killer, an dessen Name nicht erinnert werden muss und der nicht so glorifiziert werden darf wie die Täter von Columbine, hatte keine Freunde. Obwohl er seit fast drei Jahren dort lebte. Das Blutbad hatte er von langer Hand geplant, als Rache an einer Welt, die ihm seiner Ansicht nach Sex, Bewunderung, Freundschaft und Erfolg schuldig war. Sein Hass richtete sich ganz besonders gegen Frauen und Mädchen und gegen die Männer, die deren Gesellschaft genossen.

Die Autobiographie, die dieser im Schatten der Filmindustrie von Hollywood aufgewachsene junge Mann an jenem Tag ins Netz stellte, ist bekannt für ihre mangelnde Tiefgründigkeit und ihre Vermessenheit. Das sind sicher harte Worte, aber anders lässt sich sein ausnehmender Mangel an Empathie, Phantasie und Verpflichtung dem Leben anderer gegenüber nicht beschreiben. Regelmäßig wird er als geisteskrank beschrieben, dabei wirkt er wie jemand, der ausnehmend empfänglich war für den Wahnsinn der ihn umgebenden Gesellschaft, also für unsere Gesellschaft in ihren schlimmsten Ausprägungen.

Seine Frauenfeindlichkeit war die Frauenfeindlichkeit unserer Kultur. Sein trauriger Traum, durch einen Lottogewinn reich, berühmt und sexuell erfolgreich zu werden, war ein banaler, vielfach vermarkteter Traum. Seine Leidenschaft für Markenprodukte und Statussymbole war genau das, was die Werbeindustrie uns in die Köpfe pflanzen will. Seine Vorstellung, an Macht und Status zu kommen, indem er die Pistole auf andere richtet, entspricht genau der Phantasie, die uns die Waffenlobby und jene Actionfilme verkaufen, in denen irgendein unverwundbarer Superman zielsicher alle Bösen umnietet. Ein Gott, der erst durch seine Knarre zum Gott wird. »Der erste Schritt meiner

Vorbereitungen war der Erwerb meiner ersten Handfeuerwaffe«, schrieb er über seinen lang geplanten Amoklauf. »Nachdem ich die Pistole erstanden hatte, nahm ich sie mit auf mein Zimmer und verspürte ein ganz neues Machtgefühl. Jetzt war ich bewaffnet. *Wer ist jetzt der wahre Alphamann, ihr Schlampen?*, dachte ich – und hatte dabei die ganzen Mädchen im Kopf, die in der Vergangenheit auf mich herabgesehen hatten.«

An jenem Tag erstach er, ganz nach Plan, drei junge Männer in seiner Wohnung, die er offenbar einen nach dem anderen in einen Hinterhalt gelockt hatte. Zwei davon waren seine WG-Mitbewohner, einer war ein Besucher: Weihan Wang, 20 Jahre alt, Chen Hong, ebenfalls 20, und George Chen, 19. Dann machte er sich mit seinen Waffen auf den Weg zum Haus der Studentinnenvereinigung, die, wie er fand, die hübschesten Mitglieder hatte, und klopfte an die Tür, in der Hoffnung, eingelassen zu werden und dann alle abschlachten zu können – »ein Haus voller heißer, hübscher, blonder Mädchen; die Sorte Mädchen, wie ich sie immer begehrt habe, aber nie kriegen konnte, weil sie alle auf mich herabgeschaut haben. Das sind doch alles verdorbene, herzlose, boshafte Schlampen«. Von dem wütenden, minutenlangen Klopfen alarmiert, machte niemand die Haustür auf. Also schoss der Killer draußen auf drei Frauen, auf die 22-jährige Katherine Cooper, die 19-jährige Veronica Weiss und auf eine dritte, die überlebte, weil Passant*innen und später Polizist*innen Erste Hilfe leisteten. Zurück in seinem Auto, fuhr der Killer einen Zickzackkurs, um Passant*innen anzufahren, einige brachte er bewusst zu Fall, andere überfuhr er, manche verfehlte er, auf einige ballerte er weitere Kugeln. Zusätzlich zu den sechs Menschen, die er tötete, verletzte er vierzehn.

Der Letzte, den er ermordete, bevor er sich selbst das Leben nahm, war Christopher Michaels-Martinez, der mit Freunden unterwegs war und es nicht ganz in den Mini-Markt schaffte, in dem die anderen Schutz suchten. Am 23. Mai 2014 um ungefähr 21:30 Uhr, so steht es im Polizeibericht, »trat eine Kugel auf der linken Seite seiner Brust ein und auf der rechten Seite wieder aus, wobei sie die Leber und die rechte Herzkammer punktierte«. Christopher Michaels-Martinez, ein athletischer 20-jähriger Englischstudent, starb an Ort und Stelle auf dem Boden des Mini-Markts, trotz der Versuche einer 19-Jährigen, ihm Erste Hilfe zu leisten. Einige Tage später erinnert sich die junge Frau draußen vor dem Laden an der spontan entstandenen Gedenkstätte aus Kerzen und Blumen: »Ich habe versucht, ihn wiederzubeleben, dann schaute ich nach unten und erkannte ihn. Er war der Erste, dem ich während der Orientierungstage für Studienanfänger begegnet war.«

»Für einen einzigen weiteren Tag mit Christopher

würde ich den Rest meines Lebens geben«, sagte mir Richard Martinez, Christophers Vater, vor einigen Wochen. »Aber das geht nicht. Und deswegen mache ich eben das.« *Das* ist seine Arbeit für Everytown for Gun Safety, eine Lobby für strengere Reglementierung des Waffenbesitzes. »Ich will einfach nicht, dass andere Eltern verkraften müssen, ein Kind zu verlieren, das sie so geliebt haben wie wir unseren Sohn. Ich glaube, ich kann auf diesem Weg Leben retten.« Fünf weitere junge Menschen sind am betreffenden Abend ebenfalls gestorben. Sie alle hatten Familien; sie alle werden ähnlich getrauert haben wie Richard Martinez. Und Christophers Mutter. Und seine Cousinen und Cousins, Freund*innen, seine Partnerin, seine Kommiliton*innen.

Und sein Onkel Alan Martinez, ein Architekt aus San Francisco, mit dem ich befreundet bin. Er hat seinen Neffen geliebt und erinnert sich gern an die Diskussionen mit dem Jungen: über Cicero, die Alhambra, Aids, Buddhismus und alles andere unter der Sonne. Es gibt ein Foto von Onkel und Neffe, wie sie rücklings auf einem grünen kalifornischen Hügel liegen und beide über einen Witz lachen – oder einfach nur die Freude des Moments empfinden. Und dann war da diese Pressekonferenz einen Tag später, bei der Alan neben Richard stand und Richard mit vom Schmerz erstickter Stimme sagte: »Nicht ein einziger

Toter mehr.« (»Not one more.«) Was dann zum Slogan seiner Kampagne für die Einschränkung des Waffenbesitzes wurde.

Richard Martinez, ein imposanter dunkelhaariger Mann mit weißmeliertem Bart, hatte noch ein paar Stunden vor Christophers Tod mit ihm telefoniert. Der Student sei ganz aufgeregt gewesen wegen des anstehenden Auslandsstudienjahres in London. Richard fragt sich heute, ob Christopher wohl noch am Leben wäre, wenn sie ein paar Sekunden länger telefoniert oder das Gespräch einen Augenblick früher beendet hätten.

Jedes Mal, wenn ich Christophers Vater getroffen habe, konnte ich anhand von Geschichten, Fotos und Handyvideos besser verstehen, wer sein Sohn war: ein gutaussehender, lebendiger, lebenslustiger junger Mann, der für seine Freundlichkeit genauso bekannt war wie für seine Sportlichkeit und seine Intelligenz. Er hatte braune Haare und braune Augen, dazu ein breites, einladendes Lächeln, fröhlich und lebenshungrig. Mit sechzehn wollte er Fallschirmspringen, aber seine Eltern verboten es ihm. Vier Jahre später, wenige Monate bevor er starb, hat er es dann gemacht. Das Video davon gelangte nach seinem Tod in Richards Hände, und er hat es mir Anfang des Monats gezeigt. Es zeigt Chris im Overall, wie er sich darauf vorbereitet, ins Flugzeug zu steigen, Chris im Flugzeug, Chris zusammen mit dem Lehrer im freien Fall vor blauem Himmel und dann Chris, nachdem der Schirm sich geöffnet hat, wie er sanft und langsam auf die grüne kalifornische Erde zuschwebt. Das breite Grinsen weicht nicht ein einziges Mal aus seinem Gesicht. Er war so lebendig. Und dann tot.

Martinez hatte ein Kind; jetzt hat er keines mehr. Er trägt Gummiarmbänder, solche, die zu wohltätigen Zwecken und im Rahmen irgendwelcher Kampagnen ausgegeben werden. Sie knubbeln sich dick an seinem rechten Handgelenk. Jedes einzelne erinnert an ein Kind, das irgendwo in den Vereinigten Staaten durch Schusswaffengebrauch ums Leben kam, zum Beispiel bei dem Amoklauf an der Grundschule von Sandy Hook und anderen ähnlich gelagerten Vorfällen. Martinez kann bei jedem einzelnen Band sagen, wo und wann das betreffende Opfer ums Leben kam. Ein Arm wie ein Friedhof. Die Eltern dieser Todesopfer tragen alle diese Armbänder, das gehört sich so in ihren jeweiligen Initiativen. Sie sind eine Gemeinschaft der am Boden Zerstörten. Jedes Mal, wenn ich mit Martinez sprach – was ich zum ersten Mal ein paar Tage nach dem Amoklauf getan habe –, hatte ich danach das Gefühl, dass er einfach etwas tun muss, um dem unerträglichen Schmerz eine Bedeutung zu geben. Er schaffte es nicht, den Schmerz loszuwerden, aber er konnte etwas tun damit. Also hängte er seinen langjährigen Job als Strafverteidiger an den Nagel und ging auf die Straße.

Über die Ursachen für diesen mörderischen Amoklauf kann man sich streiten. Feminist*innen (mich eingeschlossen) haben sich im vergangenen Jahr auf Frauenfeindlichkeit konzentriert, auf das wütende Gefühl des Mörders, dass Frauen ihm irgendetwas schuldig seien, dass er ein Recht habe auf Genuss und Bewunderung, die nur Frauen ihm verschaffen konnten. Die Diskussion über diese verbrecherische Gewaltorgie ging bald in eine weiterführende Debatte über Gewalt gegen Frauen über.

Weil immer wieder Männer auftraten, die sagten »Nicht alle Männer …!« – was sie manchmal in Form des Hashtags #NotAllMen taten, wo es immer mehr oder weniger darum ging, dass »nicht alle Männer Mörder und Vergewaltiger sind und man doch über männliche Gewalt nicht als Muster sprechen sollte« –, prägte eine junge Frau, die unter dem Namen Gilded Spine twittert, den Hashtag #YesAllWomen.

Was sagen sollte: Ja, wir wissen, dass nicht alle Männer diese Art Verbrechen begehen, aber der Punkt ist doch, dass prinzipiell *alle* Frauen davon betroffen sind. In den Monaten nach Isla Vista verbreitete sich der Hashtag viral. Gilded Spine allerdings bekam via Twitter so viele Drohungen, dass sie danach sehr lange schwieg. Sogar über Gewalt zu sprechen war also gefährlich, und den Männern, die unter dem Hashtag höhnische Kommentare, pornographische Bilder und Drohungen posteten, schien irgendwie nicht klar zu sein, dass sie damit nur weitere Beweise lieferten, warum Feminismus nötig ist. #YesAllWomen war vielleicht der am weitesten verbreitete von allen feministischen Hashtags, die in den letzten Jahren Auffangbecken waren für den kollektiven Austausch und das Bezeugen von Gewalterfahrung und Überleben.

Anmaßung und Autoritarismus steckt in jedem Gewaltakt. Wir sagen, ein Mörder hat jemandem das Leben »genommen«. »Nehmen« heißt: sich etwas aneignen, etwas stehlen, sich in die privilegierte Position eines Eigentümers bringen und jemand anderen um sein Leben bringen, als hätte man dazu alles Recht der Welt. Das hat man nie. Und dann ist da noch das gewaltige amerikanische Waffenarsenal und das unfassbare Unheil, das damit angerichtet wird. In diesem Land werden jeden Tag 91 US-Amerikaner*innen mit Schusswaffen getötet; alljährlich werden in den Vereinigten Staaten 12000 Morde mit Schusswaffen verübt, laut der Organisation Everytown for Gun Safety mehr als zwanzig Mal so oft wie in anderen Industriestaaten. Es sieht so aus, als sei die durch Schusswaffen verursachte Tötungsrate im Laufe der letzten zehn Jahre nicht weiter angestiegen, was aber nicht daran liegt, dass auf weniger Menschen geschossen worden wäre. Es wurde sogar auf mehr Menschen geschossen. Allerdings machen Notaufnahmen und Traumazentren es heute möglich, mehr Leben zu retten. Die Zahl der nicht tödlichen Schusswunden hat sich zwischen 2002 und 2011 verdoppelt.

Wir leben in zweierlei Hinsicht in einem Kriegsgebiet. Der erste Krieg ist ein ganz handfester, nämlich derjenige, der jedes Jahr diese 12000 Toten fordert, darunter Selbstmörder*innen, Opfer häuslicher Gewalt (zwischen 2008 und 2012 sind 3110 Frauen von ihren Partnern oder früheren Partnern ermordet worden), andere Morde und Zufallstötungen. Der zweite ist der Krieg, der um die Bedeutung geführt wird. Auf der einen Seite stehen Leute, die uns ständig weismachen wollen, Waffen brächten uns mehr Sicherheit, weswegen wir mehr Waffen in mehr Händen an mehr Orten bräuchten, in Geschäften, auf den Straßen, in den Schulen und auf den Universitätsgeländen. Pausenlos verkaufen sie uns das Szenario »Der Gute mit der Knarre stoppt den Bösen mit Knarre«.

Äußerst selten jedoch geschieht es, dass ein Mensch mit Schusswaffe in eine unübersichtliche Situation gerät wie der revolverschwingende Held in einem Western, dass dieser Mensch dann präzise und effektiv schießt und damit tatsächlich die Bösen kaltstellt, ohne den Guten Schaden zuzufügen. Sämtliche anderweitigen Szenarien, bei denen Schusswaffen im

Spiel sind, hat man dagegen ständig: Morde, Selbstmorde und schreckliche Unfälle. Wenn kleine Kinder Waffen finden und damit Freunde, Geschwister und Eltern erschießen, erzählt man uns, es sei ein furchtbarer Unfall gewesen, statt zu sagen, dass so etwas mit relativ hoher Wahrscheinlichkeit dort passiert, wo Waffen leicht zugänglich sind. Die Pro-Schusswaffen-Argumentation dreht sich allerdings nicht um Fakten, sondern um die Waffen als solche: als Ikonen einer Identität, als Symbole der Phantasie, dominant und beherrschend zu sein und alles unter Kontrolle zu haben. Es ist dieser immergleiche alte, unmögliche Macho-Traum, ein – wie es der Mörder von Isla Vista formulierte – »Alphamann« zu sein. Für Hardcore-Verfechter des Rechts auf Waffenbesitz sind Waffen weniger die Werkzeuge, die tatsächlich pro Jahr 12 000 Leben fordern, sondern vielmehr totemistische Objekte ihrer Identität.

Eine Reaktion auf den Amoklauf von Isla Vista ist ein neues kalifornisches Gesetz, AB 1014, das Familienmitgliedern und Strafverfolgungsbehörden die Möglichkeit gibt, bei Gericht eine Petition einzureichen, um Schusswaffen aus dem Besitz eines Menschen zu entfernen, der für andere ein Risiko darstellen könnte. Eine solche »Gun Violence Restraining Order« (»Einstweilige Verfügung zur Verhinderung von Schusswaffengewalt«) hätte die Opferzahl beim

Amoklauf von Isla Vista vielleicht niedriger ausfallen lassen – oder aber es wäre erst gar nicht zu dem Massaker gekommen. Die Mutter des Mörders hatte noch im selben Monat bei der Polizei von Santa Barbara angerufen und ihre Bedenken bekundet. Vielleicht verhindert dieses Gesetz weitere Morde, wenn es am 1. Januar 2016 in Kraft tritt.

Auch in Oregon und im Staat Washington sind gute Gesetze verabschiedet worden, berichtete mir Martinez, und Gesetzesvorhaben in Texas und Florida, die die Waffenbesitzrechte noch ausgeweitet hätten, wurden für null und nichtig erklärt. Aber an jenem furchtbaren Abend vor einem Jahr kamen sowohl Messer als auch Schusswaffen, ja sogar ein Auto zum Einsatz.

Für die Gewalt in diesem Land gibt es keine einfache Lösung – und nicht nur eine Ursache. Wie Misrach bemerkte, als er die *Playboy*-Hefte anschaute, die als Zielscheiben hergehalten hatten: »Jeder Winkel unserer Gesellschaft … ist von Gewalt durchlöchert.« In vielen Winkeln gibt es aber auch Alternativen zur Gewalt: den festen Willen, die Dinge auszuhandeln, die Liebe zum Leben, Großzügigkeit und Mitgefühl sind wirkmächtige Triebkräfte in unserer Kultur. Während sich der Amoklauf abspielte, eilten viele Menschen herbei, um den Verwundeten und Sterbenden Trost und Zuflucht zu bieten, sie leisteten Erste Hilfe – banden Gliedmaßen ab, legten Druckverbände um Schusswunden und ergriffen Maßnahmen zur Wiederbelebung –, und 20 000 kamen zur Gedenkveranstaltung ins Stadion der Universität. Aber die Menschen, die das Beste von uns verkörpern, also wir alle, leben in einem Klima, in dem die Gewalt überall und jederzeit ausbrechen kann.

Es gibt jetzt ein Stipendium, das den Namen von Christopher Michaels-Martinez trägt. Es richtet sich an Englischstudierende, die sich für soziale Gerechtigkeit einsetzen. Während der Feierlichkeiten zum ersten Jahrestag wird es an der University of California, Santa Barbara, Gedenkveranstaltungen und Ausstellungen geben und einen eigens angelegten Garten. Manche Gesetze wurden bereits verabschiedet, andere sind noch anhängig, es gibt eine lebhafte feministische Debatte über Gewalt und Frauenfeindlichkeit. Die Toten allerdings sind immer noch tot, die Hinterbliebenen trauern immer noch, und die Rahmenbedingungen sind immer noch wie gemacht für weitere Morde.

Die kurze, glückliche jüngere Geschichte des Vergewaltigungswitzes

2015

Ob Vergewaltigungswitze lustig sind? Vor ein paar Jahren noch wäre der feministische Standpunkt bei diesem Thema ein entschiedenes Nein gewesen. Dann änderte sich alles. Tatsächlich ist die rasante Entwicklung des Vergewaltigungswitzes über die letzten drei Jahre hinweg ein kleines Echo der großen Veränderungen, die vonstattengegangen sind in der öffentlichen Auseinandersetzung über die Themen sexuelle Gewalt, Gender und Feminismus, darüber, wessen Stimme zählt und wem es überhaupt möglich ist, seine beziehungsweise ihre Geschichte zu erzählen.

Der Fehdehandschuh wurde 2012 geworfen, als sich der Komiker Daniel Tosh darüber ausließ, dass Vergewaltigungswitze immer lustig sind, und eine Frau aus dem Publikum rief: »Vergewaltigungswitze sind nie lustig!« Angeblich reagierte Tosh so: »Wäre es denn nicht lustig, wenn diese Dame hier und jetzt von, sagen wir, fünf Typen vergewaltigt würde?« Die Frau, die das an den Kopf geworfen bekam, bloggte danach über den Vorfall, der – wie auch ihr Blog – eine Menge Aufmerksamkeit bekam. Gemessen an dem, was seither bei Feminismus und Comedy passiert ist, ist das schon wieder eine ganze Epoche her.

Dass Vergewaltigungswitze nicht lustig sind, war lange ein Axiom, das postulierte, dass ein Vergewaltigungswitz immer auf Kosten des Opfers geht. Manche der Menschen, die solche Witze selbst erzählen und goutieren, bestanden aber partout darauf, dass sie einfach granatenmäßig lustig sind.

Dir ist etwas Schreckliches passiert? Hahahaha! Ich werde eine Frau schänden und demütigen und ihr jede Menschlichkeit absprechen! Hohohoho! Ich finde das lustig, und was du findest, ist mir total egal!

Sam Morril, den ich wohl oder übel als Comedian bezeichnen muss, erzählte in seiner Stand-up-Comedy gern diese Art Witz: »Bei meiner Exfreundin musste ich nie ein Kondom benutzen. Absolut super. Sie hat aber auch die Pille genommen.« Pause. »Valium.« Weil Sex mit bewusstlosen Opfern schon an und für sich so amüsant ist, dass Amerikas beliebtester Stand-up-Comedian ihn angeblich jahrzehntelang hatte. Aber 2012 war der Fall Bill Cosby noch kein Thema.

Als damals das Gespräch über Witze aufkam, wurde zunächst ein Trennstrich gezogen zwischen »Tritt nach unten« (sich lustig machen über Schwächere) und »Tritt nach oben« (Witze, die auf Privilegierte und auf den Status quo zielen, die vielleicht sogar dem Imperium einen Schlag versetzen). Beim Vergewaltigungswitz, wie er damals existierte, ging es ausschließlich um die Tritte nach unten. Louis C. K., der damals furchtbar schlechte Vergewaltigungswitzchen in seinem Repertoire hatte, sagte 2012 einmal, dass der Tosh-Vorfall zu einem größeren »Streit zwischen Comedians und Feministinnen gehörte, die von Natur aus verfeindet sind. Weil Feministinnen ja bekanntermaßen keinen Spaß verstehen«. (Vielleicht dachten er und seine Kollegen aber auch, Feministinnen hätten keinen Humor, weil die Feministinnen über sie lachten.)

Globalhistorisch betrachtet sind wir die Hauptursache für Körperverletzungen bei Frauen«. Was genau genommen nicht so richtig lustig ist – obwohl es eben doch lustig ist, wenn man erschütternde und grenzüberschreitende Wahrheiten laut ausspricht. Zumindest lachen wir, wenn wir so was hören – sei es aus Überraschung, Unbehagen oder weil uns etwas daran bekannt vorkommt. Humor und Transgression hängen eng miteinander zusammen. Aber es gibt sehr viele verschiedene Arten der Grenzüberschreitung: Die Witze, über die ein achtjähriges Kind lacht, überschreiten die üblichen Grenzen der Erwartung an Sprache und Logik – und beantworten die Frage, warum das Huhn denn nun die Straße überquert hat.

Margaret Atwood hat genau diesen Punkt schon

viel früher und deutlich prägnanter benannt als Louis C. K., als sie feststellte: »Männer fürchten sich davor, dass Frauen über sie lachen. Frauen fürchten sich davor, dass Männer sie umbringen.« Humorlose Männer sind vielleicht jene Untergruppe, aus der sich die Männerrechtsbewegung, Gamergate und der ganze Rest des frauenfeindlichen Backlashs speist. Ich halte nichts von Rachefeldzügen. Aber wir sind momentan an einem Punkt, an dem man mit Fug und Recht beklagen kann, dass Männer kein bisschen lustig sind.

Lustige Frauen dagegen – Amy Poehler, Tina Fey, Cameron Esposito, Margaret Cho, Sarah Silverman – sind in den letzten Jahren immer prominenter geworden. Aber es war schließlich ein Mann, Hannibal Buress, der dem komödiantischen Patriarchat den Todesstoß versetzte und es in der Person von Bill Cosby herausforderte. Endlich war die Zeit gekommen, um *America's Dad* abzusetzen – ein Boulevardblatt bezeichnete Cosby 2015 auf dem Titelblatt als *America's Rapist*.

Nachdem Buress den Anfang gemacht hatte, war die Jagdsaison auf Cosby eröffnet. Bei den Golden Globes im Januar rissen Tina Fey und Amy Poehler Cosby in Stücke. In Anspielung auf den düsteren, auf Märchen basierenden Film *Into the Woods* merkte Poehler an: »Und Dornröschen dachte, sie würde bei Bill Cosby nur Kaffee bekommen.« Daraufhin parodierte Fey Cosbys abgehackte Art zu sprechen und drehte die Anschuldigungen gegen die unwissentliche Verabreichung von Betäubungsmitteln noch einmal in eine andere Richtung: »Ich habe den Leuten heimlich Pillen verabreicht. Die Leute wollten die Pillen nicht.« Poehler stieg in die höhnische Nachäfferei ein, und die Kameras schwenkten ins Publikum, in dem manche der anwesenden Prominenten Anti-Vergewaltiger-Witze offenbar lustig fanden, manche aber auch aussahen wie Rehe im Scheinwerferlicht.

Und Cosby stürzte, weil seriöse Journalist*innen und weitere Zeugenaussagen Betroffener Buress' Eröffnung auf dem Fuße folgten. Später in diesem Januar ließ Jay Leno, der erlauchte Großonkel der TV-Comedy, folgende Bemerkung fallen: »Ich frage mich, warum es uns so schwerfällt, Frauen zu glauben. In Saudi-Arabien müssen immer mindestens zwei Frauen gegen einen Mann aussagen. Hierzulande müssen es fünfundzwanzig sein.« Es liegt eine sehr spezielle Ironie darin, wenn ein etablierter Stand-up-Comedian zur Zielscheibe des Gespötts wird. Es bedeutet, dass die feministische Comedy im Mainstream angekommen ist und die Vergewaltigungskultur geschwächt wurde. Eindeutiger kann eine Wachablösung kaum ausfallen.

Bill Cosby konnte seine mutmaßliche Verbrechenstour nur deshalb so lange fahren, weil er sich in einem kulturellen Umfeld bewegte, in dem Frauen weder

Glaubwürdigkeit noch Stimme hatten, in dem ihre Berichte, von ihm vergewaltigt worden zu sein, nur zu weiteren Übergriffen führte – und dazu, dass er straffrei und die Macht weiterhin ungleich verteilt blieb. Diese Straffreiheit hat Cosby zusammen mit dem Großteil seiner Macht verloren, und die Ausgabe des *New York Magazine* vom 26. Juli, in der sich 35 der 46 Opfer, die sich bei der Polizei gemeldet hatten, äußern und gleichzeitig ihr Gesicht zeigen, ist im Grunde sein Grabstein. Ihre Geschichten beerdigen ihn. Und exhumieren sich selbst aus dem Schweigen des Grabs.

Auch Amy Schumer hat in ihrer Show auf Comedy Central ein, zwei Cosby-Sketche gebracht. In dem einen spielt sie seine Anwältin, die die Geschworenen davon zu überzeugen versucht, dass sie *America's Dad*, Wackelpudding und den ganzen Rest doch eigentlich mehr lieben als Wahrheit und Gerechtigkeit. Dieser Sketch kritisiert die Weigerung, etwas Liebgewordenes aufzugeben beziehungsweise sich mit Dingen zu konfrontieren, die einem unangenehm sind. Der Sketch endet mit einer überraschenden Wendung: Ein nicht auf der Bühne befindlicher Cosby lässt Schumer als Dankeschön einen Drink bringen. Sie betrachtet das Glas erst konsterniert und wirft es sich dann über die Schulter. Denn sie weiß eigentlich Bescheid.

Aber der wahrhaft große Meilenstein, das Epos, die Ilias aller Vergewaltigungswitze auf Kosten des Vergewaltigers ist »Football Town Nights« aus der Sendung *Inside Amy Schumer*, eine Parodie auf *Friday Night Lights* (der TV-Show über Highschool-Football in Texas) und eine noch beißendere Parodie auf die Logik der Vergewaltigungskultur. In dem Sketch von Ende April geht es um einen neuen Trainer, der seinen Jungs beizubringen versucht, dass sie nicht vergewaltigen sollen – was bei ihnen auf Unverständnis und innerhalb der Kommune nachgerade auf Ablehnung stößt. Schumer spielt die gute Ehefrau dieses Trainers und taucht stumm mit immer größeren Gläsern Weißweins auf, während sich die Dinge in seinem neuen Job zum immer Schlechteren wenden.

Anfänglich versucht die Football-Mannschaft in der Kabine noch die Schlupflöcher zu finden in der neuen »Wir vergewaltigen nicht«-Regel des Trainers: »Dürfen wir bei Auswärtsspielen vergewaltigen?« Nein. »Was, wenn Halloween ist und sie als sexy Katze verkleidet ist?« Nein. »Was, wenn sie es zwar für eine Vergewaltigung hält, ich aber nicht?« Immer noch nein. »Darf ich denn vergewaltigen, wenn meine Mutter Staatsanwältin ist und die Strafverfolgung sicher nicht aufnimmt?« »Und wenn die Frau am Tag davor noch ja gesagt hat, wenn auch zu etwas ganz anderem?« »Was, wenn die Frau erst ja sagt, dann aber quasi aus dem Nichts heraus ihre Meinung ändert, als hätte sie den Verstand verloren?«

Die Argumente der Highschool-Schüler entsprechen exakt der Logik beziehungsweise Unlogik, der man an Universitäten und in Online-Kommentaren begegnet: Es ist die Weigerung, die Grenzen von Männerrechten beziehungsweise die Existenz von Frauenrechten anzuerkennen.

Dieser Szene folgt eine weitere genauso großartig-widerwärtige, in der zwei Damen mittleren Alters den Trainer anspucken, weil er »unseren Jungs« ihre rechtmäßigen Vergewaltigungen nicht zugesteht (was an die echte Wut erinnert, die jede junge Frau abbekommt, wenn sie einen Sportstar der Vergewaltigung bezichtigt, und daran, dass man sich häufig mehr um den Täter[7] sorgt als um das Opfer). Der ganze Sketch ist ein lustiger Vergewaltigungswitz darüber, was für irrationale, sich mit noch so absurden Argumenten rechtfertigende Idioten angehende Vergewaltiger sind und wie sie von ihrem Umfeld unterstützt werden. Kurz gesagt: Es ist kein Sketch übers Vergewaltigen (es gibt keine Vergewaltigungen in dem Sketch), sondern über die Kultur der Vergewaltigung. Das Blatt hat sich gewendet. Der Feminismus hat noch nicht gewonnen, und der Krieg für die Gültigkeit grundlegender Men-

---

7 Die Satirezeitschrift *Onion* kam 2011 mit folgender Schlagzeile heraus: »College-Basketballstar überwindet heldenhaft die tragische, von ihm verübte Vergewaltigung.«

schenrechte für alle ist noch nicht vorbei, aber wir haben gerade eine Glückssträhne. Und das ist zuweilen witzig, gleichzeitig aber auch todernst.

Nachtrag: Seit ich diesen Text geschrieben habe, hat Schumer mit einigen Sketchen und Äußerungen bewiesen, dass sie in Sachen Rassismus absolut nichts begriffen hat. Ihre Weltsicht (und ihre Drehbücher) weist große Schwachstellen auf, und ihre Verteidigung ist geprägt von den emotionalen Bedürfnissen einer heterosexuellen weißen jungen Frau und nicht davon, was eine Revolution möglicherweise im Hinblick darauf bewirken könnte, was es heißt, eine Frau zu sein beziehungsweise auf viele verschiedene Arten eine Frau zu sein. Aber ein, zwei Meisterwerke sind Schumer trotzdem gelungen.

2

Die Geschichte anders erzählen

Die Flucht aus der fünf Millionen Jahre alten Vorstadtsiedlung

2015

Immer wenn wir uns darüber unterhalten, wer wir sind, wer wir waren und wer wir sein können, bringt jemand früher oder später das Gespräch auf den Menschen als Jäger und Sammler. In dieser Geschichte geht es nicht nur um den Mann, sondern auch um die Frau und das Kind. Diese Geschichte gibt es in unzähligen Varianten, aber alle gehen mehr oder weniger so: In grauer Vorzeit verließ der Mann die Behausung und ging auf die Jagd. Er brachte Fleisch zurück, Nahrung für Frauen und Kinder, die in absoluter Abhängigkeit von ihm nur so herumsaßen. In den meisten Versionen ist der Schauplatz dieser Geschichte lediglich die familiäre Kernzelle: Männer versorgen ihre eigene Familie, und Frauen befinden sich nicht in einer Gemeinschaft, die beim Kinderaufziehen hilft. In jeder Version treten Frauen als sich fortpflanzende Weibsstücke auf.

Obwohl Aussagen über menschliche Gesellschaften von vor 200 000 bis vor fünf Millionen Jahren getroffen werden, ist die Geschichte selbst gar nicht so alt.

Wie auch immer sie entstanden ist: Den Höhepunkt ihrer Beliebtheit scheint sie in der Mitte des letzten Jahrhunderts erreicht zu haben. Hier kommt ein dicker Textbrocken aus einer ihrer populärsten Versionen, zitiert nach dem in den sechziger Jahren erschienenen Buch von Desmond Morris, *Der nackte Affe*:

> »Infolge der extrem lange dauernden Abhängigkeit des Jungen von seiner Mutter und aufgrund der großen Anforderungen, die das Kind an sie stellte, mussten die Weiber fast ständig im Lager bleiben. (...) Die zur Jagd ausziehenden Gruppen müssen nämlich, anders als bei den ›reinen‹ Raubtieren, nur aus Männern bestehen. Wenn aber irgendetwas der Primatennatur wider den Strich ging, dann dieses: Einem Primatenmännchen war es einfach unmöglich, sich auf Futtersuche zu begeben und dabei seine Weibchen ungeschützt vor den Belästigungen durch andere Männchen zurückzulassen. (...) Die Lösung des Problems fand sich in der engen Paarbindung.«

Anders gesagt: Das Narrativ unternimmt den Versuch, das dominante sozioökonomische Gefüge innerhalb der Mittelschicht der späten fünfziger und frühen sechziger Jahre auf die Ursprünge unserer Spezies zurückzuführen. Ich möchte es bezeichnen als: die Erzählung von der fünf Millionen Jahre alten Vorstadtsiedlung. Die Urzeitmännchen ziehen hinaus – und zwar alle Männchen, denn augenscheinlich ist keines von ihnen alt oder krank oder sitzt nur so herum und redet über diese phantastische Elenantilope, die es letzte Woche erlegt hat. Tag für Tag also ziehen die Männchen hinaus und sind den ganzen Tag über weg. Sie schleppen ihre Speere und Steinschleudern zur Arbeit und drücken die Urstechuhr. Die Weibchen hängen mit den Jungen rund um die Feuerstelle ab und warten darauf, dass die Männchen den Schinken nach Hause bringen. Der Mann ernährt die Frau. Die Frau trägt die Verantwortung dafür, dass der Mann seine Gene weitergeben kann. Unendlich viele dieser Erzählungen, so haben Anthropologinnen später nachgewiesen, drehen sich um die Problemfelder »weibliche Treue« und »männliche Stärke«. Die Sorge darum wird geschmälert, indem erklärt wird, warum die Männchen stark und die Weibchen treu sind: Sie sind treu, weil sie für ihre Treue Fleischbrocken kriegen.

1966 wurde an der University of Chicago unter dem Thema »Man the Hunter« (»Der Mensch als Jäger«) eine Konferenz abgehalten, aus der ein Buch gleichen Titels hervorging. Bei der Suche in der Online-Ausgabe dieses Buchs taucht das Wort »Frau« zum ersten Mal auf Seite 74 auf, und zwar in diesem Satz: »Die sich nicht von der Stelle bewegenden Mitglieder sind die körperlich weniger leistungsfähigen Personen – die Alten, die Frauen und die Kinder.« Das Wort »Sammler« kommt ähnlich selten vor, obwohl sich das Buch angeblich um Jäger *und* Sammler dreht. All dies wäre nichts weiter als ein historisches Kuriosum, wenn diese Art der Erzählung nicht verfangen würde. In der Mitte der Gesellschaft wie auch an ihren heutigen misogynen Rändern wird sie als Tatsachenbericht aus unserer Vergangenheit – und allzu oft auch aus unserer Gegenwart – gehegt und gepflegt.

Ich selbst habe etwas über diese bizarre evolutionsbiologische Phantasterei erfahren, als ich Ende der neunziger Jahre ein Buch über die Geschichte des Gehens schrieb. Ich stieß auf Texte des Anatomen C. Owen Lovejoy, der sich damals seit über zehn Jahren in akademischen Zeitschriften mit der Evolution des menschlichen Gangs befasst hatte und dabei regelmäßig eine etwas komplexere Version von Desmond Morris' Märchen über Paarbindung zum Besten gab: »Der aufrechte Gang spielte in diesem neuen reproduktiven Schema deswegen eine Rolle, weil er die Hände befreite und es den Männchen möglich machte, die weit ab von der Partnerin gesammelte Nahrung zu transportieren.« Alles, was mit dem Gehen und den Händen zu tun hatte, war also Aufgabe der Männer. Die Frauen saßen derweil in vollkommener Abhängigkeit zu Hause.

In dem vielzitierten, 1981 veröffentlichten Lovejoy-Aufsatz *The Origin of Man* gibt es unter der Überschrift »Die Kernfamilie« tatsächlich einen Absatz, in dem postuliert wird, dass der jagende Mann – der hier im Gegensatz zu dem bei Morris eher monogam ist – Fleisch nicht für die gesamte Gruppe, sondern nur für seine treue Freundin und die gemeinsamen Kinder nach Hause brachte. Was man bezweifeln darf – man denke nur an ein großes totes Tier bei warmem Wetter oder an zusammen mit Freunden erlegte Beute. Ist es da nicht wahrscheinlich, dass man sich die Beute teilt und vielleicht gemeinsam ein Fest feiert? Wie auch immer: Lovejoy stellte die These auf, dass die Männer lieferten und die Frauen warteten. Er spekulierte über die »geringere Mobilitätsquote der Weibchen«. Zusammengefasst: »Die Kernfamilie und das menschliche Sexualverhalten könnten ihren Ursprung definitiv schon lange vor Beginn des Pleistozän haben.«

Die »Mann als Jäger«-Erzählung lässt sich anhand diverser Tatsachen widerlegen. In den fünfziger Jahren lebte die Ethnologin Elizabeth Marshall Thomas bei den San, einem Volk in der Kalahari. Man geht davon aus, dass dieses Volk noch bis vor kurzem einen Lebensstil pflegte, der ursprünglicher war als nahezu alle anderen auf der Erde. Morris' These von der »extrem lange dauernden Abhängigkeit des Jungen«, derentwegen die »Weiber fast ständig im Lager bleiben«

mussten, trifft auf die San offenkundig nicht zu, wie Thomas erfuhr.

Die gesamte Gruppe war regelmäßig in Bewegung, und einzelne Familien zogen oft auch unabhängig von der Gruppe weiter. Die Frauen, denen Thomas begegnete, zogen fast täglich los, um Nahrung zu sammeln. Kinder, die schon zu groß waren, um noch getragen zu werden, aber zu klein, um mit ihnen Schritt zu halten, wurden meist von einer Person betreut, die im Lager blieb, während ihre Mütter ausschwärmten. Thomas macht deutlich, dass Jagen und Sammeln keine gänzlich voneinander zu trennenden Aktivitäten sind, und spricht von den »langsamen Beutetieren: Schildkröten, Schlangen, Schnecken und Jungvögel, die oft von den Sammelnden gefunden werden«.

Männer waren also keineswegs die einzigen, die sich um die Nahrung kümmerten, sie waren noch nicht mal die einzigen, die Fleisch nach Hause brachten. Was nicht bedeutet, dass die Männer kein Fleisch nach Hause brachten oder unwichtig waren. Der Punkt ist nur, dass alle Nahrung nach Hause brachten, sogar die Kinder. Was von großer Bedeutung war. Thomas erwähnt einen außergewöhnlichen Jäger, einen athletischen Mann, der so schnell war, dass er eine Antilope einholen konnte. An einem Tag erlegte er drei Stück Großwild. Er blieb bei den getöteten Tieren, während seine Frau und deren Mutter andere herbeiholten, die dann dabei halfen, das Fleisch ins Lager zu bringen. Sicher, er war ein großartiger Jäger, aber er war auf die Hilfe von sehr beweglichen Frauen und der erweiterten Gemeinschaft angewiesen. Thomas stellt fest: »Das Fleisch vereinte die Menschen. Eine Mahlzeit mit lebensspendendem Fleisch war für alle da.« Ein San-Mann jagte nicht als Kopf einer Kernfamilie und pflegte auch keinen individualistischen Lebensstil. Er jagte als Teil einer Gemeinschaft.

Auch die Inuit teilten das Fleisch, schreibt Peter Freuchen, ein Schriftsteller und Polarforscher, der zu Beginn des 20. Jahrhunderts jahrzehntelang bei ihnen lebte. Er berichtet, wie sich seine Inuit-Ehefrau wutentbrannt über eine andere aufregte, die zu geizig war, um den Seehund zu teilen, den ihr Mann erlegt hatte. Das Teilen gehörte ebenso selbstverständlich zur Etikette wie zum Überleben. Auch bei den Inuit, einem der karnivorsten Völker auf der Erde, begleiteten die Frauen die Männer manchmal auf lange Jagdausflüge – schließlich konnten die Jäger bei Temperaturen unter null leicht erfrieren, wenn ihre Kleidung Schaden litt. Frauen kümmerten sich also um Essen, Bekleidung und Behausung.

Die altbekannten »So und nicht anders«-Geschichten über männliche Unabhängigkeit werden auch der familiären Dynamik bei sesshaften Bauern und Handwerkern, Industriearbeitern und Büroangestellten nicht gerecht. Die meisten Bauern arbeiteten zu Hause – erweitert um Felder und Obstgärten –, und die Familien arbeiteten oft an ihrer Seite. Die Frauen und Kinder von Handwerkern beteiligten sich oft auf vielfältige Weise an der Arbeit. Während der industriellen Revolution schufteten Frauen und Kinder aus der Arbeiterklasse in Fabriken und Nähereien, wie sie es in den Betrieben in Guatemala, China und Bangladesch noch heute tun.

Alle leisten ihren Beitrag. Natürlich könnte man Frauen als »abhängig« bezeichnen, dann aber wären Männer das ebenfalls. Dependenz ist keine besonders hilfreiche Messgröße; Interdependenz wäre vielleicht die bessere. Die meisten Frauen sind nie nutzlos und abhängig gewesen – und sind es auch heute nicht. Die Erzählungen über den Mann als Jäger, die davon ausgehen, dass Männer geben und Frauen nehmen, dass Männer arbeiten und Frauen dem Müßiggang frönen, sind nichts weiter als eine Legitimation heutiger politischer Positionen. Ein Musterexemplar eines lautstarken Verfechters der Männerrechte schrieb Anfang dieses Jahres in den sozialen Medien, Frauen hätten sich nicht im Geringsten entwickelt,

> »weil sie nie gearbeitet haben … Und jetzt stehen wir da mit dieser krebsverseuchten Jauchegrube weiblicher Degeneriertheit, an der wir alle jeden

Tag zu leiden haben. Wir sollten Frauen mal ganz allein in der Welt aussetzen, ohne jede Hilfe, Unterstützung oder Einmischung – dann können sie zusehen, wie sie überleben. Vielleicht holen sie dann in Sachen Evolution endlich auf und erreichen auch den Stand eines menschlichen Wesens.«

Solche Wut entspringt einer Fiktion, die eigentlich lächerlich wäre, wenn es sich dabei nicht um die extreme Ausprägung eines weitverbreiteten Glaubens handelte: eines recht traurigen Bildes der menschlichen Spezies, in dem Männer und Frauen gleichermaßen in festgefügten, entfremdeten Rollen leben.

Dieses Bild beinhaltet einen interessanten Widerspruch: Es suggeriert auf der einen Seite, Frauen hätten nie gearbeitet, während es auf der anderen behauptet, Frauen seien ans Haus – beziehungsweise an die Höhle oder den Baum – gebunden, weil das Austragen und Aufziehen von Kindern eine so erdrückende Aufgabe sei. Als hätten Frauen buchstäblich die ganze Zeit die Hände voller Babys gehabt, so wie die Madonnen auf den Gemälden. Dabei ist es viel wahrscheinlicher, dass Frauen, die Mutter wurden, eine intensive Zeit mit Babys und Kleinkindern verbrachten, aber eben nicht unbegrenzt lange, und dass sie davor und danach – und möglicherweise sogar während der Phase der Mutterschaft – kein gänzlich gelähmtes Leben führten.

Geschichten, die die patriarchal organisierte Kernfamilie betonen, haben nur wenig mit dem zu tun, was Frauen während des Großteils unserer Geschichte beziehungsweise Frühgeschichte tatsächlich getan haben. Sie legen nahe, das menschliche Dasein habe schon immer dem geähnelt, was man im 20. Jahrhundert von verheirateten, zu Hause bleibenden Mittelschichtfrauen erwartete. Sogar Hannah Arendt beschreibt die weibliche Natur so, als ginge sie nicht allzu weit über die Produktion von Babys hinaus. Sie nennt als Beispiel die spezifische Situation im alten Athen, wo der Bewegungsspielraum vermögender Frauen, also der Ehefrauen und Bürgerstöchter, im Großen und Ganzen auf das Haus beschränkt war, was deren Produktivität und Beteiligungsmöglichkeiten stark schmälerte. Männer im alten Griechenland produzierten allerdings selbst nicht unbedingt viel: Nahrung kam vom Land und aus den fernab gelegenen Kolonien, und der Großteil der Handarbeit wurde von Sklaven und Kleinbauern erledigt. Was wiederum bedeutete, dass die Frauen Athens immer weiter Kinder bekamen, während die Männer dieser Stadt immer weiter *nicht* für Nahrung sorgten. Nichtsdestoweniger schreibt Arendt in *Vita activa*: »Dass die Sorge für die Erhaltung des Einzelnen dem Manne und die für die Erhaltung der Gattung der Frau oblag, schien von der Natur selbst vorgezeichnet, und die beiden natürlichsten Funktionen des Menschen, das Arbeiten des Mannes, das der Nahrung dient, und das Gebären der Frau, das der Fortpflanzung dient, waren gleicherweise dem Drang und Trieb des Lebens untertan.«

Offenbar konnte Arendt der sauberen Symmetrie zwischen dem »Arbeiten des Mannes« und dem »Gebären der Frau« nicht widerstehen. Wir aber sollten das. Für die meiste Zeit der Menschheitsgeschichte war Hausarbeit sehr viel schwerer, als sie es heute ist. Dazu gehörte: Kohle schaufeln, Holz hacken, Feuer schüren, Wasser pumpen, Bettpfannen leeren, Kleidung mit der Hand waschen, Tiere halten und schlachten sowie Brot, Garn, Stoff, Kleidung und vieles andere von A bis Z selbst machen. Natürlich hat es auch Frauen gegeben, die sich dem Müßiggang verschrieben haben. Im Normalfall waren solche Frauen aber mit Männern verheiratet, die sich die Muße ebenfalls leisten konnten. Und sie wurde ihnen nicht von Jagdkumpanen ermöglicht, sondern von Bediensteten, unter denen oft viele Frauen waren.

Jedenfalls war der Müßiggang sicher nicht der menschliche Urzustand – und das ist er für die meisten Frauen auf der Welt auch heute nicht. Während einer kurzen Zeitspanne, als die Industrialisierung in der westlichen Welt die Haushaltsführung stark vereinfacht hatte, waren viele Mittelschichtfrauen nicht Teil der lohnempfangenden Ökonomie. Manche dieser

Frauen könnte man vielleicht als nichtproduzierende Konsumentinnen betrachten – in diesem Fall bleibt allerdings die für Kindererziehung, Haushaltsführung und die Unterstützung eines werktätigen Ehemanns investierte Arbeit unberücksichtigt. Die besagte Zeitspanne erstreckte sich über ein paar Jahrzehnte, aber sie begann ganz sicher nicht vor fünf Millionen Jahren, und sie war auch bald wieder ein Auslaufmodell, als sinkende Gehälter viele Frauen zurück in die Erwerbsarbeit schickten.

Zum jetzigen Zeitpunkt beträgt der Anteil von Frauen unter den Gehaltsempfänger*innen in den Vereinigten Staaten 47 Prozent. 75 Prozent dieser arbeitenden Frauen sind in Vollzeit tätig. In der industrialisierten Welt sind diese Zahlen insgesamt gesehen vergleichbar oder liegen sogar höher. Anderswo bauen Frauen Nahrungsmittel an, tragen Wasser und Feuerholz, hüten Herden, zerstampfen Maniokwurzeln und mahlen von Hand das Korn.

Das Patriarchat – und damit meine ich gleichermaßen Männerherrschaft und Gesellschaften, denen es obsessiv um patrilineare Abstammung geht, was wiederum der strikten Kontrolle über die weibliche Sexualität bedarf – hat zu vielen Zeitpunkten und an vielen Orten verschiedenste Varianten der abhängigen, unproduktiven Frau hervorgebracht: Frauen, die durch ihre Kleidung oder irgendwelche Veränderungen an ihrem Körper behindert wurden, die ans Haus gefesselt waren und deren Zugang zu Bildung, Beschäftigung und Beruf durch Gesetze, Sitten und Strafandrohung stark eingeschränkt war. Manch ein Frauenfeind mag sich darüber beschweren, welch unbeweglicher Ballast Frauen sind. Aber es ist die Frauenfeindlichkeit selbst, die genau das erreichen wollte.

Antiautoritäre und feministische Anthropolog*innen haben versucht, manche dieser Geschichten vom Kopf auf die Füße zu stellen. Elaine Morgan setzte den Argumenten der »Mensch als Jäger«-Clique 1972 ihr Buch *Der Mythos vom schwachen Geschlecht – Wie Frauen wurden, was sie sind* entgegen; Sarah Blaffer-Hrdy schrieb 1981 mit *The Woman that Never Evolved* ein wissenschaftlich stichhaltiges Buch, das ebenfalls alternative Thesen in den Raum stellt. Sogar Marshall Sahlins, der an der »Man the Hunter«-Konferenz teilgenommen und in der dazugehörigen Publikation einen Beitrag veröffentlicht hatte, legte 1972 mit *Stone Age Economics* eine Abhandlung vor, die aufzeigt, dass Jäger und Sammler ein Leben führten, in dem ihnen Freizeit und Nahrung im Überfluss zur Verfügung standen.

Aber all diesen Geschichten liegt unterschwellig die Annahme zugrunde, dass wir alle verdammt sind, zu bleiben, was wir schon seit langer Zeit sind. Dieser Logik entsprechend könnte man genauso gut argumentieren, dass wir unser Essen, da wir es früher einmal roh verzehrt haben, besser nicht kochen sollten – oder dass diese Sache mit dem aufrechten Gang eigentlich nicht hat sein sollen, da wir doch früher auf allen vieren gekrabbelt sind. Vor nicht allzu langer Zeit lebten Menschen an einigen warmen Orten fast ausschließlich als Vegetarier, während sie in der Arktis fast ausschließlich als Fleischfresser existierten.

Wir sind eine hochgradig anpassungsfähige Spezies. Wir leben in Städten und in nomadischen Verbänden und in Kleinfamilien; wir leben polygam oder betreiben Vielmännerei, wir praktizieren serielle Monogamie oder legen ein zölibatäres Gelübde ab; wir heiraten Menschen des anderen oder des gleichen Geschlechts, oder wir heiraten gar nicht; wir ziehen unsere biologischen Kinder groß oder adoptieren Kinder oder sind hingebungsvolle Tanten und Onkel oder hassen Kinder; wir arbeiten am heimischen Schreibtisch oder in einem Büro oder als Wanderfeldarbeiter*in oder als häusliche Krankenpfleger*in; wir leben in Gesellschaften, in denen Gender-Apartheid die Norm ist oder in denen sich alle mit allen mischen oder in denen die Vorstellung von Gender als einem binären, von allzu starken Gegensätzen bestimmten Konstrukt momentan überdacht wird.

Es gibt sicher einiges, das von unserer Biologie vorgegeben ist. Genauso wie es in unserer Vergangenheit besonders häufig vorkommende Muster gibt. Aber wir sind nicht notwendig diejenigen, die wir einstmals waren, und was wir einstmals waren, ist nicht notwendigerweise das, wovon die »So und nicht anders«-Geschichten erzählen. Die Gegenwart hat nicht im Ansatz etwas zu tun mit der Vergangenheit in diesen »So und nicht anders«-Geschichten, und sogar die Vergangenheit hat mit ihrer Nacherzählung keinerlei Ähnlichkeit. Wir müssen aufhören, das Märchen von der Frau zu erzählen, die passiv und abhängig zu Hause blieb und auf ihren Mann wartete. Sie saß nie wartend herum. Sie hatte zu tun. Und das hat sie immer noch.

Schubladen, die keiner mehr braucht

Hin und wieder fällt mir auf, dass es tatsächlich unmöglich ist, irgendetwas zu sagen. Wörter sind als Kategorien schlichtweg zu allgemein, sie werfen Dinge in einen Topf, die sich ganz signifikant unterscheiden: »Blau«, das sind Tausende von Farben, »Pferd« sind Rassepferde, Ponys und Spielzeuge, »Liebe« bedeutet alles und nichts. Sprache ist eine einzige Abfolge von Verallgemeinerungen, die – wenn sie überhaupt eine Aussage treffen – unvollständige Bilder skizzieren. Sich der Sprache zu bedienen bedeutet, sich auf das Gebiet der Kategorien und Schubladen zu begeben, Kategorien, die gleichermaßen notwendig und gefährlich sind.

Kategorien haben durchlässige Stellen. Fast hätte ich geschrieben, alle Kategorien haben durchlässige Stellen, aber es lassen sich definitiv Dinge sagen über Primzahlen oder Sterne, die ausnahmslos wahr sind. Auch Bisamratten sind immer Säugetiere, und sämtliche bisherigen US-Präsidenten sind Männer gewesen. Viele andere Kategorien jedoch sind komplexer und schließen Wahres wie Widersprüchliches in sich ein – dazu noch Ausnahmen von der Regel. Sogar die

Kategorie »Mann« wird heutzutage infrage gestellt, allerdings eher selten, wenn es um unsere bisherigen 45 Präsidenten geht.

Kürzlich hat mir jemand erzählt, alle Juden seien Israel-Unterstützer. Als ich widersprach, fragte er, offenbar überzeugt davon, ein entscheidendes Argument anzuführen, ob ich denn in letzter Zeit mal in New York gewesen sei. Ich sagte, ja, sei ich, ich hätte ja gerade erst ein Buch über die Stadt geschrieben. Ein Kapitel darin beschäftigt sich mit den Juden beziehungsweise damit, wie die Kategorie »Jude« alle möglichen Leute umfasst, die sich im Grunde alle gegenseitig ausschließen: Zionisten und Antizionisten, Gangster und Humanisten, Harpo Marx und Sandy Koufax, Hannah Arendt und Bernie Madoff und Elena Kagan; der Untertitel meiner Kartographie der Juden in New York lautet »Von Emma Goldman bis Goldman Sachs« – um ganz sicherzugehen, dass niemand die Widersprüche innerhalb dieser Kategorie übersieht. Mein Gesprächspartner aber war wie besessen von der Idee, dass Juden eine homogene Masse sind und dass sie alle dasselbe denken, wie empfindungsfähiges Halwa etwa oder Schleimpilze.

Im Englischen bedeutet das Wort *discrimination* zwei gegensätzliche Dinge. Zum einen bedeutet *to discriminate,* deutlich unterscheiden zu können, Unterschiede detailliert wahrzunehmen. Soziopolitisch dagegen steht es für die Weigerung, klar zu unterscheiden, für die Unfähigkeit, hinter das Kategoriale zu schauen und Besonderheiten und Individuen wahrzunehmen. Rassismus ist das von zu wenig Unterscheidungswillen getriebene Einziehen eines kategorialen Unterschieds. Natürlich trifft Rassismus dabei eine kategoriale Aussage, die gleichermaßen ihr Gegenteil enthält. Kategorien sind entsprechend auch für den Antirassismus sinnvoll und notwendig: Verkäufer von *Subprime Mortgages*, Darlehen, die auch an Kreditnehmer*innen mit geringer Kreditwürdigkeit ausgegeben werden, hatten sich vor allem auf *people of color* gestürzt, also verloren *people of color* beim Börsencrash von 2008 dann sehr viel mehr ihres Nettovermögens als andere; neueste Studien kommen zu dem Schluss, dass schwarze Kinder an Schulen oft härter bestraft werden als andere. Aber all das sind Beschreibungen der Verhältnisse, in denen eine Bevölkerungsgruppe lebt. Sie machen nicht das Wesen dieser Gruppe aus.

Die Vorstellung, eine Gruppe sei eine luftdicht verpackte Kategorie, deren Mitglieder sämtlich die gleichen Einstellungen, Überzeugungen und eventuell auch die gleiche Schuld haben, ist ein zentraler Aspekt von Diskriminierung. Sie führt zu Kollektivstrafen und zu der Annahme, dass du, wenn dich diese eine Frau betrogen hat, über jene andere herfallen darfst; dass, wenn ein paar wohnungslose Menschen kriminell werden, am besten alle Obdachlosen bestraft oder ausgestoßen werden dürfen und auch sollten. Das Verfassungsgericht hat einst festgestellt: »Unterscheidungen, die zwischen Bürgern lediglich aufgrund ihrer Abstammung getroffen werden, sind ihrer Natur nach unschicklich für ein freies Volk, dessen Institutionen auf der Gleichheitsdoktrin gründen. Aus diesem Grund wurde eine gesetzgebende Unterscheidung, die nur auf der Hautfarbe/Rasse beruht, oft als Missachtung des für alle gültigen Gleichheitssatzes und Rechtsschutzes gedeutet.« Wie im Fall von Fred Korematsu, der sich gegen das Ansinnen zur Wehr setzte, ihn und andere japanische, an der Westküste beheimatete Amerikaner während des Zweiten Weltkriegs ins Gefängnis zu stecken. Das Gericht ging allerdings trotz seiner wohlgewählten Worte nicht gegen die behördliche Entscheidung vor. Seitdem wurde Diskriminierung entschiedener verboten, aber gewohnte Denkmuster werden eben nicht durch Gesetze reguliert.

Auch antirassistische Narrative können ungenau und pauschal sein. Manche Leute weisen heute gern darauf hin, dass der 19. Zusatzartikel zur Verfassung der Vereinigten Staaten nicht allen Frauen zum Wahlrecht verholfen habe, schließlich wurde vielen (aber nicht allen) schwarzen Frauen – und auch Männern – in den Südstaaten dieses Recht bis in die sechziger Jahre hinein verwehrt. Manchmal wird dieser Umstand so formuliert, als ob schwarze Frauen bis in die sechziger Jahre hinein kein Wahlrecht gehabt hätten – obwohl sie es in manchen nördlichen Landesteilen sogar schon vor dem 19. Zusatzartikel besaßen. Schwarze Frauen in Chicago erhielten zum Beispiel 1913 das Stimmrecht, in Wyoming dagegen hatten es alle Frauen schon ab 1869. (Und in New Jersey war es absurderweise vermögenden, also mehrheitlich weißen Frauen zwischen 1776 und 1807 erlaubt, zur Wahl zu gehen.)

Strenggenommen gab der 19. Zusatzartikel zur Verfassung allen erwachsenen Frauen, die gleichzeitig Bürgerinnen waren, das Wahlrecht beziehungsweise konstatierte, dass es ihnen nicht »aufgrund des Geschlechts« vorenthalten werden dürfe; es wäre allerdings richtiger zu sagen, dass dieses Recht an manchen Orten nicht gewährt wurde – und dass Native Americans, die weiterhin als Stammeseinheiten gesehen wurden, erst 1924 mit dem »Indian Citizenship Act« das Wahlrecht zugesprochen bekamen. Sind diese Ausnahmen gewichtig genug, um die Regel hinfällig werden zu lassen? Ist es wichtig, die durchlässigen Stellen dieser Kategorien einzuräumen? Bis in welches Detail sollten wir aufdröseln, wer 1920 das Wahlrecht bekam und wer nicht? Mit welchem Maßstab messen wir, was richtig ist?

Paläontolog*innen und Evolutionsbiolog*innen werden manchmal in *Lumper* und *Splitter* unterteilt – je nachdem, ob sie die Befundlage eher so interpretieren, dass es nur eine Spezies mit großer Varianz gab, oder davon ausgehen, dass eine Vielzahl sich unterscheidender Spezies existierte. Das Beweismaterial, mit dem Paläontolog*innen arbeiten müssen, ist rar; manchmal wird es von später hinzukommenden Belegen konterkariert oder verstärkt; sogar die sorgfältigste Abwägung kann in nicht zu beantwortende Fragen oder hochumstrittene Interpretationen münden. Aber die Urteile, die wir übereinander fällen, kommen oft zustande, weil wir dem Beweismaterial schlicht aus dem Weg gehen. Kategorien werden Aufbewahrungssysteme für andere Menschen. Es ist gang und gäbe, das eigene Sein und Tun auf abschätzige Art und Weise präsentiert zu bekommen. Alle Juden unterstützen Israel. Alle Muslime sind Dschihadisten. Alle Lesben hassen Männer. Man wickelt die Welt in ein ordentliches Paket und kann aufhören zu denken.

Unpräzise Kategorisierung befeuert auch die Idee der Kollektivstrafe: Wenn man die anderen als einen einzigen Organismus wahrnimmt – die Muslime, die Juden, die Schwarzen, die Frauen, die Schwulen, die Obdachlosen, die faulen Armen –, dann kann man gegen jedweden Teil dieses Organismus einen Schlag führen, um ihn zu treffen. Genau das ist es, was Dylann Storm Roof antrieb, als er 2015 in einer Kirche in Charleston, South Carolina, neun Männer und Frauen erschoss und erklärte, Schwarze vergewaltigten »unsere Frauen«, ohne die Situation als eine zu erkennen, in der weiße Männer – in diesem Moment vor allem er selbst – schwarze Frauen und Männer ermorden.

Eine einzelne Frau wird gern wie ein wandelndes Referendum über die Frau an sich behandelt – sind wir alle emotional, intrigant und haben eine Abneigung gegen Mathe? –, wohingegen Männer relativ frei davon sind, so betrachtet zu werden. Übers Weißsein kursieren nicht allzu viele Verallgemeinerungen, und Dylann Storm Roof oder Charles Manson werden nicht als Schande für die Rasse oder das Geschlecht des weißen Mannes gesehen. Behandelt zu werden, als befände man sich jenseits oder außerhalb der Kategorien, mag ein Privileg sein: Man erhält so eher den Status eines Individuums und ist nicht so sehr Musterexemplar. Es bedeutet, sich selbst definieren zu dürfen und auch den Raum dafür zu bekommen. Und sicherlich ist die Weigerung, alles in Mustern zu sehen, ein wichtiger Teil des Diskurses oder eben auch des fehlenden Diskurses in einer Gesellschaft wie der unsrigen, in der jede Massenerschießung eine schockierende Abweichung von der Norm ist, obwohl inzwischen alle paar Tage eine Massenerschießung stattfindet.

Nicht diskriminiert zu werden bedeutet, ein Individuum sein zu dürfen, das nur nach seinen Verdiensten beurteilt wird. Was allerdings zu einer Form der

Freiheit werden kann, bei der wichtige Daten durchs Raster rutschen. Zum Beispiel wurde im Zusammenhang mit den jüngsten Massenerschießungen bis vor kurzem kaum darüber gesprochen, dass die Täter bei fast allen dieser Angriffe Männer und die meisten dieser Männer Weiße waren. Stattdessen werden solche Vorfälle üblicherweise als unerklärlich und schrecklich überraschend dargestellt, es ist die Rede von psychischer Labilität und anderen Besonderheiten, die jeden dieser Amokläufe so einzigartig machen wie eine Schneeflocke.

Außer es handelt sich um Menschen mit islamischem Hintergrund. In diesen Fällen nennt man die Erschießungen dann »Terrorismus« und geht davon aus, dass sie politische Statements im Auftrag einer politischen Bewegung sind. Im Fall des in den USA geborenen Omar Mateen, der in einem queeren Nachtclub in Orlando im Juni 2016 mehr als 50 Menschen ermordet hat, war der Islamismus jedoch nur ein Ansporn beziehungsweise eine Legitimation in einem traurigen Leben, das mit seiner Gewaltverherrlichung und seiner Unfähigkeit, zu anderen Menschen Kontakt herzustellen, dem der meisten Massenmörder ähnelt, die wir hierzulande hervorbringen.

Für die am häufigsten vorkommende Art von Massenmord haben wir noch nicht mal ein Wort. Man könnte vielleicht von »Familizid« sprechen: Ein wütender Mann bringt seine Kinder und andere Familienmitglieder um, zuweilen auch Mitarbeiter oder Passanten, sowie natürlich seine Frau, die im Fokus seiner Wut steht, und manchmal noch sich selbst. Dass es für diesen Fall noch keine Kategorie gibt, bedeutet, dass Begriffe zur Beschreibung dieses überaus gängigen Phänomens fehlen und somit dessen Parameter und deren Häufigkeit nicht erkannt werden. Wenn Kategorien Käfige sind, dann hätte man dieses Phänomen längst hinter Gitter bringen sollen.

Gäbe es eine Welle von Massenerschießungen, die, sagen wir, Native Americans oder Lesben verübten, würden Details zu den Schütz*innen sofort bekanntgegeben, man würde nervöse Witze reißen und sehr wahrscheinlich Überlegungen dahingehend anstellen, die gesamte Kategorie wegzusperren oder vom gesellschaftlichen Leben auszuschließen.

»Es ist eine zunehmend grauenvolle Tatsache des Lebens und Sterbens in den Vereinigten Staaten, dass einfach zugängliche Waffen gestörten Amerikanern die Macht verleihen, ihren Groll in der Öffentlichkeit auszuleben«, schrieb die Redaktionsleitung der *New York Times* nach einem dieser Massaker, als ob wir diejenigen, die solche Dinge tun, nicht genauer bestimmen könnten als bis zur Ebene der Nationalität. Ich würde mich freuen, wenn man hier genauer hinschauen würde, nicht um anzuklagen, sondern um zu diagnostizieren und dann zu irgendeiner Form der Behandlung zu kommen. Wenn man erst einmal die Tatsache anerkennt, dass Frauen gegen den Wunsch, andere umzubringen, deutlich stärker immun sind und auch insgesamt weniger gewalttätig agieren (mit einigen spektakulären Ausnahmen natürlich), ließen sich die Ursachen extremer Gewalt gezielter in Angriff nehmen. Zumindest könnte man dann mal beschreiben, wer hier eigentlich furchterregend ist.

Im Gegensatz dazu wird jedes von einem Schwarzen begangene Verbrechen gern dazu benutzt, die ganze Kategorie der *Blackness* auf die Anklagebank zu setzen. Das Aufkommen der Bewegung »Black Lives Matter« wurde begleitet von peinlichen Weißen, die von jedem Schwarzen verlangten, die Aufstände in Ferguson oder Baltimore zu erklären und sich dafür beziehungsweise für vergleichbare Vorfälle zu entschuldigen – als ob jeder schwarze Mensch, den diese Leute zufällig trafen, Verantwortung trüge für alle anderen schwarzen Menschen. Es ist unmöglich, Rassist zu sein, ohne blind an Kategorien zu glauben.

Kategorien gar nicht erst wahrzunehmen kann wiederum auch eine Form der Erkenntnis sein. Wie diese Geschichte eines Tao-Meisters, die mir schon in jungen Jahren begegnet ist, auf die ich aber immer wieder zurückgreife: Fürst Mu von Chin schickt einen weisen

Mann aus, um ein herausragendes Pferd zu finden. Der Mann kehrt zurück mit einem Tier, das er als falbfarbene Stute bezeichnet, das sich aber als schwarzer Hengst herausstellt – allerdings so herausragend ist wie versprochen. Ein Freund bemerkt, dass der weise Pferdekäufer »ganz bedacht ist auf die inwendigen Qualitäten und dabei die Äußerlichkeiten aus dem Blick verliert ... Er sieht die Dinge, die die Betrachtung lohnen, und vernachlässigt jene, die keiner weiteren Beachtung bedürfen«. Indem er die Oberfläche ausblendet, erkennt der Weise die Tiefe. Als meine an Alzheimer erkrankte irisch-amerikanische Mutter ein Krankheitsstadium erreicht hatte, an dem ihre Seheindrücke nicht mehr verlässlich von ihrem Hirn verarbeitet wurden, fragte sie an einem St. Patrick's Day einen schwarzen Mann, ob auch er Ire sei. Er freute sich sehr über diese Frage, denn er war tatsächlich zum Teil irisch, aber die Leute kommen doch eher selten auf die Idee, einen dunkelhäutigen Menschen nach seiner europäischen Abstammung zu fragen.

Was nicht dasselbe ist, wie so zu tun, als wäre man farbenblind in einer Gesellschaft, in der die Hautfarbe direkte Auswirkungen hat auf den sozialen Status, die Erfahrungshorizonte, die Möglichkeiten sowie die Wahrscheinlichkeit, von der Polizei erschossen zu werden. Nein, ich möchte hier vielmehr eine Lanze brechen für die Potenziale jener Kunst, sich gewisser

Schubladen mal zu bedienen und mal nicht. Ich plädiere dafür, gewandt, geschmeidig und phantasievoll zu sein – vielleicht auch einfach nur sehr wach gegenüber den Beschreibungen unserer Welt und unserer Weltwahrnehmung. Ein Zen-Meister hat es mal so formuliert: weder zu straff noch zu lose. Für unser Sprechen, vor allem für das politische und soziale Sprechen, mit dem wir allgemeine Tendenzen diskutieren, sind Kategorien unumgänglich. Sie sind fundamental für die Sprache an sich. Und wenn Sprache aus Kategorien besteht – Regen, Träume, Gefängnisse –, dann geht es beim Sprechen eben darum, das Orchester der Worte so zu dirigieren, dass etwas Präzises und vielleicht sogar Schönes dabei herauskommt. Oder zumindest darum, die eigene Welt gut zu beschreiben und andere fair anzusprechen.

Zu dieser Kunst gehört es, Ausnahmen erkennen zu lernen. Ein Bekannter von mir, ein Arzt, zitiert gern einen brauchbaren Aphorismus, der ihm in der Ausbildung begegnet ist. Dieser Sinnspruch geht ungefähr so: »Wenn du Hufgetrappel hörst, denk an Pferde, nicht an Zebras.« Will sagen: Geläufige Symptome stehen im Normalfall für eine geläufige Krankheit, sind aber manchmal auch Ausdruck von etwas gänzlich anderem. Eine Kategorie besteht aus diversen Vermutungen; der Aphorismus erinnert einen daran, dass man mit diesen Vermutungen meistens richtig, manchmal aber auch falsch liegt, dass das Spezielle nicht immer zum Allgemeinen passt. Die Tatsache, dass es manchmal ein Zebra ist, macht jedoch die Regel, dass es sich normalerweise um Pferde handelt, nicht hinfällig.

Manche der am wütendsten geführten Debatten unserer Zeit kommen auf, weil die gegnerischen Seiten darauf beharren, dass alles in einer bestimmten Kategorie nur zu ihrer Version des Phänomens passt. Bei der Diskussion über Prostitution besteht die eine Position, die besonders dogmatisch vertreten wird, darauf, dass eine Prostituierte – und zwar jede – eine freie Akteurin ist, deren Lebenswandel und Berufswahl zu respektieren und in Ruhe zu lassen sind. Ich hatte ein paar Bekannte, die als Weiße aus der Mittelschicht kamen und als Sex-Arbeiterinnen tätig waren. Sie konnten kontrollieren, was sie taten und mit wem sie es taten – und sie hatten die Möglichkeit, mit ihrer Tätigkeit aufzuhören, falls sie nicht mehr das war, was sie wollten.

Natürlich lässt sich diese Erfahrung machen: Sex-Arbeiter*in zu sein und trotzdem Handlungsmacht zu haben. Gleichzeitig aber gibt es auch Sex- und Frauenhandel sowie Kinder, Migrant*innen und andere Kategorien von sozial und ökonomisch verwundbaren Menschen, die in die Prostitution gezwungen werden. Prostitution ist keine feste Kategorie, in der es ausschließlich Versklavte oder ausschließlich Freie gibt.

Sie setzt sich aus beidem zusammen. Und zweifelsohne gibt es auch noch Grauzonen zwischen diesen Polen. Wie kann man bei etwas, das derart viele innere Widersprüche birgt, überhaupt noch von einer Kategorie sprechen – geschweige denn deren Regulierung fordern? Vielleicht haben wir es hier, wie bei so vielem anderen, mit einem Sprachproblem zu tun: Vielleicht bräuchten wir einfach unterschiedliche Begriffe, um über unterschiedliche Kategorien von Menschen zu sprechen, die gegen Bezahlung Sex haben.

Als Frauen im Jahr 2014 über sexuelle Gewalt reden wollten, stießen sie häufig auf Männer, die sich lieber auf die Tatsache konzentrierten, dass nicht alle Männer Vergewaltiger sind. Diese männliche Untergruppe organisierte sich sogar unter dem Hashtag #NotAllMen – als ob sie, ihr Wohlbefinden und ihr guter Ruf das eigentliche Thema seien und nicht die Landplage. Es ist ein Sprach- und ein Logikproblem: Bei weitem nicht alle Männer sind Vergewaltiger – wir dachten, das wäre klar. Aber fast alle Vergewaltiger sind Männer, weswegen es durchaus sinnvoll ist, sagen zu können, dass Männer vergewaltigen (und Männer und Jungen ebenfalls vergewaltigt werden, aber lange nicht so häufig wie Frauen und Mädchen).

Laut Kate Hardings ausnehmend guter Geschichte der Vergewaltigung, *Asking for It,* sind 98 Prozent derjenigen, die eine Vergewaltigung begehen, Männer.

Es gibt Ausnahmen. An einer Ivy-League-Universität hatte ich mal einen männlichen Studenten, der unbedingt wissen wollte, warum ich darauf bestehe, beim Thema Vergewaltigung über Gender zu reden. Ein anderer Student dort stellte fest, dass meine Vorstellungen von Gender »so binär« seien. Ich spreche in Binaritäten über Gender, weil die meisten von dieser Basis ausgehen. Eine Vergewaltigung ist, unter anderem, ein Ritual, das die Kategorie derer, die Rechte haben, und derer, die rechtlos sind, affirmiert. Oft richtet sich eine Vergewaltigung als Akt der Feindseligkeit gegen ein bestimmtes Geschlecht. Kein Vergewaltiger aus einer Studentenverbindung scheint Interesse daran zu haben, hinter die Kategorie »Gender« zu blicken, obwohl vielleicht genau das entscheidend sein wird, wenn die *rape culture* überwunden werden soll. Das heißt, es muss möglich sein, die von allen geteilte Kategorie »Menschheit« wahrzunehmen, die Vorrang hat vor den nicht geteilten Kategorien wie »Geschlechtsteile« und »Gender-Rollen«.

Dass wir die beiden wichtigsten Geschlechterrollen als einander gegensätzlich oder sogar gegnerisch betrachten, verfestigt die Kategorien noch und die Art, wie sie sich gegenseitig definieren. Der Gedanke, dass Gender eine falsche Dichotomie ist, hat durchaus seinen Nutzen. Aber trotzdem ist Gender auch eine unbestreitbar sinnvolle Sache, wenn man sich darüber unterhalten will, wer wem was antut, und zwar schon seit ewigen Zeiten. Wenn wir zum Beispiel nicht feststellen könnten, dass unsere Präsidenten bis zum jetzigen Zeitpunkt alles Männer gewesen sind, könnten wir auch nicht dafür plädieren, dass diese Situation irgendwann geradegerückt werden sollte. »Männlich und weiblich«, »Männer und Frauen«: Die Menschen haben seit sehr langer Zeit den Großteil ihres sozialen Denkens entlang dieser Paarungen organisiert. »Als Mann und Frau schuf er sie«, so steht es im Alten Testament, und die festgefügten biblischen Vorstellungen von dem, was Männer und Frauen sind, gelten immer noch – was ich für den Fall, dass Sie in letzter Zeit keinen konservativen Christen über die Ehe haben sprechen hören, nur noch mal betone.

Wir müssen reden, und beim Reden kommen wir um Kategorien wie »schwarz« und »weiß«, »männlich« und »weiblich« einfach nicht herum. Gleichermaßen aber müssen wir auch die Grenzen dieser Kategorien verstehen, ihre Durchlässigkeiten, und wir müssen begreifen, dass sich »männlich« und »weiblich« auf »schwarz« und »weiß« auswirken – und umgekehrt. Die kategorialen Ausnahmen sind wichtig, also sowohl diejenigen, die mit einer anomalen Anatomie geboren wurden, als auch diejenigen, die sich den Zuschreibungen ihrer Anatomie und der daraus resultierenden Identität entziehen und eine im Vergleich dazu anomale Beziehung führen. Die »Intersex Society of North America« stellt fest: »Auf die Frage, wie häufig ein Kind mit derart atypischen Genitalien geboren wird, dass nach der Geburt ein*e Spezialist*in für geschlechtliche Differenzierung hinzugerufen werden muss, lautet die Antwort von Expert*innen an medizinischen Zentren: bei ungefähr 1 von 1500 bis 2000 Geburten. Sehr viel mehr Menschen jedoch werden mit nicht so leicht erkennbaren Abweichungen in ihrer Sexualanatomie geboren, wovon viele auch erst viel später in Erscheinung treten.« Der Schätzwert liegt bei 1 von 100. Was wiederum bedeutet, dass Millionen von Menschen nicht einmal biologisch ganz in unsere Kategorien hineinpassen.

Die Autor*innen dieses Texts plädieren auf ihrer Website dafür, Intersexualität nicht als Kategorie zu werten, sondern als Begriff, der uns die Möglichkeit eröffnet, Kategorien als porös wahrzunehmen und damit anzuerkennen, dass eben nicht alle darunterfallen:

> »Intersexualität ist ein allgemeiner Begriff, der für eine Bandbreite von Merkmalen der Fortpflanzungs- oder Geschlechtsanatomie steht, mit denen ein Mensch geboren wird und die erst einmal nicht in die typischen Definitionen von Frau oder Mann passen. Ein Mensch kann beispielsweise äußerlich

offenkundig als Frau geboren werden, im Körperinneren aber trotzdem eine hauptsächlich typisch männliche Anatomie haben. Oder jemand wird mit Geschlechtsorganen geboren, die zwischen den herkömmlichen männlichen und weiblichen Typologien zu stehen scheinen – ein Mädchen kann zum Beispiel mit einer auffällig großen Klitoris oder ohne Scheideneingang, ein Junge mit einem auffällig kleinen Penis oder mit einem gespaltenen, eher wie Schamlippen geformten Hodensack geboren werden. Oder jemand wird mit Mosaikgenen geboren, also mit Zellen, die mal XX-Chromosomen, mal aber auch XY-Chromosomen tragen.«

Im zeitgenössischen Sprachgebrauch ist das Geschlecht biologisch determiniert, Gender dagegen sozial konstruiert. Geschlecht sitzt in deiner Hose und in deinen Genen, Gender sitzt in deinem Kopf. Was sich vielleicht ändern wird, wenn die Leute in ihren Aktivitäten und Kleidungsstilen weniger von dem beschränkt werden, was ihrer Gender-Rolle zugeschrieben wird: Dadurch, wie sie sich definieren und wen sie begehren, tragen die jungen Leute heute maßgeblich dazu bei, die von Queers und Feminist*innen seit Jahrzehnten gewollte Zerlegung dieses Systems weiter voranzutreiben. (Laut einer neuen Studie identifizieren sich 46 Prozent der 18- bis 24-Jährigen als eindeutig hetero, 6 Prozent als eindeutig queer und entsprechend fast die Hälfte als irgendwas dazwischen.) Manche lehnen es rundheraus ab, sich von Gender-Rollen festlegen zu lassen.

In meiner Heimatstadt San Francisco hat (soweit wir wissen) zum allerersten Mal ein Mann ein Kind zur Welt gebracht. Wir neigen dazu, das Austragen von Kindern als Frauenaufgabe zu sehen, aber ein Transmann, der seine Gebärmutter behalten hatte, brachte noch vor dem 2008 breit in der Öffentlichkeit wahrgenommenen Fall von Thomas Beatie ein Kind zur Welt. Das Schöne an dem Beatie-Fall wiederum war, dass Beatie, dessen Frau unfruchtbar war, gleich drei Kinder ausgetragen und entbunden hat. Kategorien sind durchlässig, und manche Kategorien schreien danach, revidiert zu werden. Ich hätte nie gedacht, dass ich in einem Text mal »seine Gebärmutter« schreiben würde. Manchmal – nicht immer – sind die durchlässigen Stellen in den Kategorien ein Grund zum Feiern.

80 Bücher, die keine Frau lesen sollte

2015

Vor einigen Jahren stellte das Männermagazin *Esquire* eine Liste zusammen, die von Zeit zu Zeit zombieartig von den Toten aufersteht und dann im Internet herumgeistert. »Die 80 besten Bücher, die jeder Mann lesen sollte« erinnert uns daran, dass die Zeitschrift für Männer gemacht wird und dass die jungen Leute, die sich heute von der Gender-Binarität verabschieden wollen, den Aufstand proben gegen ein Establishment, das das Prinzip »Gender« wie einen Eisernen Vorhang quer durch die Menschheit zieht.

Natürlich haben Frauenzeitschriften wie die *Cosmopolitan* jahrzehntelang ähnlich problematische Losungen ausgegeben, wie eine Frau zu sein hat. Vielleicht sagt es eine Menge aus über die Fragilität des Gender-Konzepts, dass die Instruktionen, wie die beiden gängigen Gender-Rollen zu erfüllen sind, über einen so langen Zeitraum im Monatsrhythmus in die Welt geblasen wurden. Sollten Männer wirklich andere Bücher lesen als Frauen? Laut dieser Liste sollten sie noch nicht mal von Frauen geschriebene Bücher lesen – Flannery O'Connors Erzählband *Ein guter Mensch ist schwer zu finden* ist die einsame Ausnahme auf einer Liste mit 79 von Männern verfassten Büchern.

Neben den O'Connor-Eintrag hat die Redaktion ein Zitat aus besagtem Band gestellt: »Sie wäre eine gute Frau gewesen, wenn jemand dagewesen wäre, der sie jede Minute ihres Lebens erschossen hätte.« Sie erschossen hätte. Das passt sehr hübsch zu dem Kommentar zu John Steinbecks *Früchte des Zorns*: »Weil's hier um nichts als Titten geht.« Anders gesagt: Bücher sind wie Leitfäden; man liest sie, um ein richtiger Mann zu sein, und genau deswegen brauchen Männer auch eine eigene Liste. Und was ist ein Mann? Der Kommentar zu Jack Londons *Ruf der Wildnis* sagt uns: »Ein Buch über Hunde ist gleichzeitig ein Buch über Männer.« Und ein Buch über Hündinnen wäre dann eines über verrückte Männer, vermute ich mal.

Beim Überfliegen der Liste, die wimmelt vor den männlichsten Büchern aller Zeiten – viele Kriegsbücher, nur ein Buch von einem offen schwulen Mann –, wurde ich daran erinnert, dass es, obwohl es hart ist, eine Frau zu sein, in vielerlei Hinsicht noch viel härter ist, ein Mann zu sein, schließlich muss diese Gender-Rolle durch Akte der Männlichkeit unausgesetzt verteidigt und zur Schau gestellt werden. Beim Betrachten dieser Liste kam mir instinktiv der Gedanke: *kein Wunder, dass so viele Massenmorde passie-*

ren. Schließlich sind sie der extreme Ausdruck eines Mannseins, wie es in diesen Büchern gezeichnet wird. Zum Glück haben viele Männer elegantere, empathischere Wege gefunden, um in dieser Welt zu leben.

Die Liste brachte mich auf den Gedanken, dass es noch eine zweite Liste geben sollte, auf der einige Bücher der ersten ebenfalls stehen müssten und die »80 Bücher, die keine Frau lesen sollte« hieße – obwohl ich natürlich grundsätzlich finde, dass jede*r lesen sollte, was sie oder er will. Ich denke einfach nur, manche Bücher vermitteln, Frauen seien nichts als Dreck, nur schmückendes Beiwerk, dass sie eigentlich nicht existieren beziehungsweise von Natur aus boshaft und leer sind. Dass diese Bücher Leitfäden sind für eine Ausprägung von Männlichkeit, die verlangt, gemein und unaufmerksam zu sein, und damit eine Wertekonstellation vorgeben, die direkt übergeht in häusliche Gewalt, Krieg und die Vorstellung, alles mit ökonomischen Mitteln lösen zu können. Lassen Sie mich unter Beweis stellen, dass ich keine Männerhasserin bin, indem ich meine Liste mit Ayn Rand und ihrem Buch *Der Streik* beginnen lasse. Schließlich trägt jedes Buch, das von dem 2015 im Kongress sitzenden Paul Ryan so über die Maßen geliebt wird, eine gewisse Verantwortung für das Elend, das Ryan so unbedingt anrichten will.

Und da wir schon bei Anleitungen sind, in denen

Frauen als Nichtpersonen dargestellt werden: Als ich zum ersten Mal *On the Road* las (das nicht auf der Liste steht, dafür aber *Gammler, Zen und hohe Berge*), wurde mir klar, dass das Buch die Identifikation der Leser mit dem Protagonisten voraussetzt, einem Protagonisten, der sich für ganz besonders sensibel und tiefgründig hält, auch dann noch, als er die junge Latina-Landarbeiterin, mit der er eine Affäre angefangen hat, mit allen Problemen sitzen lässt, die er ihr gemacht hat. Dieser Roman geht davon aus, dass niemand sich mit dieser Frau identifiziert, die schließlich nicht *on the road* ist und die kaum als etwas anderes behandelt wird als eine recht einfach wieder loszuwerdende Aufbewahrungsschatulle.

Ich aber identifizierte mich mit ihr genauso wie mit Lolita. (Selbstverständlich steht *Lolita*, dieses Meisterwerk des Totalausfalls an Einfühlungsvermögen bei der Hauptfigur Humbert Humbert, mit einem neckischen Kommentar versehen auf der *Esquire*-Liste). Jack Kerouac habe ich irgendwann verziehen, genauso wie ich dem Autor der *Esquire*-Liste, Jim Harrison, die objektivierende Geilheit seiner Kommentierungen verziehen habe; beide haben gewisse Qualitäten, die für Ausgleich sorgen. Harrisons Lüsternheit hat etwas wohltuend Mittlerer-Westen-haftes, was der von Charles Bukowski und Henry Miller abgeht.

Aber natürlich stehen alle drei auf der *Esquire*-Liste.

Die *n + 1*-Redakteurin Dayna Tortorici hat geschrieben: »Ich werde nie vergessen, wie fürchterlich ich mich gefühlt habe, als ich Bukowskis *Der Mann mit der Ledertasche* las. Wie dieser Erzähler die dicken Beine hässlicher Frauen beschreibt! Ich glaube, das war das erste Mal, dass ich mich von einem Buch, mit dem ich mich zu identifizieren versuchte, abgestoßen fühlte. Aber natürlich habe ich es trotzdem verschlungen, und natürlich habe ich im Anschluss meinen Körper gehasst.« Vor ein paar Jahren hat die Schriftstellerin Emily Gould die Autoren Saul Bellow, Philip Roth, John Updike und Norman Mailer als die »Frauenfeinde der Jahrhundertmitte« bezeichnet, was eine griffige Umschreibung dieser vier Typen auf der *Esquire*-Liste ist, die es sämtlich auch auf meine Liste schaffen würden.

Auch Ernest Hemingway kommt in meine »Bloß nicht lesen!«-Zone, weil jemand, der so viel von Gertrude Stein lernen durfte wie er, kein homophober, antisemitischer Frauenhasser sein bräuchte – und weil die Großwildjagd schlicht nicht mit Männlichkeit gleichgesetzt werden sollte. Das Knarre-Penis-Tod-Dings ist so traurig wie hässlich. Und weil der knappe, verkrampfte Prosastil bei ihm manieriert, überheblich und kitschig wirkt. Männliche Gefühlsduselei ist die schlimmste aller Gefühlsduseleien, weil sie sich selbst gegenüber verblendet ist – was man von dem ehrlich emotionalen Dickens jedoch nicht sagen kann.

Auch wie Hemingway sich über F. Scott Fitzgeralds Penisgröße verbreitet hat, war erbärmlich und irgendwie leicht zu durchschauen – zu einem Zeitpunkt, als Fitzgerald der deutlich erfolgreichere Autor war. Mit Sätzen weich wie Seide – gegen die Hemingways Prosa wie Lego wirkt – und einer formwandlerischen Empathie für Daisy Buchanan, Nicole Diver und seine männlichen Charaktere gleichermaßen ist Fitzgerald bis heute der deutlich bessere Schriftsteller. (*Zärtlich ist die Nacht* kann unter anderem als Verhandlung der weitreichenden Folgen von Inzest und Kindesmissbrauch gelesen werden.)

Norman Mailer und William S. Burroughs kämen ganz nach oben auf meine Nicht-lesen-Liste, einfach weil es Unmengen anderer Schriftsteller gibt, die ihre Ehefrauen nicht erstochen oder erschossen haben (und weil Luc Sante, ein Schriftsteller, den wirklich jede*r lesen sollte, vor 30 Jahren einen irrwitzig guten Text über Burroughs widerwärtige Geschlechterpolitik schrieb, der mich sehr beeinflusst hat). Diese ganzen Romane von Männern, die dem Glauben anzuhängen scheinen, Größe sei alles, all diese neunhundertseitigen Monster, die man, wären sie von einer Frau geschrieben, als übergewichtig bezeichnet und mit einer Diätverordnung nach Hause geschickt hätte. All diese geifernden Bücher über Gewaltverbrechen gegen Frauen, vor allem der Mordfall an der »schwarzen Dahlie«, der auf entsetzliche Weise daran gemahnt, wie häufig Gewalt gegen Frauen von manchen Männern für andere Männer erotisch aufgeladen wird und wie diese Gewalt Frauen den Hass verinnerlichen lässt. Jacqueline Rose schrieb neulich in der *London Review of Books*: »Indem das Patriarchat Frauen dazu anhält, sich selbst mit Verachtung zu strafen, blüht und gedeiht es.« Mir ist außerdem bewusst, dass es diesen einen Schriftsteller namens Jonathan Franzen gibt. Mit Ausnahme seiner wiederholten Attacken auf Jennifer Weiner in seinen Interviews habe ich jedoch nichts von ihm gelesen.

Es gibt gute und großartige Bücher auf der *Esquire*-Liste. Aber sogar *Moby Dick*, ein von mir sehr geliebtes Buch, führt mir vor Augen, dass man von einem Buch ohne weibliche Charaktere oft sagt, es handle von der Menschheit als solcher, während ein Buch, in dem hauptsächlich Frauen die Protagonistinnen sind, eben ein Frauenbuch ist. Geht man nach dieser Liste, müsste man sich von einem James M. Cain und Philip Roth etwas über Frauen erzählen lassen, und das sind schlicht nicht die Experten, an die man sich wenden sollte. Nicht, solange es die grandiosen Werke von Doris Lessing, Louise Erdrich und Elena Ferrante gibt. Ich betrachte mein Held*innen-Regal, und dort stehen: Philip Levine, Rainer Maria Rilke, Virginia

Woolf, Shunryu Suzuki, Adrienne Rich, Pablo Neruda, Subcomandante Marcos, Eduardo Galeano, James Baldwin. Deren Bücher sind, sofern überhaupt Anleitungen, Anleitungen dafür, wie man seine Identität in die Welt hinaus ausdehnt, die menschliche und nichtmenschliche, ins Reich der Phantasie. Diese Ausdehnung ist ein großer Akt des Einfühlungsvermögens, der einen über sich selbst hinaushebt und nicht am Geschlecht festkettet.

Nachbemerkung: Dieser Artikel ist erstmals auf Lithub.com erschienen. Er bekam viel Aufmerksamkeit im Netz, was wiederum den *Esquire* zu einer Reaktion veranlasste: »Was sollen wir sagen? Wir haben eindeutig Mist fabriziert. Unsere vor einigen Jahren veröffentlichte Liste ›80 Bücher, die jeder Mann lesen sollte‹ wurde sehr zu Recht kritisiert. Sie weist tatsächlich einen eklatanten Mangel an Diversität auf, sowohl bei den Autor*innen als auch bei den Titeln. Also haben wir acht literarische Schwergewichte, angefangen bei Michiko Kakutani über Anna Holmes bis hin zu Roxane Gay, darum gebeten, uns bei der Erstellung einer überarbeiteten Liste behilflich zu sein.«

Wenn Männer mir *Lolita* erklären

2015

Es ist eine allgemein bekannte Tatsache, dass eine Frau, die eine eigene Meinung hat, eigentlich ganz unbedingt korrigiert werden möchte. Nun gut, vielleicht auch nicht, aber wer zerreißt sich nicht mal gern das Maul über Jane Austen und ihren berühmten ersten Satz?[8] Die Antwort lautet: viele! Schließlich sind wir alle verschieden, und manche haben *Stolz und Vorurteil* keineswegs Dutzende von Malen gelesen. Aber mir kommt es auf etwas anderes an: Ich führe seit einiger Zeit ein interessantes Experiment durch, das folgendermaßen abläuft: Ich bringe meine Meinung vor und stelle dann fest, dass manche Menschen da draußen in der Welt, vor allem Männer, mit mir zu diskutieren beginnen – mit der Begründung, meine Meinung sei falsch, wohingegen die ihre richtig sei, einfach weil sie überzeugt davon sind, dass ihre Meinung eine

---

8 »Es ist eine allgemein anerkannte Wahrheit, dass ein alleinstehender Mann, der ein beträchtliches Vermögen besitzt, einer Frau bedarf.«

Tatsache, meine dagegen Einbildung ist. Manchmal scheinen sie auch zu denken, dass sie alles bestimmen dürfen – mich genauso wie die Tatsachen.

Es ist keine allgemein anerkannte Tatsache, dass jemand, der Meinungen fälschlicherweise für Fakten hält, sich vielleicht auch fälschlicherweise selbst für Gott hält. Das aber kann passieren, wenn dieser Jemand nicht hinlänglich mit dem Faktum konfrontiert wurde, dass es auf dieser Welt auch andere Menschen außer ihm gibt, die andere Erfahrungen gemacht haben, und dass alle gleich erschaffen wurden, mit gewissen unveräußerlichen Rechten, und dass diese Sache mit dem Bewusstsein, die so interessant wie beunruhigend ist, auch in den Köpfen dieser Menschen abläuft! An diesem Problem leiden vor allem heterosexuelle weiße Männer, schließlich hat die westliche Welt ihnen lange Zeit einen Spiegel vorgehalten – und fügsame Frauen zu Spiegeln werden lassen, die diesen Männern ein doppelt so großes Bild von sich zurückwerfen, wie Virginia Woolf feststellte. Wir anderen sind es irgendwann gewohnt, unsere Rasse- und Gender-Identität zu überschreiten, indem wir uns in Protagonisten wie Ismael und David Copperfield, Dirty Harry und Holden Caulfield hineinversetzen. Was heterosexuelle weiße Männer eben nicht ganz so häufig tun. Ich habe vor einiger Zeit den Begriff *priveloblivousness* geprägt, um beschreiben zu können, dass man kein Bewusstsein braucht – und oft auch keines entwickelt –, wenn man der Bevorteilte und der Repräsentierte ist. Was auf seine Art auch eine Form von Verlust ist.

Feminismus: Das waren sehr oft Frauen, die zuvor nicht anerkannte Erfahrungen zum Ausdruck gebracht haben. Antifeminismus: Das waren sehr oft Männer, die diesen Frauen erzählt haben, dass das, was sie beschreiben, gar nicht passiert. »Du bist gerade gar nicht vergewaltigt worden«, sagt dann dein Vergewaltiger vielleicht, und wenn du trotzdem darauf bestehst, bekommst du womöglich Morddrohungen, denn andere Menschen umzubringen ist immer noch der einfachste Weg, die einzige Stimme im Raum zu sein. Nichtweiße Menschen bekommen oft denselben Müll zu hören. Von wegen, Rassismus gebe es doch gar nicht, niemand würde sie anderes behandeln, und die Kategorie »Rasse« würde doch nirgendwo eine Rolle spielen. Wer schließlich weiß das besser als Weiße, die versuchen, *people of color* zum Schweigen zu bringen? Und queere Menschen am besten gleich mit. Aber all das wissen wir ja schon längst – oder sollten es zumindest, wenn wir auch nur ein bisschen aufmerksam sind.

Dieses Aufmerksamsein ist der Akt, der Empathie begründet. Es ist die Basis allen Zuhörens und Sehens, es ist notwendig, um sich Erfahrungswelten vorzustellen, die sich von den eigenen unterscheiden, um so aus den Grenzen der eigenen Erfahrungen auszubrechen.

Man hört in letzter Zeit häufiger von der populären These, Bücher könnten uns dabei helfen, Mitgefühl zu entwickeln. Wenn dem so ist, dann deshalb, weil sie uns dabei behilflich sind, eine Vorstellung davon zu entwickeln, wie es ist, ein Mensch zu sein, der man eigentlich gar nicht ist. Oder weil wir mit ihnen tiefer in uns selbst vordringen, weil wir so ein größeres Bewusstsein davon entwickeln, was es bedeutet, ein gebrochenes Herz zu haben, krank zu sein, sechs oder 96 Jahre alt oder auch komplett orientierungslos zu sein. Weil sie uns also nicht nur Versionen unseres Selbst anbieten, die toll und immer im Recht sind und dazu noch in einer Welt leben, in der andere Menschen nur dazu da sind, unsere Großartigkeit zu bestärken – obwohl es diese Sorte von Büchern, Comics und Filmen, die den männlichen Vorstellungswelten sehr zupasskommen, natürlich in Hülle und Fülle gibt. Was wiederum eine mahnende Erinnerung daran sein sollte, dass Literatur und Kunst uns in Sachen Empathie auch verkümmern lassen können – was immer dann passiert, wenn sie uns gefangenhalten in der langweiligen alten Festung des grandiosen Egos.

Genau aus diesem Grund hatte ich letzthin eine richtig schöne Zeit, als ich auf dem sehr männlich geprägten literarischen Kanon herumgehackt habe, wie er vom *Esquire* aufgestellt wurde. Ein Kanon aus 80 Büchern, von denen 79 von Männern geschrieben wurden und die dieser eingeengten Erfahrung Vorschub zu leisten schienen. In meiner Reaktion darauf habe ich argumentiert, es gehe nicht darum, dass nur noch von Frauen geschriebene Bücher gelesen werden sollten – obwohl etwas Ausgewogenheit nicht schaden könnte –, aber dass es beim Lesen doch darauf ankomme, die eigene Gender-Rolle (und Hautfarbe, soziale Klasse, sexuelle Orientierung, Nationalität, Begabung, das eigene Alter und den historischen Moment, in dem man lebt) zu erkunden. Und mehr noch, sie zu überschreiten und die Erfahrung zu machen, auch mal jemand anderes zu sein. So etwas zu schreiben bringt gewisse Männer gegen einen auf. Viele Exemplare dieses seltsamen Geschlechts geraten leicht aus der Fassung, wissen aber oftmals noch nicht einmal, dass sie aufgebracht sind. Sie denken einfach: Du hast unrecht! Manchmal auch: Du bist böse!

In diesem Jahr ist schon viel geschrieben worden über College-Studierende, will sagen: über weibliche Studierende, schwarze Student*innen und Trans-Student*innen. Hypersensibel seien sie, und sie verlangten, man solle andere zensieren. Aus diesem Grund hat *The Atlantic,* ein merkwürdiges Magazin, das zwischen progressiv und regressiv hin- und herschwankt wie ein schwergewichtiges Pendel, vor kurzem einen Text gedruckt über »Die Verzärtelung des amerikanischen Geistes«. Darin steht, dass die Comedians »Jerry Seinfeld und Bill Maher die Überempfindlichkeit von College-Studierenden öffentlich verurteilt und gesagt haben, dass viele wohl einfach keinen Spaß vertrügen«, eine Aussage, in der mitschwingt, dass diese beiden alten weißen Männer eindeutig Autoritäten sind.

Jetzt aber mal im Ernst: Wer, bitte, versteht hier keinen Spaß? Weiße Männer! Nicht, wenn es um sie und ihr Universum geht. Wenn man sich diese Wut vergegenwärtigt oder diese Drohungen bekommt, dann sieht man Menschen, die tatsächlich erwarten, dass alle nach ihrer Pfeife tanzen und sie Tag um Tag gesagt bekommen, wie großartig sie sind. Lassen Sie mich an dieser Stelle – nur fürs Protokoll – etwas klarstellen: Ich behaupte nicht, dass kein Mann einen Spaß abkann. Viele weiße Männer – darunter viele Freunde von mir (und natürlich Familienmitglieder, die fast so bleich sind wie ich) – haben einen Sinn für Humor, also die Gabe, den tiefen Graben wahrzunehmen zwischen dem, wie die Dinge sein sollten, und dem, wie sie tatsächlich sind, und dabei auch über ihren Tellerrand hinauszusehen. Manche sind sehr mitfühlend und sehr einsichtig – und schreiben so gut wie der Rest von uns. Manche sind wahre Menschenrechtschampions.

Aber es gibt eben auch jene anderen. Sie tauchen ganz plötzlich auf und verlangen, gebauchpinselt zu werden. Einer Gruppe schwarzer College-Student*innen gefällt etwas nicht; sie bitten in einer angemessen zivilen Art um Veränderung, und sofort heißt es, sie würden einfordern, gehätschelt zu werden – als würden sie unter vorgehaltener Waffe Atomwaffen oder ein Portemonnaie einfordern. Einer Gruppe weißer, männlicher Gamer gefällt nicht, was eine Kulturkritikerin über Frauenfeindlichkeit in Computerspielen sagt. Also verbringen diese Männer ein ganzes Jahr damit, die Kritikerin mit einem endlosen Strom aus Vergewaltigungsdrohungen, Morddrohungen, Bombendrohungen und Doxing zu drangsalieren. Schließlich drohen sie mit einem Massaker, das nach dem Vorbild von Marc Lépine verübt werden soll, jenem Frauenhasser aus Montreal, der 1989 vierzehn Frauen ermordete. Ich spreche natürlich über den Fall Anita Sarkeesian und Gamergate. Diese Typen sind es, die man als verhätschelt bezeichnen könnte. Was man sollte. Denn ernsthaft: Halten diese Typen lieber den Mund? Oder glauben sie nicht doch eher, ihnen stünde eine Welt zu, in der schlicht alles, was sie tun, mögen und machen, von allen anderen für großartig gehalten wird? Vielleicht einfach, weil es seit geraumer Zeit genauso gewesen ist?

Vor kurzem bin ich dann quasi in ein Wespennest getreten, weil ich feministische Ansichten zu Büchern kundgetan habe. Letzten Endes lief alles auf *Lolita* hinaus. Das übliche Argument, ein Roman sei dann gut, wenn er Empathie erzeuge, setzt voraus, dass wir uns mit den jeweiligen Figuren auch wirklich identifizieren. Und ich sage niemandem, es sei falsch, sich mit Gilgamesch oder sogar mit Elizabeth Bennett zu identifizieren. Im Fall von Lolita bedeutet das allerdings, mit noch größerer Klarheit zu sehen, dass dieses Buch von einem weißen Mann handelt, der über die Zeitspanne von mehreren Jahren hinweg ein Kind vergewaltigt. Soll man denn *Lolita* lesen und mit aller Macht ignorieren, dass es in dieser Geschichte und bei dieser Figurenkonstellation eben genau darum geht? Darf dieses Narrativ denn keinerlei Bezug haben zu eigenen Erfahrungen?

Mehr hatte ich eigentlich nicht sagen wollen. So, wie ich mich in *On the Road* mit einer Figur identifiziert hatte, die herablassend behandelt wird, hatte ich mich eben auch mit Lolita identifiziert. Ich habe früher viel Nabokov gelesen, aber die Lektüre eines Buches, das um die fortgesetzte Vergewaltigung eines in Geiselhaft gehaltenen Kindes kreist, war damals, als ich selbst fast noch im Alter dieses Kindes war, ein Fingerzeig, wie feindselig die Welt beziehungsweise die Männer auf dieser Welt sein können. Was kein Vergnügen ist.

Die Allgegenwart des literarischen Sujets »Männer, die Mädchen vergewaltigen« – angefangen bei Thomas Hardys *Tess von den d'Urbervilles* bis hin zu Bret Easton Ellis' *Unter Null*, dazu die auf wahren Begebenheiten basierenden Berichte, zum Beispiel von Jaycee Dugard (die 1991 als Elfjährige gekidnappt und 18 Jahre lang in der Nähe von San Francisco von einem Mann als Sex-Sklavin gehalten wurde) oder Elizabeth Smart (die 2002 gekidnappt wurde und über neun Monate auf gleiche Art missbraucht wurde) – kann einen kumulativen Effekt haben: Sie hält uns Frauen dazu an, einen Großteil unseres Lebens lieber schweigend zu verbringen und auf diese Art ganz strategisch zu versuchen, nicht vergewaltigt zu werden. Diese Vorgehensweise zollt unserem Leben einen hohen Tribut und wirkt sich nachhaltig auf unser Selbstwertgefühl aus. Manchmal erinnert uns Kunst an das wirkliche Leben.

Hardys Roman ist im Grunde eine Tragödie rund um die Frage: Was passiert, wenn eine arme junge Frau keine Handlungsfreiheit hat? Es beginnt damit, dass sie kein Recht hat, den ihr von einem reichen Mann aufgezwungenen Sex abzulehnen, und zieht von da ausgehend immer weitere Kreise, bis das Leben dieser Frau zerstört ist. Man könnte dieses Buch als großen feministischen Roman betrachten. Es gibt eine ganze Reihe männlicher Autoren, darunter solche, die vor langer Zeit geschrieben haben und deren Einstellung sowohl ihren weiblichen als auch männlichen Figuren gegenüber ich als human und mitfühlend bezeichnen würde: Mir fallen da neben Thomas Hardy auch William Wordsworth, Leo Tolstoi, Anthony Trollope und Charles Dickens ein. (Dass keiner von ihnen ein absolut fehlerfreier Mensch war, können wir gern zu einem anderen Zeitpunkt diskutieren, wahrscheinlich aber erst, wenn die Hölle zugefroren ist.)

Es gibt eine geläufige Art, Angriffe auf die Kunst zu lancieren – eine Form der Attacke, die sich selbst für Verteidigung hält. Dabei wird angeführt, Kunst habe doch nichts mit dem Leben zu tun; Kunst sei doch nicht gefährlich, weswegen Kunst über alle Kritik erhaben sei und es keinen Grund gebe, Einwände gegen sie zu haben. Einspruch gegen Kunst sei Zensur. Niemand hat je eleganter gegen diese Sichtweise argumentiert als der große, vor wenigen Jahren verstorbene Kritiker Arthur C. Danto, dessen Essay zum Thema mein eigenes Denken maßgeblich beeinflusst hat.

Das war 1988, in einer Zeit, als rechte Senatoren Kunst zensieren und die staatliche Kunst- und Kulturstiftung »National Endowment for the Arts (NEA)« gleich ganz abschaffen wollten. Sie wandten sich gegen von der NEA geförderte Kunst, darunter Robert Mapplethorpes elegant-formalistische Bilder von Männern, die sich sadomasochistischen Spielen hingeben. Sie führten an, solche Kunst sei gefährlich, sie könne das Denken und Leben Einzelner und der gesamten Gesellschaft verändern. Einige, die sich dagegen formierten, vertraten die unglückliche Ansicht, Kunst könne gar nicht gefährlich sein, weil sie letztendlich keinerlei Wirkung habe.

Aber Fotografien, Essays, Romane und all das können ein Leben sehr wohl verändern; sie sind gefährlich. Kunst formt die Welt. Ich kenne viele Menschen, für die ein Buch ausschlaggebend war für das, was sie mit ihrem Leben anfangen wollten, oder denen ein Buch das Leben rettete. Und wenn ich selbst kein spezifisches Buch nennen kann, das mich gerettet hat, dann liegt das nur daran, dass es Hunderte oder Tausende zusammen waren. Es gibt komplexere und weniger akute Gründe, ein Buch zu lesen – darunter auch das pure Vergnügen. Was genauso zählt. Danto beschreibt die Weltsicht derjenigen, die ein Apartheid-System zwischen Kunst und Leben wittern: »Das Konzept ›Kunst‹ allerdings zieht zwischen dem Leben und der Literatur eine sehr dicke Membran ein, die dafür sorgt, dass dem Künstler die Hände gebunden sind: Solange das, was er tut, für Kunst gehalten wird, ist es ihm nicht möglich, moralischen Schaden anzurichten.« Ihm kommt es darauf an, dass Kunst durchaus moralischen Schaden anrichten kann – was sie auch oft tut, genauso wie andere Bücher Gutes bewerkstelligen. Danto führt totalitäre Regime an, deren Funktionäre sehr klar erkannt hätten, dass Kunst die Welt verändern kann, weswegen sie alles, was das Potenzial dazu hätte, unterdrückten.

Man kann Nabokovs Verhältnis zu seiner Figur in mehrfacher Hinsicht lesen. Véra Nabokov, die Frau des Schriftstellers, schrieb: »Ich würde mir wünschen, jemandem fiele die zärtliche Beschreibung des Mädchens auf, seine mitleiderregende Abhängigkeit von dem monströsen HH und sein herzzerreißender Mut während all der Zeit …« Auch Frauen, die Nabokovs Roman im repressiven Iran läsen, identifizierten sich durchaus mit der Figur, schreibt Azar Nafisi in ihrem vielgelesenen Buch *Lolita lesen in Teheran*: »Lolita gehört zu der Gruppe von Opfern, die keine Möglichkeit bekommen, sich zu verteidigen und ihre eigene Geschichte darzustellen. So wird sie ein Opfer in doppelter Hinsicht: Man raubt ihr nicht nur das Leben, sondern auch noch ihre Geschichte. Wir sagten uns: Wir halten diesen Kurs ab, um zu verhindern, dass wir selbst zu Opfer dieser zweiten Art von Verbrechen werden.«

Als ich den Text schrieb, der so unwirsche Reaktionen hervorrief, habe ich eigentlich nur darzustellen versucht, dass es einen literarischen Kanon gibt, der Frauen ihre Geschichten wegnimmt, weil er nur aus Geschichten von Männern besteht. Und dass solche Bücher die Welt manchmal nicht nur *nicht* aus weiblicher Sicht beschreiben, sondern uns die Abwertung und Erniedrigung von Frauen auch noch als echt coole Sache einimpfen.

Comic-Zeichner Scott Adams, der *Dilbert*-Schöpfer, hat kürzlich geschrieben, wir lebten in einem Matriarchat, denn »der Zugang zu Sex ist streng von der Frau kontrolliert«. Was nichts anderes heißt als: Du kriegst eben nur dann Sex mit jemandem, wenn dieser Jemand auch Sex mit dir haben will – was, wenn man die geschlechtsanzeigenden Fürwörter weglässt, erst mal völlig vernünftig klingt. Du bekommst eben nicht die Hälfte vom Butterbrot ab, es sei denn, jemand will es mit dir teilen. Diese Regeln sind doch keine Form der Unterdrückung, die hat doch höchstwahrscheinlich jeder schon im Kindergarten gelernt.

Wenn man allerdings davon ausgeht, dass Sex mit einem weiblichen Körper ein Recht ist, über das ein heterosexueller Mann per se verfügt, dann sind Frauen eben nichts anderes als diese durchgeknallten, illegitimen Gatekeeper, die sich immer nur zwischen dich und deine Rechte zu stellen versuchen. Das wiederum bedeutet, dass es dir bislang nicht gelungen ist, Frauen als Menschen anzuerkennen, was womöglich von den Büchern und Filmen herrührt, mit denen du in Kontakt gekommen bist – oder eben nicht –, und von der massiven Beeinflussung durch die dich umgebenden Menschen und Systeme. Kunst hat eine Wirkung, und in einem beträchtlichen Anteil der Kunst wird Vergewaltigung als Triumph des Willens gefeiert (vgl. Kate Millets Buch *Sexus und Herrschaft: Die Tyrannei des Mannes in unserer Gesellschaft* aus dem Jahr 1970, in dem es ebenfalls um einige der Schriftsteller von der *Esquire*-Liste geht). Kunst ist immer ideologisch, sie macht die Welt, in der wir leben.

Die investigativ arbeitenden Journalisten T. Christian Miller und Ken Armstrong veröffentlichten im Dezember 2015 einen langen Artikel darüber, wie die Polizei einen mehrfachen Vergewaltiger schnappte (und wie einem seiner Opfer nicht nur über Jahre nicht geglaubt, sondern wie sie so lange eingeschüchtert wurde, bis sie sagte, sie habe gelogen, woraufhin man sie wegen Falschaussage verklagte). Der Vergewaltiger sagte ihnen, dass »deviante Phantasien sich seiner schon als Kind bemächtigten, als er sah, wie Jabba the Hutt Prinzessin Leia versklavte und in Ketten legte«. Kultur formt uns.

Dagegen wandte einer meiner freiwilligen Lehrmeister ein: »Wer *Lolita* liest und sich dabei mit einer der Figuren ›identifiziert‹, hat Nabokov nicht begriffen.« Ich fand das lustig und postete es auf Facebook. Daraufhin kam ein freundlicher, liberaler Mann des Wegs und erklärte mir, dieses Buch sei eine Allegorie – als ob ich darauf noch nicht selbst gekommen wäre. Natürlich ist es das. Aber es ist eben gleichzeitig auch ein Roman über einen fetten alten Typen, der ein schmächtiges Kind immer und immer und immer wieder vergewaltigt. Bis es weint. Dann kam ein weiterer freundlicher, liberaler Mann daher und sagte: »Sie scheinen die grundlegende Wahrheit der Kunst nicht verstanden zu haben. Es würde mir nichts ausmachen, wenn ein Roman von einer ganzen Horde Frauen handeln würde, die durch die Gegend rennen und Männer kastrieren. Solange das Buch gut geschrieben wäre, würde ich es lesen wollen. Wahrscheinlich nicht nur ein Mal.« Ein derartiges literarisches Œuvre gibt es natürlich nicht. Aber hätte man diesem freundlichen, liberalen Mann ein Buch voller Kastrationsszenen nach dem anderen zukommen lassen, Bücher, in denen Kastration vielleicht sogar gefeiert würde, dann hätte das vielleicht eine gewisse Auswirkung auf ihn gehabt.

Ich beeile mich hinzuzufügen, dass ich mich an dem Punkt meines Lebens, wo ich mich gerade befinde, von solchen Männern nicht verletzt fühle. Ich bemitleide mich auch nicht. Ich bekomme lediglich sehr große Augen und wundere mich darüber, was für völlig bescheuertes Zeug sie ablassen; es fühlt sich an, als betriebe ich ein Labor und mir würden unablässig neue wundersame Exemplare dargebracht. Offenbar haben sich jenseits meines Horizonts manche derart aufgeregt, dass sich keine geringere literarische Stimme als der Booker-Preisträger Marlon James zu Wort meldete: »Liberale Männer. Ich habe nicht vor, eure unausweichliche Entwicklung hin zum Neoliberalismus und danach zum Neokonservativismus aufzuhalten. Machen wir's an dieser Stelle also kurz: Wie es scheint, haben einige von euch ein Problem mit Rebecca Solnits neuem Text. Zensur und der Versuch, jemandem die Möglichkeit des Geldverdienens streitig zu machen, sind allerdings nicht dasselbe.«

Und auch wenn ich James dankbar dafür war, dass er sich ihnen entgegenstellte: Eigentlich hatte ich niemandem die Möglichkeit streitig machen wollen, Geld zu verdienen. Ich habe doch nur in einem Text, der gleichzeitig viele männliche Autoren lobte und feierte (tatsächlich wurden gleich viele Männer gelobt wie kritisiert; man könnte also von einem ausgewogenen Punktestand sprechen), ein paar humorvolle Bemerkungen über ein paar Bücher und über die Figuren einiger längst verstorbener Schriftsteller fallenlassen. Die Männer, die mich daraufhin angingen, waren offenbar erzürnt und überzeugt davon, dass die Existenz meiner Meinung und meiner Stimme die Rechte anderer bedrohte. Leute: Zensur herrscht dann, wenn eine Obrigkeit ein Kunstwerk von der Öffentlichkeit fernhält. Nicht, wenn es jemandem nicht gefällt.

Ich habe zu keinem Zeitpunkt gesagt, dass wir *Lolita* nicht lesen sollten. Ich selbst habe das Buch mehr als ein Mal gelesen. Im Spaß habe ich gesagt, es sollte eine Liste mit Büchern geben, die keine Frau lesen sollte, weil diverse abgöttisch verehrte Bücher einigermaßen niederträchtig auf meinem Geschlecht herumtrampeln, aber ich habe immer auch gesagt: »Natürlich finde ich, dass jede*r lesen sollte, was sie oder er will. Ich denke einfach nur, dass manche Bücher vermitteln, Frauen seien nichts als Dreck, nur schmückendes Beiwerk, und dass sie eigentlich nicht existieren beziehungsweise von Natur aus boshaft und leer sind.« Und dann habe ich mir eben den Spaß erlaubt, ein paar Ansichten über Bücher und Schriftsteller unters Volk zu bringen. Aber es war mir ernst damit. Man liest einfach genug Bücher, in denen Menschen wie man selbst Wegwerfartikel sind oder eben Dreck, in denen diese Menschen schweigen, abwesend oder wertlos sind. Und das macht etwas mit einem. Denn Kunst gestaltet die Welt, Kunst ist relevant, Kunst macht uns. Oder bricht uns.

Zu hoher Alkoholkonsum birgt für Frauen viele Risiken.

Für Schwangere und ihr Baby:

Fehlgeburt
Totgeburt
Frühgeburt
Fetales Alkoholsyndrom (FAS)
Plötzlicher Kindstod

Für jede Frau:

Verletzungen/Gewalttätigkeit
Herzerkrankungen
Krebs
Geschlechtskrankheiten
Fruchtbarkeitsprobleme
Ungewollte Schwangerschaft

Zu viel Alkohol heißt bei …

… schwangeren Frauen:

Jedweder Alkoholkonsum bei Frauen, die schwanger sind oder schwanger sein könnten

… nicht schwangeren Frauen:

8 oder mehr alkoholische Getränke pro Woche (durchschnittl. mehr als 1 alkoholisches Getränk bzw. Glas pro Tag)

Komatrinken (4 oder mehr alkoholische Getränke in 2–3 Stunden)

Jeglicher Alkoholkonsum bei unter 21-Jährigen

Ärzte, Pflegepersonal und andere im Gesundheitsbereich Tätige sollten jede erwachsene Patientin, auch Schwangere, genau untersuchen* und diejenigen beraten, die zu viel trinken. In 5 Schritten können Frauen dabei unterstützt werden, nicht zu viel zu trinken und in der Schwangerschaft ganz auf Alkohol zu verzichten.

1 Evaluation des Alkoholkonsums einer Frau.

- Benutzen Sie ein zertifiziertes Testgerät (z. B. AUDIT (US)*
- Nehmen Sie sich 6–15 Minuten Zeit, um das Testergebnis zu erklären, und beraten Sie diejenigen, die zu viel trinken.
- Raten Sie zum vollständigen Verzicht auf Alkohol, wenn eine Frau schwanger ist oder schwanger sein könnte.
- Entwickeln Sie gemeinsam ein Vorgehen.

2 Empfehlen Sie Verhütungsmaßnahmen, wenn eine Frau Geschlechtsverkehr hat, nicht schwanger werden will und Alkohol trinkt (falls die Situation es zulässt).

- Schätzen Sie das Schwangerschaftsrisiko ein und betonen Sie wiederholt die Wichtigkeit von Verhütungsmaßnahmen.
- Besprechen Sie die ganze Bandbreite der zur Verfügung stehenden Verhütungsmethoden.
- Ermuntern Sie zur Benutzung von Kondomen, um das Risiko von Geschlechtskrankheiten zu verringern.

»Der beste Ratschlag ist, mit dem Trinken aufzuhören, sobald man versucht, schwanger zu werden.«

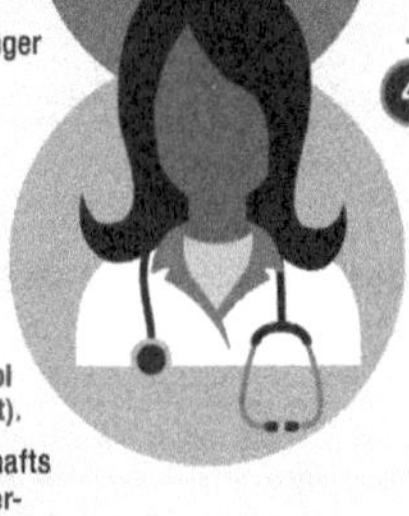

3 Raten Sie einer Frau, die schwanger werden möchte oder beim Geschlechtsverkehr auf Verhütungsmaßnahmen verzichtet, mit dem Trinken aufzuhören

- Besprechen Sie die Gründe, auf Alkohol zu verzichten, bevor die Frau weiß, dass sie schwanger ist.

4 Weisen Sie auf weitere Hilfsangebote hin, wenn eine Frau nicht mit dem Trinken aufhören kann.

- Informieren Sie über Angebote der Gemeinde oder eruieren Sie die nächstgelegene Drogenberatungsstelle. (www.findtreatment.samhsa.gov)
- Ziehen Sie eine Überweisung in Erwägung oder empfehlen Sie die Anonymen Alkoholiker (www.aa.org)

5 Setzen Sie im Jahresrhythmus oder bei Bedarf häufiger Wiederholungstermine an.

- Machen Sie feste Termine.
- Geben Sie bei den Verlaufskontrollen weiter Hilfestellung.

* Unter www.cdc.gov/ncbddd/fasd/alcohol-screening.html erfahren Sie, wie man Alkoholkonsum technisch prüft und Personal in dieser Hinsicht berät.

Quelle: American Congress of Obstetricians and Gynecologists, www.acog.org/alcohol

Der Fall des fehlenden Täters

2016

Wer einen Krimi liest, fängt im Stadium des Unwissens an und arbeitet sich Hinweis um Hinweis, Spur um Spur zum Wissen vor. Einzelne Anhaltspunkte werden zusammengeführt und ergeben schlussendlich eine Erkenntnis, die die Welt wieder in Ordnung bringt und dafür sorgt, dass der Gerechtigkeit Genüge getan wird – oder die zumindest für Befriedigung sorgt, weil am Ende wieder Klarheit besteht über die Welt. Wenn Kriminalliteratur die Literatur der Desillusion ist, dann gibt es daneben noch eine sehr viel häufiger anzutreffende Literatur der Illusion, die es statt auf Klarstellung auf Täuschung und Ablenkung abgesehen hat.

Ein perfektes Beispiel aus jüngster Zeit sind die vom Zentrum für Krankheitskontrolle und Prävention (CDC) herausgegebenen neuen Richtlinien für Alkoholkonsum, die weithin viel Häme erfahren haben. Sie funktionieren wie ein rückwärts laufender Krimi – liest man sie arglos, gerät man ganz durcheinander, was genau eine Frau ist, wie Gewalt und

Schwangerschaft zustande kommen und wer an all diesen Dingen beteiligt ist. Wenn man etwas genauer liest, begreift man eventuell, dass das Passiv sehr oft ein Deckmäntelchen ist und dass das fehlende Subjekt in einem um den heißen Brei herumredenden Satz oft der Schuldige ist.

Was also ist eine Frau? Laut CDC sind zunächst einmal *alle* Frauen gefährdet, schwanger zu werden. »Zu hoher Alkoholkonsum birgt für Frauen viele Risiken«, sagt uns die Informationsbroschüre und schlüsselt diese Risiken in Folge auch »für jede Frau« auf. »Verletzungen/Gewalttätigkeit« steht auf der Liste ganz oben, und die »ungewollte Schwangerschaft« macht das Schlusslicht. »Zu viel Alkohol heißt bei (…) Frauen, die schwanger sind oder schwanger sein könnten: jedweder Alkoholkonsum.« Im Gesundheitswesen Tätige sollten »einer Frau, die schwanger werden möchte oder beim Geschlechtsverkehr auf Verhütungsmaßnahmen verzichtet, [raten,] mit dem Trinken aufzuhören.« Wodurch jede Frau mir nichts, dir nichts auf ihre Fruchtbarkeit in den Jahren ihrer Fortpflanzungsfähigkeit reduziert wird, in denen sie dann den fruchtbaren Männchen ausgesetzt ist. Diese Formulierung leugnet die Existenz vieler anderer Sorten von Frauen sowie die gleichgeartete Verantwortung von zumindest einer Sorte Mann. Vielleicht leugnet sie die Existenz von Männern auch deshalb, weil Frauen hier als Konsequenz aus dem Zusammensein mit alkoholischen Getränken und nicht mit Jungs schwanger werden.

Eine erhebliche Zahl von uns fällt also aus den Kriterien des CDC heraus, obwohl sie eigentlich in die Kategorie »Frau« hineingehört. Ziemlich viele von uns befinden sich jenseits des Alters, in dem sie geschwängert werden könnten, und sind deshalb von der damit einhergehenden Unsicherheit auch nicht mehr betroffen. Selbst wenn wir im Napa Valley in Fässern voll reifenden Pinots noir zusammen mit gutaussehenden Sommeliers Bahnen zögen, würden wir nicht zufällig schwanger werden. Aber auch viele jüngere Frauen sind aus dem einen oder anderen Grund unfruchtbar – durch Verhütungsimplantate mit Langzeitwirkung, durch abgebundene Eileiter oder aufgrund von Erkrankungen, Behandlungen oder der Genlotterie. Diese Frauen würden noch nicht mal dann schwanger, wenn Mojito-Fontänen aus dem Boden schössen wie Geysire. Und dann gibt es noch einen nicht unerheblichen Teil der weiblichen Bevölkerung, der lesbisch ist und/oder eher in Gesellschaft anderer Frauen trinkt als in der von Männern, zumindest nicht von jenen fruchtbaren Männern, die gern ungeschützten Sex mit Frauen haben. Auch ein Strom von Whiskey wird nicht die geringste Auswirkung darauf haben, ob diese Frauen schwanger werden oder nicht. Transfrauen schließlich werden im Allgemeinen nicht mal im Beisein von Niagarafällen aus Prosecco schwanger, obwohl einige Transmänner vorsätzlich Kinder ausgetragen haben. Das aber ist eine andere Geschichte, eine irgendwie schöne, viel schöner zumindest als jene, die wir uns jetzt hier genauer ansehen müssen.

Denn nun kommt der eigentliche Knaller: Wie werden (fruchtbare Cis-)Frauen schwanger? Auf in den Sexualkundeunterricht, sechste Klasse: Erinnern Sie sich noch an diese Sache mit der Vereinigung von Spermium und Ei? Wir mussten uns nämlich bei der Betrachtung der neuen CDC-Infografik schon sehr darüber wundern, dass so gar nicht darauf eingegangen wird, wie Frauen denn nun eigentlich schwanger werden. Schwangerschaft ist das Resultat einer spezifischen Zusammenkunft von spezifischen Untergruppen von Männern und Frauen. Ohne Mann keine Schwangerschaft. Wenn diese Formulierung schon zu krass ist für Sie, dann können wir es auch so sagen: Frauen werden schwanger, wenn männliches Genmaterial durch ein männliches Organ in ihren Körper eingeführt wird. (Von den anderen Methoden, Spermien oder befruchtete Eier in den Körper einer Frau zu bringen, wird man ja nicht unabsichtlich schwanger.) Ach ja, und ich sollte vielleicht noch erwähnen: Das besagte männliche Organ ist so gut wie immer an einer männlichen Person festgemacht.

Eine Frau kann so fruchtbar sein wie das Tigris-

Tal zur Zeit Abrahams – bei nicht vorhandenem Verkehr mit einem samentragenden Mann wird sie nicht schwanger. Wenn man sich dagegen ansieht, wie diese Geschichte oft dargestellt wird, dann könnte man zu dem Glauben gelangen, dass Frauen ganz von allein schwanger werden. Konservative tragen ihr Scherflein zu dieser Sichtweise bei, wenn sie Frauen heftig angreifen, die »vaterlose« Kinder in die Welt setzen oder nur zum Vergnügen Sex zu haben. Das Antiabtreibungsnarrativ spricht oft von gefallenen Frauen, die nur aus Spaß an der Freud Sex haben und sich einen Teufel um die Konsequenzen scheren; das Verrückte daran ist die Tatsache, dass sie diese Art Schwangerschaftsrisiko-Sex ja nicht in Abwesenheit von Männern haben – doch dieser Irrsinn fällt kaum auf, weil er so verbreitet ist.

Vor einigen Legislaturperioden behauptete der Politiker Todd Akin, Frauen würden von einer »echten Vergewaltigung« nicht schwanger. Er sagte, der Körper einer Frau habe immer die Möglichkeit, »diese Sache abzubrechen«, als ob eine Gebärmutter mit einem per Fernbedienung steuerbaren Tor versehen sei. Der Wahnsinn dieser Sichtweise bekam derart viel Aufmerksamkeit, dass manchmal fast übersehen wurde, dass diese Äußerung dazu beitragen sollte, Vergewaltigungsopfern das Recht auf Abtreibung zu verweigern. Angesichts der momentan herrschenden Extreme innerhalb der Lobby der Abtreibungsgegner und der strafrechtlichen Verfolgung von Schwangerschaftsabbrüchen (es gibt Fälle, in denen Frauen vor Gericht gestellt wurden, weil sie versucht haben, einen Schwangerschaftsabbruch selbst einzuleiten) haben Frauen im Gegensatz zu den Föten in ihrem Leib keinerlei Rechte. Und das, obwohl die Hälfte dieser Föten einmal zu Frauen werden wird, die dann wiederum im Verhältnis zur nächsten potenziellen Fötengeneration als wertlos eingestuft werden wird. Frauen sind vielleicht einfach nur wertlose Behälter von Behältern von Behältern, die irgendwann vielleicht einmal etwas Wertvolles enthalten, nämlich Männer. Männer in Embryoform. Vielleicht haben Kinder auch alle einen Wert – bis sich herausstellt, dass es Frauen sind. Keine Ahnung. Es ist mir ein Rätsel, wie diese Leute ticken.

In der Zwischenzeit werden die Mechanismen einer Schwangerschaft aber von dieser die Fortpflanzung mystifizierenden Geschichte geflissentlich umschifft. Da wäre zunächst das, was wir als das Rätsel des nicht vorhandenen Mannes bezeichnen könnten: Es hält Jungs von der Fortpflanzung fern und entbindet Väter von der Verantwortung für die sogenannte Vaterlosigkeit – als ob ihre Abwesenheit im Leben eines Kindes irgendwie nichts mit ihnen zu tun hätte. (Und ja, klar: Es gibt boshafte Frauen, die netten Männern den Kontakt zu ihren Kindern verwehren, aber ich persönlich kenne mehr Fälle von verschollenen Vätern und von Müttern, die vor gewalttätigen Widerlingen weglaufen.) Aber eigentlich wissen wir ja, warum Männer aus diesen Narrativen entfernt werden: Auf diese Weise wird ihnen die Verantwortung für eine Schwangerschaft abgenommen – auch für die ungewollte, einem Unfall geschuldete –, und dann erspart man ihnen auch noch den Vorwurf, Verursacher jenes Phänomens zu sein, für das so viele arme Frauen so lange angefeindet wurden: vaterlose Kinder. Die Väter Vaterloser aber sind Legion.

Ein nicht frauenfeindliches Paralleluniversum stelle ich mir so vor: Männern wird klar gesagt, dass sie dieses gefährliche Zeugs mit sich herumtragen, das Frauen in neun Monaten Schwangerschaft aufgehen lässt wie einen Hefekloß und schließlich weitere menschliche Wesen hervorbringt und dass es unverantwortlich, unmoralisch und in vielerlei Hinsicht absolut verfehlt ist – was ist bei Frauen je derart verfehlt? –, wenn sie durch die Gegend laufen und dieses Zeug ohne jegliche Zustimmung, Planung oder Sorge um die langfristigen Konsequenzen in geschlechtsreife Menschen stopfen. In dieser Hinsicht müssen sich Männer nicht allzu viel anhören. Sie werden allerhöchstens davor gewarnt, dass Frauen Männer in Schwangerschaften hineintricksen, womit man den männlichen Rückzug aus der Verantwortung, aber eben nicht aus dem weiblichen Körper oft rechtfertigt.

Empfehlungen für Frauen rund um das Zika-Virus fallen oft ähnlich aus wie die CDC-Empfehlungen für den Alkoholkonsum: Häufig klingt es so, als läge die Verantwortung der Verhütung auch angesichts einer Krankheit, die schwere Geburtsdefekte verursacht, vollständig bei den Frauen – und das klingt selbst in Ländern wie El Salvador so, wo Abtreibung unter allen Umständen illegal ist, wo an Verhütungsmittel nur schwer heranzukommen und es für Frauen nicht immer sicher und leicht ist, nein zu sagen zu Sex (so wie eigentlich überall). Siebzehn Frauen, die wegen einer Abtreibung angeklagt wurden (in El Salvador gilt auch eine Fehlgeburt hin und wieder als Abtreibung), sitzen nun als verurteilte Mörderinnen im Gefängnis. Man kann sich vielleicht darüber streiten, als wessen Eigentum ihre Körper gesehen werden. Eindeutig aber ist, dass der Körper offenbar nichts ist, das ihnen gehören darf. Brasilien hat es geschafft, Männer darüber aufzuklären, dass sie beim Sex mit *schwangeren* Frauen Kondome benutzen sollten (aber nicht mit Frauen, bei denen das Risiko besteht, dass sie schwanger werden).

Diese Mystifizierung der Fortpflanzung ist voller abwesender Männer und fehlender Zugänge zu Ressourcen. Dass das CDC in den Vereinigten Staaten den Fokus so bewusst auf ungewollte Schwangerschaften richtet, wirft die Frage auf, ob nicht vielleicht ein verbesserter Zugang zu reproduktiven Rechten, Bildung und Gesundheitsversorgung einen größeren Beitrag zur Reduzierung ungewollter Schwangerschaften leisten könnte als die Forderung, dass alle nicht verhütenden Frauen im fortpflanzungsfähigen Alter lieber keinen Alkohol trinken sollten (eine Forderung, die noch dazu unter den Tisch fallenlässt, wie viele Frauen ungewollt schwanger werden, obwohl sie verhüten).

Ich wünschte, dieses ganze Theater, den Frauen zu verklickern, wie gefährlich Alkohol ist, wäre nichts weiter als der Ausdruck einer großen Kinderliebe in einem Land, das sich ja auch ansonsten um nichts anderes kümmert als um die Bleivergiftung zwischen New Orleans, Baltimore und Flint, das widerwärtig nitratverseuchte Wasser von Iowa, die krebserregenden Pestizide, den Zusammenhang zwischen überzuckertem Junkfood und Jugenddiabetes sowie den allgemein notwendigen Zugang zu Gesundheitsversorgung, Kinderbetreuung und gutem, angemessenem Essen. Sie wissen: So ist es nicht. Hier geht es ausschließlich um den Hass auf Frauen. Der Frauenhass braucht seine Narrative. Narrative, die Männer verschwinden lassen und Frauen zu Zauberinnen stilisieren, die dem Lotterleben verfallen sind und aus dem Nichts Babys zeugen. Was ein interessantes Narrativ ist, da es Frauen doch einiges an Macht zugesteht. Ein akkurates wäre mir trotzdem lieber. Vielleicht auch ein etwas größer gedachtes, das sämtliche ökologischen und ökonomischen Faktoren benennt, die Einfluss nehmen auf das Wohlergehen von Kindern.

Sprache spielt eine wichtige Rolle. Um die Leute dazu zu bringen, nicht immer den Opfern die Schuld zu geben, haben wir massiv um die Sprache gekämpft, in der über Vergewaltigung gesprochen wird. Das Epitheton, das es am klarsten fasst, geht so: Eine Vergewaltigung wird von einem Vergewaltiger verursacht. Und nicht von dem, was eine Frau trägt oder konsumiert, wohin sie läuft oder fährt oder wo sie sich zum Schlafen hinlegt. Wer Frauen als die Schuldigen betrachtet, stürzt sich in den nächsten Antikrimi oder in ein weiteres Kapitel um das Rätsel des fehlenden Täters. Vergewaltigung ist eine vorsätzliche Tat: Der Handelnde ist ein Vergewaltiger. Und trotzdem möchte man meinen, dass insbesondere junge Frauen an Colleges sich selbst vergewaltigen, so derart abwesend sind in den mystifizierenden Narrativen die jungen Männer auf Universitätsgeländen. Sie werden zu einer Art Wetter abstrahiert, zu einer in der Atmosphäre befindlichen Naturgewalt, einer Unausweichlichkeit, die nicht beherrschbar ist und auch nicht zur Rechenschaft gezogen werden kann. Der Einzelne verschwindet in diesem Narrativ, und Vergewaltigungen, Übergriffe und Schwangerschaften werden zu Witterungsbedingungen, denen Frauen sich anzupassen haben. Wenn ihnen etwas zustößt, sind sie es, die versagt haben.

In diesem Land kursieren viele Geschichten wie diese – Geschichten, die einen verblöden lassen, wenn man ihnen Glauben schenkt. Geschichten, die die Gründe für Armut und die Folgen des Rassismus nicht veranschaulichen, sondern vertuschen. Geschichten, die den Zusammenhang von Ursache und Wirkung kappen und jegliche Bedeutsamkeit beiseitelassen. Das Zentrum für Krankheitskontrolle und Prävention (CDC) unterstützt die Vorstellung des fehlenden Täters in Verbrechensfällen, indem es auf seinem schlichten orangegrünen Schaubild Frauen sagt, warum sie nicht trinken sollten und dass Alkoholkonsum das Risiko von »Verletzungen/Gewalttätigkeit« birgt. Natürlich besteht, wenn man sich so richtig volllaufen lässt, das Risiko zu stürzen und sich dabei irgendwas zu brechen. Da hier aber die Verletzung mit der Gewalttätigkeit gekoppelt wird und es üblicherweise nicht als Gewalterfahrung verbucht wird, wenn man über einen Stuhl stolpert, ist klar, dass etwas anderes gemeint ist: Jemand könnte dir wehtun und dich verletzen. In geistig gesunden Welten und grammatisch kohärenten Narrativen hat Gewalt immer eine Ursache, und diese Ursache hat Handlungsspielräume und ein Bewusstsein: Es muss eine andere lebende Entität sein. Alkohol kann diese Entität nicht sein, schließlich hat er weder Handlungsspielraum noch Bewusstsein. Ein Baum, der auf einen kippt, ist nicht gewalttätig, ein

Vermieter dagegen kann schon in der Verantwortung stehen, wenn einem ein unrenoviertes Haus über dem Kopf zusammenbricht.

Wenn du trinkst, wirst du verletzt. Aber wer derjenige ist, der dich verletzt, bedarf keiner weiteren Erwähnung. Als ob sich nur Frauen und Alkohol im Raum befänden. Und sogar, wenn derjenige direkt angesprochen wird, sieht es so aus: Die CDC-Richtlinien, die auch Männern raten, Alkohol achtsam zu konsumieren, verkünden, dass »bei sexuellen Übergriffen meist exzessiver Alkoholkonsum beteiligt ist«. Als gäbe es eine Person namens »Exzessiver Alkoholkonsum«, auf deren Hemd oder an der Gürtelschlaufe festgemachtem Flachmann das Monogramm *EAK* eingraviert ist. Wir alle haben EAK schon kennengelernt. Er ist bei sexuellen Übergriffen oft beteiligt. Aber jetzt kommt der springende Punkt: Er handelt nie im Alleingang. So, wie die Behörden sich in barocken Satzverknotungen verheddern, um nur ja nicht »ihr«, »Männer«, »betrunkene Typen« oder »Täter« sagen zu müssen, scheint es ihnen weniger Probleme zu bereiten, dass jemand vielleicht verletzt, verprügelt oder vergewaltigt werden könnte, als dass vielleicht jemandes Gefühle verletzt werden. Aber Menschen werden unter anderem deswegen verletzt, weil wir nicht über diejenigen sprechen wollen, die sie verletzen.

Exzessiver Alkoholkonsum hat einen Bruder, der

Exzessiver Alkoholgenuss heißt und ebenfalls schwierig ist: »Exzessiver Alkoholgenuss erhöht die Aggressivität und kann in der Folge das Risiko vergrößern, eine andere Person körperlich anzugreifen.« Auch EAG also handelt in diesem Narrativ – einem Satz auf der Suche nach einem Subjekt – im Alleingang. Wessen Aggressivität wird denn nun erhöht? Wer ist denn hier ein möglicher Angreifer? Vielleicht sollte sich das CDC schleunigst auf die Verfolgungsjagd begeben und Warnungen vor Männern herausgeben. Schließlich sind Männer die Hauptursache von Gewalt gegen Frauen (und im Übrigen auch die Hauptursache von Gewalt gegen Männer). Stellen Sie sich bloß mal vor, es würde sprachlich so ausgedrückt: »Die Verwendung eines Mannes kann Schwangerschaft oder Verletzung zur Folge haben; Männer sollten mit Vorsicht zum Einsatz gebracht werden. Evaluieren Sie jeden Mann sorgfältig mit Blick auf potenzielle Risiken. Vorsicht bei der Verwendung von Männern im Zusammenhang mit Alkohol.« Vielleicht sollte es Männer nur mit Warnaufklebern geben? Aber auch das würde ihnen die Verantwortung für ihr Handeln abnehmen, und ich glaube fest daran, dass eine Welt, in der wir die Männer nicht so häufig von ihrer Verantwortung entbinden würden, eine bessere wäre. Häusliche Gewalt ist in den Vereinigten Staaten die Hauptursache für Körperverletzungen bei 15- bis 44-jährigen Frauen.

Das »Sie hat mich dazu gebracht«-Argument ist ein zweitrangiger Grund; das grammatische Passiv und die aktive Gewalt gehen oft Hand in Hand. Ein Polizist, der in San Francisco vor Gericht stand, weil er einen unbewaffneten, keine Bedrohung darstellenden Mann getötet hatte, gab an: »Es war tragisch. Aber unglücklicherweise war ich zum Handeln gezwungen.« Obwohl ihn nichts und niemand gezwungen hatte – außer seiner eigenen Fehleinschätzung. Georgia Black, Opferanwältin seit über 20 Jahren, bemerkte mir gegenüber: »Ich kann Ihnen gar nicht sagen, wie oft ich bei Urteilsverkündungen und Bewährungsanhörungen gehört habe, dass der Täter von ›dieser schrecklichen Sache, die da passiert ist‹ gesprochen hat. Sogar in Entschuldigungsschreiben an das Opfer oder die Familie des Opfers steht dann: ›Das, was Ihnen passiert ist, tut mir leid.‹« Es ist, als ob die Täter die schlichte Gleichung *Ich plus Handlung gleich Folge* nicht lösen und sich mit der ihr innewohnenden Logik nicht konfrontieren könnten; herauskommt dann eine vage, unverbindliche Sprache. Dinge, die einfach passieren.

In den Naturschutzgebieten der Literatur können wir die unterschiedlichen Arten der Sprache, die Flugwege der einzelnen Wörter und das Herdenverhalten der Wörter studieren, hier lernen wir, was Sprache tut und warum sie eine große Rolle spielt. Was wiederum ein hervorragendes Training ist, um danach raus in die

Welt zu gehen, sich die unselige Sprache politischer Statements, von Schlagzeilen und Behördenanweisungen anzuschauen und zu beobachten, wie sie die Welt gestaltet beziehungsweise ins Chaos stürzt – wie in dem CDC-Beispiel. Es ist der wahrhaftigste und hehrste Zweck der Sprache, Dinge klar zutage treten zu lassen und uns bei der Erkenntnis unter die Arme zu greifen; wenn Worte benutzt werden, um genau das Gegenteil zu erreichen, dann weiß man, dass es ein Problem gibt und dass vielleicht doch irgendetwas vertuscht werden soll.

Detektivische Arbeit und die dadurch geschärfte Wahrnehmung können uns davor bewahren, den Lügen zum Opfer zu fallen, und uns die Augen dafür öffnen, wer geschützt wird, wenn eine Lüge gleichzeitig ein Alibi ist. Das CDC tut natürlich recht daran, vor den Gefahren des Alkoholmissbrauchs zu warnen. Aber so, wie es das tut, ist es falsch. Ich für meinen Teil versuche, vor der missbräuchlichen Benutzung der Sprache zu warnen. Wir alle sind Sprachdetektiv*innen, und wenn wir genügend Aufmerksamkeit aufbringen, können wir erkennen, was manche Aussagen bedeuten – auch wenn sie uns ihre wahre Bedeutung eigentlich gar nicht verraten wollen. Wir können sogar erkennen, wenn eine Geschichte uns die Unwahrheit erzählt. Was sehr viele tun.

Gigantin

2016

So oft stellt man sich das Radikale als das Randständige vor, dass einem das wahrhaft Subversive manchmal durchs Wahrnehmungsnetz schlüpft, einfach, weil es nicht in T-Shirt und Sturmhaube auf den Plan tritt, sondern im Smoking. Genau das ist der Fall bei *Giganten*, jenem Film, den George Stevens 1956 gemacht hat. Der Film ist ein Epos, eine Saga, eine weit ausgreifende Familiengeschichte, die außerdem die Wirtschaftsgeschichte in Texas zum Zeitpunkt des Übergangs von der Viehhaltung zum Öl erzählt. Es ist ein Post-Western – und dazu noch eine Brandbombe. In etwas mehr als drei Stunden findet dieser Film genügend Raum, um alles hineinzuquetschen, von Hochzeitsszenen bis hin zu Einlassungen über *race, class* und *gender*.

In den Hauptrollen spielen Elizabeth Taylor und drei schwule Männer: Rock Hudson, James Dean und Sal Mineo, die sich gegenseitig argwöhnisch umkreisen, was nur teilweise mit ihrer jeweiligen Rolle zu tun zu haben scheint. Das ist mir gleich beim ersten Mal aufgefallen, als ich *Giganten* gesehen habe, bei einer Vorführung zum 30. Geburtstag des Films im Castro Theatre in San Francisco. Weil ich mir schon seit meinen mittleren Teenagerjahren in diesem Traumpalast mit seinen 1400 Plätzen Filme anschaue, habe ich gelernt, aus dem Seufzen, Aufstöhnen und Kichern der schwulen Männer um mich herum homoerotische Subtexte zu erkennen; ich habe meine Freude für Frauen mit Verve entdeckt und weiß Manierismen, Zickigkeiten und Klischees zu schätzen. *Giganten* nämlich hat all das.

Während sich viele meiner Altersgenoss*innen an Kultfilme wie *The Rocky Horror Picture Show* erinnern können – und das Castro Theatre hat bis heute Mitsing-Vorführungen für Menschen im Programm, die bei *The Little Mermaid* oder *Meine Lieder – meine Träume* einstimmen können –, kann ich Elizabeth Taylors beste Zeilen aus *Giganten* mitsprechen. Taylor in diesem Film zu sehen ist ein Vergnügen, wie man es überaus selten erlebt: eine Frau, die Regeln bricht und trotzdem triumphiert, die sich amüsiert und die am Ende trotzdem nicht tot, verlassen oder verzweifelt ist, wie viel zu viele andere weibliche Rebellinnen in viel zu vielen patriarchalisch gestrickten Plots. Ein Jahr bevor ich *Giganten* zum ersten Mal sah, war Rock Hudson an Aids gestorben und Elizabeth Taylor hatte angefangen, sich für die stigmatisierten, an dieser damals noch unbehandelbaren Krankheit Leidenden zu engagieren. Ihre entschiedenen Heldentaten als Fürsprecherin und Spendensammlerin machte sie im echten Leben fast zu der unbesiegbaren Heldin, die sie 30 Jahre zuvor gespielt hatte.

Immer wenn ich eine solche Frau auf der Leinwand sehe, werde ich so aufgedreht, wie es Männer, die sich mit einem endlosen Angebot an Hollywood-Actionhelden identifizieren können, wahrscheinlich ständig sind. Jennifer Lawrence dabei zuzusehen, wie sie in dem Biopic *Joy – Alles außer gewöhnlich* von 2015 wie ein klassischer Revolverheld eine texanische Straße hinuntergeht, um sich dem Feind zu stellen, hat mir eine Freude bereitet, wie ich sie höchstens einmal pro Jahr empfinde. Und wie sie in *Die Tribute von Panem* die Katniss Everdeen spielt, war für mich harter Stoff, ähnlich ging es mir mit einigen Hongkong-Actionheldinnen und vor geraumer Zeit mit der Fernsehserie *Nikita*. Die neuesten Videos von Beyoncé über eine Frau, die mordet und nicht klein beigibt, machen mir ähnlich viel Spaß. Unbezwungene Weiblichkeit, Ladys mit Handlungsmacht.

Als ich *Giganten* ein zweites Mal auf der riesigen Leinwand des Castro Theatres sah, diesmal zum 40. Geburtstag dieses Films, brachte ich mir als hervorragenden Flüsterkommentator den Performance-Künstler Guillermo Gómez-Peña mit. Er war ganz in schwarzes

Leder gekleidet und hing verkatert in seinem Sitz. Aber so gut wie ab Minute eins murmelte er ohne Pause vor sich hin: »Rebecca, ich kann gar nicht *glauben,* was ich da sehe.« Zu Beginn des Films fesselt und nervt das junge, leichtlebige Oberklassemädchen Leslie Lynnton aus Maryland, gespielt von einer strahlenden, selbstsicheren Taylor, den westtexanischen Rancher Jordan Benedict. Sie fesselt ihn, weil sie eine dem Flirten nicht abgeneigte, schöne Frau ist, sie nervt ihn, weil sie ihre Meinung sagt. Warnung vor dem freudianischen Motiv: Er ist gekommen, um von Lynntons Vater einen Hengst zu kaufen, ein glänzendes schwarzes Pferd, das sie in der Eröffnungsszene bravourös reitet. Am Morgen, nachdem sie sich kennengelernt haben, kommt Leslie die Treppe hinunter und lässt ihm gegenüber die Bemerkung fallen, sie habe die ganze Nacht über Texas gelesen. Er will sich gerade geschmeichelt fühlen, als sie hinzufügt: »Wir haben Texas eigentlich gestohlen, nicht wahr, Mr. Benedict? Ich meine, von Mexiko.«

Es ist eine wahrhaft ungeheuerliche Szene, die noch komplexer wird durch den attraktiven schwarzen Butler, dessen völlig entgeisterter Gesichtsausdruck neben Rock Hudson, der sich an seinem Toast verschluckt, von der Kamera einige Aufmerksamkeit bekommt. Der Film, ins Kino gekommen ein Jahr nach dem *Brown-vs.-Bildungsministerium*-Prozess und seinem weniger häufig erinnerten Parallelfall *Hernandez vs.*

Texas, nimmt es im Folgenden mit dem Thema der Rassendiskriminierung im »weiß-braunen« Texas auf – obwohl er das Schwarzsein in den Südstaaten nicht thematisiert. Sicher, der Film ist keine perfekte Polemik und fällt dadurch, dass er nicht aus der Perspektive der betroffenen Bevölkerung, sondern aus der Perspektive einer weißen Verbündeten auf das Thema blickt, ins große Genre der Antidiskriminierungsfilme. Aber auch das ist für einen Blockbuster, der in einer Zeit gedreht wurde, als Martin Luther King gerade sein Studium abschloss und Rosa Parks noch Weißen ihren Sitzplatz überließ, außergewöhnlich.

»Wir haben Texas eigentlich gestohlen.« Diese Äußerung wäre sogar heute noch bemerkenswert, und wie Elizabeth Taylor als Leslie ihre Beobachtung beim Frühstück mit einem Rinderbaron teilt, der allergrößte Stücke auf sein Heimatland hält, macht vor Erstaunen sprachlos und ist bis auf Weiteres eine gute Gedächtnisstütze. In dem Jahr, als Guillermo und ich *Giganten* im Castro Theatre 40 Jahre alt werden sahen – 1996 –, steckte Kalifornien mitten in einer Phase des Einwanderer-Bashing, das befeuert wurde von diversen Märchen über die ökonomischen Auswirkungen der Immigration, die die Last einer brutalen neuen Wirtschaftsordnung von den Herren und Meistern auf die Unterschicht umverteilten. In diesem Jahr jährte sich auch der Beginn des Krieges, den die Vereinigten

Staaten gegen Mexiko geführt hatten, zum 150. Mal – jener Krieg, der zwei Jahre später damit endete, dass Mexiko seinen nördlichsten Teil abtreten musste, der heute das Gebiet zwischen New Mexico und Kalifornien umfasst. Wäre er in mexikanischer Hand geblieben, hätte das eine erheblich andere globale Geopolitik hervorgebracht, vielleicht sogar arme Yankees, die sich wegen eines guten Jobs bei der Supermacht im Südwesten heimlich über die Grenze schleichen würden. (Texas haben die USA natürlich schon zu einem früheren Zeitpunkt gestohlen.) Gedächtnisschwund war und ist eine wichtige ideologische Komponente für Politiker*innen, die lateinamerikanische Immigrant*innen und Einwohner*innen dämonisieren – angefangen beim Goldrausch über den kalifornischen Gouverneur Pete Wilden in den neunziger Jahren bis hin zum republikanischen Präsidentschaftskandidaten des Jahres 2016.

Rock Hudson in der Figur des Ranchers Jordan Benedict II. überlebt die Wahrheit, die aus dem Mund einer schönen Frau kommt, und ein, zwei Szenen später sind die beiden schon ein frisch verheiratetes Paar und fahren in seinem Privatzug nach Hause. Zu Beginn sah man sie bei einer Fuchsjagd durch die hügelige, üppig grüne Landschaft des Südostens reiten. Nun ist sie schockiert, als sie feststellt, dass sie sich auf ein Leben in der verbrannten Steppe des öden Westtexas eingelassen hat. Aber sie passt sich an ihre neue Umgebung an. Und beginnt, Veränderungen vorzunehmen: Als ihr aufgeht, dass sie nicht nur in einer Wüste, sondern auch in einem Land der Apartheid ist, mischt sie sich ein, wenn es darum geht, wie die Latinos auf der eine halbe Million Morgen großen Ranch behandelt werden. Eigentlich herrscht ihr Ehemann hier wie Abraham im Lande Kanaan. Gewaltig sind seine Herden, riesig seine Ländereien. Der Film stellt unter anderem auch die These in den Raum, dass der große, die Vereinigten Staaten durchziehende Graben gar nicht unbedingt entlang der bekannten Bürgerkriegskonstellation Nordstaaten vs. Südstaaten verläuft, sondern entlang der Linie Ost vs. West, wo die Unterschiede in Verhaltensweisen, Geschichte, Ökologie und Maßstäben viel größer sind. Als Leslie auf spanisch- und nicht englischsprachige Menschen trifft, scheint sie eindeutig davon auszugehen, in ein anderes Land gekommen zu sein.

Das Pferd, das Taylor/Leslie in der Eröffnungsszene so selbstsicher ritt, ist mit nach Texas gekommen. Sie also ist diejenige, die hier mit dem Hengst, der ungezügelten Kraft identifiziert wird, was eine hübsche Subversion der Vorstellung vom Osten beziehungsweise Weiblichen als ätherisch und passiv darstellt. In einer frühen Szene bestehen sowohl der Ehemann als auch die Schwägerin darauf, dass sie doch viel zu empfindlich sei, um auf dem feurigen Ross beim Viehtrieb draußen unter der sengenden Sonne dabei zu sein. Sie schicken sie nach Hause, in einem Automobil, das von Jett Rink (gespielt von James Dean) gefahren wird, einem Rumtreiber und einfachen Handlanger, der sich in Leslie verliebt, teilweise nur deswegen, weil sie ihn mit freundlichem Respekt behandelt (und teilweise auch, weil sie das Schönste ist, was die Welt je erblickt hat).

Die harsche Schwägerin, mit Leib und Seele Viehzüchterin und Tyrannin, schafft es, sich und das Pferd zu töten, indem sie dem Tier die Sporen in die Flanken jagt und gegen die Kraft eines Geschöpfs kämpft, das an gütigere Reiterinnen gewöhnt ist. Sie bricht ihm das Bein, das Pferd bricht ihr das Genick; sie haucht auf dem Sofa ihr Leben aus, das Pferd wird im Off erschossen. Aber ihre Sterbeszene kommt im Film mit einiger Verzögerung, denn es wird erst noch der Beginn eines Erzählstrangs zwischengeschoben, in dem es um eine Auferstehung geht. Leslie lässt Jett Rink in dem Hüttendorf halten, in dem die Latino-Arbeiter der Ranch leben, und trifft auf eine kranke Mutter mit Baby. Als der Arzt dann kommt, um die sterbende Schwägerin zu betreuen, stellt Leslie sich gegen die Segregation und veranlasst, dass dieser Arzt etwas Sinnvolleres tut – nämlich das Leben des kleinen Angel Obregón zu retten (der als junger Mann dann von Sal Mineo gespielt werden wird).

Welch ein Wahnsinn: ein Technicolor-Film aus der Mitte der fünfziger Jahre, der eine radikale Perspektive bezüglich *race, class* und *gender* einnimmt und in dessen Zentrum eine charismatische, sich niemandem unterordnende Frau steht. Und dieser Film wird zu einem rauschenden Erfolg. Sicher, es gibt Filme aus der damaligen Zeit, die noch weiter links verortet sind. *Das Salz der Erde* ist ebenfalls aus der Perspektive einer starken Frau erzählt und kam 1954 in die Kinos, war aber eben auch programmatisch ein sorgfältig gemachter Schwarzweißfilm über die Niederschlagung eines Bergarbeiterstreiks in New Mexico. Die üppig bunten *Giganten* wurden für zahlreiche Oscars nominiert und bekamen schließlich den für die beste Regie, der Film strich satte Kassengewinne ein und erreichte alles in allem sehr viele Menschen. Was wir uns für starke politische Meinungen und Interessensvertretung immer wünschen würden. Vielleicht zeigt einem *Giganten,* dass man mit Vergnügen (und der richtigen Finanzierung) zu diesem Ziel kommt.

Ich brauchte ein weiteres Jahrzehnt, um zu begreifen, dass *Giganten* neben allem anderen auch noch ein Film über eine starke, aber nicht einfache Ehe zwischen zwei Menschen ist, die mit Geduld und Hartnäckigkeit tiefgehende Meinungsverschiedenheiten übersteht. *Giganten* heißt der Film, weil in Texas alles so gigantische Dimensionen hat und Rock Hudson ein alles überschattender Berg von einem Mann ist. Aber genauso gut hätte der Film auch *Gigantin* heißen können. Taylors Leslie Benedict besitzt eine moralische Größe und Furchtlosigkeit, die alle anderen in den Schatten stellt: Sie weist mächtige Männer in ihre Schranken, sie reicht Menschen die Hand, die für sie unsichtbare Untergebene sein sollten, und kämpft ganz allgemein gegen Machtstrukturen an. Und obwohl sie sich auch anpassungsfähig zeigt, verliert sie nicht viel. Ihr Ehemann dagegen reagiert meist nur auf sie und versucht sie zu verstehen. Virginia Woolf hat einmal bemerkt, dass Gilbert Imlay, als er eine Affäre mit der großen feministischen Revolutionärin Mary Wollstonecraft anfing, eigentlich nur einen kleinen Fisch angeln wollte, dann aber »einen Delfin am Haken hatte, der ihn durchs Wasser schleifte, bis ihm schwindelig war«. Hudsons Jordan Benedict schwindelt es auch häufig, immer dann, wenn er feststellt, dass er verheiratet ist mit einer Kämpferin für Rassen-, Klassen- und Gender-Gerechtigkeit, aber anders als Imlay lässt er den Haken nicht los.

Hudson dabei zuzusehen, wie er die Wucht einer Beziehung verarbeitet – die Erkenntnis, dass er vielleicht nicht bekommt, was er will, dass er nicht weiß, was er als Nächstes tun soll, und dass er mit dem Menschen, den er liebt, noch nicht mal einer Meinung ist –, ist angenehm ernüchternd. Er spielt seine Rolle gut: Die komplexen Emotionen ziehen über die große, glatte Fläche seines Gesichts wie die Wolken und das Wetter. »Außerdem hast du genau gewusst, was für ein Scheusal du heiratest«, sagt Leslie an einem Morgen zu ihm, nachdem sie ungebührlich in ein Gespräch geplatzt ist zwischen ihrem Ehemann und dessen Kumpanen, den politischen und wirtschaftlichen Strippenziehern der texanischen Ebene. Es gibt viele Filme darüber, wie man in eine Beziehung oder eine Ehe hineingerät, wie man sich verliebt, manchmal auch, wie man sich wieder entliebt, aber es gibt nicht so viele Filme darüber, wie man über die Jahre einfach dabeibleibt. Sie streiten sich, sie vertragen sich, sie halten es aus, passen sich an, setzen Kinder in die Welt.

Kunstwerke, die einen durch die Jahrzehnte begleiten, sind wie Spiegel, in denen man sich selbst sieht, wie Quellen, in die man immer wieder eintauchen kann. Sie erinnern einen daran, dass das, was man an ein Kunstwerk heranträgt und was es einem zurückgibt, gleichermaßen wichtig ist, und sie registrieren die eigenen Veränderungen. Wenn *Giganten* in jedem Jahrzehnt, in dem ich ihn sehe, ein anderer Film ist, dann liegt das vielleicht daran, dass ich jedes Mal ein anderer Mensch bin, der sein Augenmerk auf andere Dinge in der Welt richtet. Nicht, dass ich je aufgehört hätte, den gemurmelten Lektionen in der Dunkelheit zu lauschen.

Wie lange dauert es, bis man etwas erkennt, bis man jemanden richtig kennt? Wenn man es über die Jahre betrachtet, wird einem klar, wie wenig man anfänglich begriffen hat, auch wenn man dachte, längst alles zu wissen. Wir bewegen uns durchs Leben und sehen meistenteils nicht, was um uns herum los ist, wir wissen nicht, wer da in unserer Nähe ist, wir verstehen weder die Kräfte, die im Spiel sind, noch uns selbst. Es sei denn, wir bleiben bei der Stange. Vielleicht geht es in diesem Film darum, bei der Stange zu bleiben. Als ich Anfang dieses Jahres *Giganten* sah, in einer Vorführung zum 60. Geburtstag des Films, war mir der Handlungsstrang rund um die Ehe wohlvertraut und die Energie von Taylors Leslie Benedict weiterhin eine Freude. Aber mir fielen Nuancen auf, die ich vorher noch nicht wahrgenommen hatte.

Unseren Hauptfiguren nämlich stößt das Schlimmste zu, was man sich vorstellen kann: Sie bekommen einen Sohn – der als Erwachsener von Dennis Hopper dargestellt wird. Hopper spielt als Jordan Benedict III. einen rothaarigen, unsicheren, schlauen, ängstlichen Mann, der sich als Kind vor Pferden gefürchtet hat und als Erwachsener Arzt werden will. Was er tatsächlich erstaunlich schnell zu werden scheint. Darüber hinaus heiratet er ohne das Wissen seiner Eltern eine altmodische Latina-Krankenschwester, die von der mexikanischen Schauspielerin Elsa Cárdenas gespielt wird.

Als wir vor 20 Jahren den Film gemeinsam sahen, erzählte Guillermo mir, dass Cárdenas in ihrem Heimatland ein mittelgroßer Star und bei weitem glamouröser sei, als sie es in diesem Film sein durfte, und dass sie – wie sämtliche Latino-Figuren in diesem Film – offenbar mit Make-up beschmiert wurde, um ihre braune Haut noch brauner zu machen. Guillermo nannte das, glaube ich, »schuhcremebraun«.

Der Sohn weigert sich, auch nur darüber nachzudenken, die eine halbe Million Morgen große Ranch zu übernehmen. Und dann bricht eine seiner beiden Schwestern dem Vater einmal mehr das Herz, als sie ihm sagt, dass sie – obwohl ihr die Viehwirtschaft Spaß macht – lieber ein kleines Haus haben will, wo sie und ihr Cowboy-Ehemann neue landwirtschaftliche Methoden ausprobieren können. In der Szene, in der Hudsons Figur klar wird, dass er zwar Kinder in die Welt gesetzt hat, aber trotzdem keine Dynastie oder Erben hat, ist im Bildhintergrund Mineos Angel Obregón zu sehen, der einige Szenen weiter vorn als der beste Mann auf der Ranch bezeichnet wird. Was mir vorher noch nie aufgefallen war. Ich begriff, dass der Film nahelegt: Wenn Hudsons Figur nur ihren Rassismus überwände, dann stünde der wahre Erbe längst bereit, nämlich jener Mann, dem Leslie Jahre zuvor das Leben gerettet hat. Stattdessen aber zieht Angel verkannt von dannen und kommt in einem Sarg aus dem

Zweiten Weltkrieg nach Hause zurück. Die Hoffnung, für die er steht, wird nicht eingelöst – wie bei so vielen anderen ebenfalls.

Man kann den Film, wie gesagt, auch als Saga über den Übergang von der Vieh- zur Ölwirtschaft sehen. Aus Jett Rink, diesem umherschleichenden Ranch-Handlanger, wird ein Magnat, als aus seinem kleinen Stückchen Land plötzlich fossiler Brennstoff sprudelt. Aber ebenso sehr geht es um den Wandel von in weiten Kreisen tolerierter Segregation und Diskriminierung hin zur aufblühenden Ära der Bürgerrechte. Es ist die Latina-Braut des Sohnes und Schwiegertochter von Benedict II., die jene Auseinandersetzungen auslöst, die den Schwiegervater ins Finale des Films ziehen. In Rinks neuem Hotel weigern sich die Friseurinnen, ihr die Haare zu machen; später wird sie in einem Diner, in dem sie, ihr Sohn, ihre Schwägerin und ihre Schwiegereltern einen Zwischenstopp einlegen, vom Koch beleidigt. Ein demonstrativ demütiges Latino-Duo (die Schauspieler sehen aus, als ritten sie mit Pancho Villa) wird aus dem Laden hinausgeworfen. Nachdem in unserer Geschichte Jahrzehnte und im Film einige Stunden vergangen sind, stellt Benedict II. sich endlich der Situation und versetzt dem großen Koch einen Faustschlag. Der jedoch schlägt deutlich wirkungsvoller zurück. Der Protagonist verliert den Kampf, gewinnt aber Leslies Bewunderung dafür, wie er sich seinen Weg in den Bürgerrechtsaktivismus prügelt, als Rebell, der genau weiß, was er tut.

Bei diesem erneuten Kinobesuch wurde mir ganz sachte, ganz langsam bewusst, dass dieser Film dem Patriarchen jede Form von patriarchischer Macht versagt: Seine Frau gehorcht ihm nicht und respektiert ihn oft noch nicht mal; seine Kinder verweigern sich jeglicher Pläne, die er für sie hat, vor allem der Sohn, der das Erbe der Ranch ausschlägt und eine Mexikanerin, Chicana oder Tejana heiratet (in der Differenzierung bleibt der Film etwas ungenau). Selbst die Viehwirtschaft ist irgendwann nicht mehr das große Zentrum der texanischen Wirtschaft: Diese Aufgabe hat das Öl übernommen – und längst alles verändert. Der Film erzählt uns, wie Jordan Benedict II., einem der größten Rancher in ganz Texas, sämtliche Formen der Macht, die ihm etwas bedeuten, versagt werden – und dass das, sobald er diese Erkenntnis verarbeitet hat, sowohl für ihn wie für alle anderen vollkommen in Ordnung ist. Der hiermit vollzogene Wechsel ist nicht nur der von der Kuh zum Rohöl, sondern der vom Patriarchat zu etwas, das alles verändert, offen und verhandlungsorientiert ist – also der Wechsel in unsere umkämpfte heutige Zeit.

Dass dieser Film sprachlos macht vor Erstaunen, liegt in Teilen auch darin begründet – so fiel mir auf, als ich ihn dieses letzte Mal sah –, dass er von einem

Mann handelt, der merkt, dass er eigentlich gar nichts kontrollieren kann, dem aber auch bewusst ist, dass er nicht Hiob ist und seine Geschichte kein Klagelied. Das würde nämlich die Ansicht voraussetzen, dass dieser Mann die Zügel in der Hand haben sollte und dass es traurig ist, wenn sie ihm entgleiten. In der Konsequenz bedeutete diese Sichtweise, dass Könige nicht abgesetzt gehören. Dieser Film aber vertritt das Gegenteil: Der König ist gefallen – und das tut er in dem Diner auch ganz buchstäblich –, und alles ist gut. Das ist es, was ihn radikal macht.

Wenn weiße Männer nur alle so elegant und gut mit Veränderungen umgehen könnten, wie Jordan Benedict II. es am Ende tut. Ich habe diesen Film lange als einen Film über Elizabeth Taylors überlebensgroße Figur gesehen. Aber vielleicht ist er ein Antibildungsroman über den Anbruch der mittleren Lebensjahre und den Verlust aller Illusionen, einschließlich der Illusion der Kontrolle. Der widerspenstige Sohn hat dem Vater am Ende einen Enkel geschenkt, der den Familiennamen weiterträgt: Jordan Benedict IV. Es ist ein braunhäutiges Kind, dessen große braune Augen, so fiel mir schließlich auf, in der allerletzten Einstellung des Films zu sehen sind. Das, so sagt *Giganten*, ist die Zukunft; gewöhnt euch dran.

Danksagung und Quellen

Dass gegen Frauen ein Krieg geführt wird, gehörte für mich, die ich in einem Haus voll von männlicher Gewalt aufgewachsen bin, zum Leben dazu. Ich dachte, ich sei in Sicherheit, wenn ich von zu Hause weggehen würde – was ich auch in sehr jungen Jahren tat. Allerdings nur, um festzustellen, dass ich jetzt plötzlich von Fremden auf der Straße bedroht wurde. Wie ich in meinem Buch *Wanderlust* (2000) geschrieben habe: »Dass ich draußen vor der Tür kein wahres Recht hatte auf Leben, Freiheit und das Streben nach Glück, dass die Welt voller Fremder war, die mich ausschließlich wegen meines Geschlechts zu hassen schienen und mir etwas antun wollten, dass Sex so schnell in Gewalt umschlug und dass dieser Umstand nicht zum öffentlichen Thema gemacht, sondern zum Privatproblem erklärt wurde, das war die niederschmetterndste Erkenntnis meines Lebens.«

Ich habe versucht, dieses Problem zu einem öffentlichen Thema zu machen.

Der Krieg ist derartig eng mit unserer Kultur verwoben, dass er kaum für Entrüstung sorgt und noch nicht einmal viel Aufmerksamkeit bekommt; isolierte Ereignisse schaffen es vielleicht hin und wieder in die Nachrichten, aber das allem zugrunde liegende Muster ist viel zu omnipräsent, um Nachrichtenwert zu haben. Es war mir ein Anliegen, für dieses Thema Aufmerksamkeit zu generieren, indem ich manche der Folgen beschrieben und sie en détail benannt habe wie im Fall der häuslichen Gewalt: »Sie ist die häufigste Verletzungsursache bei amerikanischen Frauen. Nach Angaben des Zentrums für Krankheitskontrolle und Prävention erfordern von den zwei Millionen Verletzungsfällen im Jahr eine halbe Million Fälle eine medizinische Versorgung und 145 000 Fälle einen Krankenhausaufenthalt.« Ich versuche einfach zu verstehen, welcher Hass, welche Angst und welcher für selbstverständlich gehaltene Anspruch der Gewalttätigkeit zugrunde liegen. Und es geht mir darum, ein Licht darauf zu werfen, dass die Gewalt nur die dramatische Ausprägung eines ganzen Systems ist, das Frauen entwertet, ihrer Menschlichkeit beraubt und von der Bildfläche verschwinden lässt. Zahllose Gerichtsprotokolle, Vergewaltigungs- und Mordberichte sowie Statistiken über kaputte Körper und kaputte Leben zu lesen ist manchmal eine überaus unschöne Arbeit gewesen – aber weil sie mit zum Projekt »Weltveränderung« gehört, war sie es wert.

Meine Dankbarkeit gehört der feministischen Bewegung als einem kritischen und maßgeblichen Teil der größeren Revolutionen, die sich für Gleichheit vor dem Gesetz und im Alltagsleben einsetzen und auf verbrieftes Recht und Respekt für alle pochen. Ich bin alt genug, um mich noch an die hässliche alte Welt zu erinnern, bevor es Regressanspruch gab für erlittene häusliche Gewalt, Vergewaltigung durch Bekannte, *date rape* und sexuelle Belästigung am Arbeitsplatz (die ich in meinen Teenagerjahren mit absoluter Regelmäßigkeit bei der Arbeit erfahren habe). Ich bin alt genug, um mitbekommen zu haben, wie sich die Welt durch Einsicht, Organisation und Intervention verändert hat. Ich bin den Menschen und Kollektiven dankbar, die eine neue Welt hervorgebracht haben, eine Welt, in der wir freier und gleicher sind. Dankbar bin ich auch dafür, dass ich in den letzten Jahren bei diesem Projekt nur noch eine kleine Rolle übernehmen musste – was allerdings nicht heißt, dass dieses Projekt bald erledigt sein wird. Genauso wenig aber weichen wir zurück, egal, wie groß die Rückschläge sind.

Ich bin den älteren Frauen aus meinem Umfeld dankbar, die die ersten Frauen in meinem Leben waren, die sich nicht untergeordnet haben, die stark waren und frei: Mary Solnit Clarke und June Solnit Sale, Cousinen meines Vaters, aktive Frauenrechtlerinnen seit den vierziger Jahren und seit deren Gründung 1961 Schlüsselfiguren in der großen, viel zu wenig anerkannten Initiative »Women Strike for Peace«; Carrie und Mary Dann, den Matriarchinnen der Westlichen Shoshone, deren Kampf um Landrechte in Ostnevada ich mich 1992 für einige Jahre beherzt und mit großer Abenteuerlust anschloss; Lucy Lippard, die feministische Autorin, der ich ein paar Jahre später begegnet bin, dann die großartige Susan Griffin und viele andere. Ich bin den jungen Frauen dankbar, die den Feminismus mit frischem Schwung und neuen Visionen aufladen, darunter eine Menge toller Autorinnen wie Jia Tolentino, Roxane Gay, Mona Eltahawy, Caroline Criado-Perez, Brittney Cooper, Rebecca Traister, Adrienne Maree Brown, Emma Sulkowicz, die Frauen von »Black Lives Matter« und viele andere, die ich durch die Texte der hier genannten glücklicherweise kennengelernt habe. Dankbar bin ich auch den Frauen meines Alters, vor allem Astra Taylor und Marina Sitrin, entschlossene Feministinnen, kluge Köpfe und liebe Freundinnen. Ich bin den vielen Männern dankbar, die Feministen geworden sind, und ich bin dankbar dafür, dass wir heute endlich begriffen haben: Genauso wie Frauen dem Patriarchat zu Diensten sein können, können eben auch Männer und alle anderen dagegen rebellieren. Dankbar bin ich ganz besonders für die Stimmen vieler schwarzer Männer, die Unterdrückung durchschauen, egal, wo sie passiert. Dazu gehören die Stimmen von Taj James, Elon James White, Teju Cole, Garnette Cadogan und Jarvis Masters. Dankbar bin ich den schwulen Männern, die mir seit meinem 13. Lebensjahr großartige Freunde, Verbündete und Erkenntnisquellen gewesen sind, und dankbar bin ich auch dafür, in einer Stadt aufgewachsen zu sein, die die Welthauptstadt der queeren Befreiung gewesen ist. Dankbar bin ich den Frauen in meiner Familie, die feministische Kinder großgezogen haben.

Ich bin dankbar für die Klugheit und Hingabe von Anthony Arnove, meinem Lektor bei Haymarket, und für die wunderbare redaktionelle Arbeit von Caroline Luft; ich danke dem Designgenie Abby Weintraub, die den Titel *Men Explain Things to Me* (*Wenn Männer mir die Welt erklären*) in derart deutlich fetten Lettern gesetzt hat, dass das kleine Buch gleichermaßen zum Plakat wie zur Provokation taugt, eine Gestaltungsidee, die wir für *Hope in the Dark* und auch dieses Buch hier beibehalten haben, womit eine Trilogie zum Abschluss kommt, die sich gleichermaßen um Hoffnung wie um Gewalt und Kampf dreht; ich bin dankbar für die engagierte und gute Arbeit von Rory Fanning, Jim Plank, Julie Fain und dem ganzen Rest des Haymarket-Teams; dankbar bin ich für die Leser*innen, die sich in die Unterhaltung über Gender und Macht eingeschaltet haben; dankbar für die unabhängigen Buchläden, die meine Bücher in Reichweite der Leser*innen platzieren; dankbar, dass Bücher noch immer einen so zentralen Stellenwert in unserem Leben haben, immer noch der beste Weg sind, um sich konzentriert und in Ruhe und Einsamkeit mit den Gedanken anderer auseinanderzusetzen.

Ein ganz besonderer Dank geht an Christopher Beha, der mir beim *Harper's Magazine* die Kolumne »Easy Chair« überlassen hat, in deren Rahmen *Die Mutter aller Fragen, Die Flucht aus der fünf Millionen Jahre alten Vorstadtsiedlung* und *Gigantin* erstmals veröffentlicht wurden; an die Redakteur*innen beim *Guardian,* die mehrere der hier versammelten Texte zuerst gedruckt haben, darunter *Ein aufständisches Jahr, Ein Jahr nach sieben Toden* und *Die kurze, glückliche jüngere Geschichte des Vergewaltigungswitzes;* und an John Freeman und Jonny Diamond von *Literary Hub,* der Website, auf der die Essays *80 Bücher, die keine Frau lesen sollte, Wenn Männer mir* Lolita *erklären* und *Der Fall des fehlenden Täters* erstmals erschienen sind.

Ein ganz dickes Dankeschön geht an meine alte Freundin Paz de la Calzada, deren exzellente Zeichnungen an Körper, Schönheiten, Überschreitungen und Grenzen denken lassen, dabei aber immer so subtil bleiben, dass ein Buch davon reicher und tiefgründiger wird. Und danke an meine Freundin Mary Beth Marks, einen der freundlichsten und strahlendsten Menschen, die ich je kennenlernen durfte, eine große Liebhaberin der Bücher, des Wassers, ihrer vielen Freund*innen, ihrer Frau, ihres Bruders und ihres Schwagers. Sie starb sehr plötzlich, als wir noch an der Fertigstellung dieses Buchs arbeiteten, eines Buchs, das ich mit einer Widmung für die jungen Menschen in meinem Leben eröffnet habe; es soll enden in liebevollem Andenken an sie.

Bildnachweis

Paz de la Calzada ist eine multidisziplinär arbeitende Künstlerin mit Wohnsitz in San Francisco. Ihre ortsspezifischen Zeichnungen und Installationen kreieren verschlungene Labyrinthe, die Pfade aus dem öffentlichen Raum in ein kontemplatives Reich aufzeigen und damit zwei stark voneinander getrennte Welten verbinden. Die verschlungenen Linien und repetitiven Muster ihrer »HairScape«-Zeichnungen teilen den Raum mit der sie umgebenden Architektur, arbeiten mit ihr zusammen und behaupten dabei gewisse Aspekte der weiblichen Schönheit.

In den Vereinigten Staaten, in Indien, Spanien und auf Kreta hat Paz temporäre Kunstwerke im öffentlichen Raum realisiert, wobei sie sich immer auf die jeweiligen Kommunen eingelassen hat und sich von deren Geschichten inspirieren ließ.

www.pazdelacalzada.com

1. HairScape. Kohle auf Leinwand. 117 × 102 cm
2. HairScape. Kohle auf Leinwand. 142 × 137 cm
3. HairScape. Kohle auf Leinwand. 61 × 66 cm
4. HairScape. Kohle auf Papier. 76 × 56 cm
5. HairScape. Kohle auf Papier. 76 × 56 cm
6. HairScape. Kohle auf Leinwand. 51 × 46 cm

Literaturverzeichnis

Das Zitat auf S. 222/223 stammt von: Hannah Arendt, *Vita activa oder Vom tätigen Leben*. Copyright by © Piper Verlag, München 1981.

Das Zitat auf S. 118 stammt von Elena Ferrante, *Die Geschichte der getrennten Wege*, Band 3 der Neapolitanischen Saga, Erwachsenenjahre. Aus dem Italienischen von Karin Krieger, Copyright by © Suhrkamp Verlag, Berlin 2017.

Rae Lanton, »Sprechakte und unsprechbare Akte«. In: Hannes Kuch, Sybille Krämer & Steffen K. Herrmann (Hg.), *Verletzende Worte: Die Grammatik sprachlicher Missachtung*, Transcript Verlag, Bielefeld 2007.

Die Zitate auf S. 113/114 stammen von Audre Lorde, »Die Transformation des Schweigens in Sprache und Handlung« In: AnouchK Ibacka Valiente (Hg.), *Vertrauen, Kraft & Widerstand: Kurze Texte und Reden von Audre Lorde*. Aus dem amerikanischen Englisch von Pasquale Virginie Rotter, Copyright by © w_orten & meer Verlag, Berlin 2015.

Das Zitat auf S. 214 stammt von Desmond Morris, *Der nackte Affe*. Aus dem Englischen von Fritz Bolle, Droemersche Verlagsanstalt, Zürich 1968.

Das Zitat auf S. 268 stammt von Azar Nafisi, *Lolita lesen in Teheran*, Pantheon Verlag, München 2006.

Die Zitate auf S. 116/117 stammen von Adrienne Rich, »Zwangsheterosexualität und lesbische Existenz« In: Dagmar Schultz (Hg.), *Macht & Sinnlichkeit. Ausgewählte Texte von Audre Lorde und Adrienne Rich*, Copyright by © Orlanda Frauenverlag, Berlin 1986.

Das Zitat auf S. 177 stammt von Rebecca Solnit, *Wenn Männer mir die Welt erklären*. Aus dem amerikanischen Englisch von Kathrin Razum und Bettina Münch, Hoffmann und Campe Verlag, Hamburg 2015.

Das Zitat auf S. 111/112 stammt von Susan Sontag, »Die Ästhetik der Stille«. In: *Fast nichts. Minimalistische Werke aus der Flick Collection im Hamburger Bahnhof*, DuMont Verlag, Köln 2005.

Das Zitat auf S. 106 stammt von Virginia Woolf, »Berufe für Frauen«. In: *Der Tod des Falters. Essays*, S. Fischer Verlag, Frankfurt a. M. 1997.

Rebecca Solnit, Jahrgang 1961, ist eine der bedeutendsten Essayistinnen der USA. Sie schreibt u.a. für *Harper's* und das politische Onlinemagazin *TomDispatch*. Solnits Themen reichen von Politik, Geschichte und Feminismus bis hin zu Kunst und Literaturwissenschaft. Für ihr Werk wurde sie mit zahlreichen Preisen ausgezeichnet. Solnit hat bislang siebzehn Bücher veröffentlicht, auf Deutsch erschien zuletzt bei Hoffmann und Campe ihr internationaler Bestseller *Wenn Männer mir die Welt erklären*. Rebecca Solnit lebt in San Francisco.

Kirsten Riesselmann ist Kulturjournalistin und Übersetzerin von u.a. Leslie Jamison, Katie Roiphe, John Jeremiah Sullivan und Kristin Dombek. Sie lebt in Berlin.